中国思想论集

张永义 著

四川出版集团
巴蜀书社

图书在版编目(CIP)数据

中国思想论集:张永义著.—成都:巴蜀书社,2012.5
ISBN 978-7-5531-0006-7

Ⅰ.①中… Ⅱ.①张… Ⅲ.①思想史—中国—文集
Ⅳ.①B2-53

中国版本图书馆 CIP 数据核字(2012)第 070468 号

中国思想论集 张永义 著

责任编辑	潘伟娜
封面设计	张 科
出 版	四川出版集团巴蜀书社 成都市槐树街 2 号 邮编 610031 总编室电话:(028)86259397
网 址	www.bsbook.com
发 行	巴蜀书社 发行科电话:(028)86259422 86259423
经 销	新华书店
印 刷	四川机投印务有限公司 (028)87427333
版 次	2012 年 5 月第 1 版
印 次	2012 年 5 月第 1 次印刷
成品尺寸	203mm×140mm
印 张	9.875
字 数	250 千
书 号	ISBN 978-7-5531-0006-7
定 价	28.00 元

目录

中国思想论集

中国思想论集

CONTENTS

穿衣之道：诸子争鸣的一个话题

先秦时期，百家纷争。争辩的内容，除了关乎学派宗旨的大原则外，还有一些具体的小问题，穿衣服就是其中一个典型的例子。人为什么要穿衣服？穿什么样的衣服才是合宜或得体的？服饰与德行是否有关系？这些都曾引起过诸子们的讨论或关注。问题虽然没有什么思想性，但由各家的回答，还是可以看出他们各自的学术宗旨。其中，有些说法对后世的影响似乎并不亚于那些大原则、大问题。

一、圣人的穿着

说到穿衣服，自然会首先想到孔夫子。这位生活比较考究的圣人不但吃饭有一套原则，如“食不厌精，脍不厌细”、“不时，不食。割不正，不食。不得其酱，不食”，穿衣服也丝毫不含糊：“君子不以绀緅饰，红紫不以为亵服。当暑，袗絺绤，必表而出之。缁衣羔裘，素衣麑裘，黄衣狐裘。亵裘长，短右袂。必有寝衣，长一身有半。狐貉之厚以居。去丧，无所不佩。非帷裳，必杀之。羔裘玄冠，不以吊。吉月，必朝服而

朝。”（《论语·乡党》）

钱穆有一段白话试译，可以帮助我们理解：“君子不把玄色緅色来作衣领与袖之边。不把红色紫色做日常起居之服。当暑天时，在室内穿葛单衣，但出外必加上衣。黑衣内用羔羊皮的裘，素衣用小鹿皮裘，黄衣用狐裘。在家私居时所穿之裘，较出门时所穿者稍长，又把右袂裁短些。夜睡必有寝衣，其长过身一半，下及两膝。冬天把狐貉皮来做坐褥。除去在丧事中，大带上没有不佩一切备用的玉器的。除非朝祭用正幅的帷裳，其余所穿裳，总是开剪斜幅缝制的。吊丧不穿黑羔裘，不戴玄色冠。每年正月岁首，必穿着朝服上朝去。”①

《乡党》篇是弟子们对孔子日常生活起居的描述，所以文中“君子”所指的当然就是孔子本人了。由于年代久远，这段话的内容并不十分明白。据后儒的解释，孔子选择衣服的原则大体上不外两方面：一是合“礼”。如“绀緅”是用来作祭服的，所以不能作领、袖的饰边。红紫不是正色，所以即便是私居时也不能穿。二是合“时”。如“亵裘长”为的是取暖，“短右袂”为的是方便做事。不管这些解释是否可靠，我们总可相信，这段话所讲的孔子决不是早年那个“贱”而“多能鄙事”的孔子。虽然古代可能皮贱而丝贵②，但有这么多种衣裘，并十分讲究色彩、玉器的搭配，那一定是有身份的人才能做到的。

和墨子的服饰比较一下，印象当会更深刻：“墨子称道曰：昔者禹之湮洪水、决江河而通四夷九州也，名山三百，支川三千，小者无数。禹亲自操橐耜而九杂天下之川，腓无胈，胫无

① 钱穆：《论语新解》，北京三联书店，2002年，第257页。
② 吕思勉：《吕著中国通史》，华东师范大学出版社，1992年，第215页。

毛，沐甚雨，栉疾风，置万国。禹，大圣也，而形劳天下如此。使后世之墨者，多以裘褐为衣，以跂蹻为服，日夜不休，以自苦为极，曰：不能如此，非禹之道也，不足谓墨。”（《庄子·天下》）“裘褐”是粗衣，为穷人所穿。“跂蹻”大概是草鞋或木屐之类。这里说的虽是后世之墨者，但墨子本人的穿着也不会差得太远。荀子就说过墨子“衣粗食恶”、“衣褐带索”的话（《荀子·富国》）。有一位曹公子甚至当面向墨子抱怨：“始吾游于子之门，短褐之衣，藜藿之羹，朝得之则夕弗得。”（《墨子·鲁问》）很难想象，极重言行一致的墨子会只让弟子们过那种辛苦的生活。

根据《墨子·辞过》篇，墨子主张“以裘褐为衣”还有一个实际的考虑：“古之民，未知为衣服时，衣皮带茭，冬则不轻而温，夏则不轻而清。圣王以为不中人之情，故作诲妇人治丝麻，捆布绢，以为民衣。为衣服之法：冬则练帛之中，足以为轻且暖；夏则絺绤之中，足以为轻且清，谨此则止。故圣人为衣服，适身体、和肌肤而足矣，非荣耳目而观愚民也。……当今之王，其为衣服则与此异矣。冬则轻暖，夏则轻清，皆已具矣。必厚作敛百姓，暴夺民衣食之财，以为锦绣文采靡曼之衣。铸金以为钩，珠玉以为佩，女工作文采，男工作刻镂，以为身服。此非云益煗之情也，单财劳力，毕归之于无用也。”

从这段话可以看出，当墨子称衣服的主要作用是御寒避暑，不是为了荣观耳目时，他所担心的其实是王公大人追求“文采刻镂”，必定会亏夺百姓的衣食之财。至于百姓衣食丰足之后，是否可以干点“锦绣文采”的事儿，墨子并没有明确的回答。考虑到墨子曾主张给那些贤能之士“高予之爵，重予之禄”，他大概也不会反对在适当情况下修饰一下吧！要不，人人皆衣褐带索，贤人还要那些爵禄干什么呢？

无论如何，同为当时显学的宗师，孔、墨的穿着打扮如此悬殊，不能不说是一个非常有趣的对照。两家后来围绕着穿衣服的问题展开辩论，自然也就是顺理成章的事了。

二、"服"与"行"

儒墨两家直接辩论服饰的文献，保存在《墨子·公孟》篇中①：

公孟子曰："君子必古言服，然后仁。"子墨子曰："昔者商王纣卿士费仲为天下之暴人，箕子、微子为天下之圣人，此同言而或仁或不仁也。周公旦为天下之圣人，关叔为天下之暴人，此同服或仁或不仁。然则不在古服与古言矣。且子法周，而未法夏也，子之古非古也。"

公孟子义章甫、搢忽、儒服，而以见子墨子。曰："君子服然后行乎？其行然后服乎？"子墨子曰："行不在服。"公孟子曰："何以知其然也？"子墨子曰："昔者齐桓公高冠博带，金剑木盾，以治其国，其国治。昔者晋文公大布之衣，牂羊之裘，韦以带剑，以治其国，其国治。昔者楚庄王鲜冠组缨，绛衣博袍，以治其国，其国治。昔者越王句践剪发文身，以治其国，其国治。此四君者，其服不同，其行犹一也。翟以是知行之不在服也。"

---

① 针对同一问题，《墨子·非儒下》也有一段记述，似更能彰显墨家的辩者风采。由于《非儒下》的可靠性有争议，暂且把它抄在这里："儒者曰：'君子必古服言，然后仁。'应之曰：'所谓古之服言者，皆尝新矣，而古人服之言之，则非君子也。然则必服非君子之服，言非君子之言，而后仁乎？'"

公孟子是谁，我们不太清楚。吴毓江推测说，此人即曾子弟子公明仪，属七十子之后儒家大师之一①。两段话讨论的其实是一个问题，即衣服与行为的关系问题。

按照公孟子的说法，君子成仁有一个前提，即必须说古人的话，穿古代的衣服。公孟子这样讲的理由何在，很可惜文献中并没有详细的记载。不过，更让我们好奇的是，这种说法属于公孟子个人的私见呢，还是儒者的一贯立场？

公孟之前，孔子好古是出了名的。“述而不作，信而好古，窃比于我老彭”（《论语·述而》）、“我非生而知之者，好古，敏以求之者也”（《论语·述而》），都是夫子自道。把“古”与“今”对照起来，以古讽今，还是孔子非常喜欢的一种习惯做法，如“古之学者为己，今之学者为人”（《论语·宪问》）、“古之狂也肆，今之狂也荡；古之矜也廉，今之矜也忿戾；古之愚也直，今之愚也诈而已矣”（《论语·阳货》）。不过，对衣服的看法，文献记载却有许多相互矛盾之处。《论语》和《礼记》有两则材料这样说：“子曰：麻冕，礼也；今也纯，俭，吾从众。拜下，礼也；今也拜乎上，泰也，虽违众，吾从下。”（《论语·子罕》）“鲁哀公问于孔子曰：‘夫子之服，其儒服与？’孔子对曰：‘丘少居鲁，衣逢掖之衣。长居宋，冠章甫之冠。丘闻之也，君子之学也博，其服也乡。丘不知儒服。’”（《礼记·儒行》）前段话提到，麻冕是古礼，但现在用的是纯（黑丝），因为用纯比较俭省，所以孔子也从众用纯。后段话说穿衣服要入乡随俗，孔子小时候在鲁国，穿的是大袖子的衣服，长大后住在宋国，戴的是章甫冠，因此并不一定要唯古为尚。

① 吴毓江：《墨子校注》，中华书局，1993年，第709页。

同是鲁哀公与孔子的对话，《大戴礼记》的记载却是另一种情况："鲁哀公问于孔子曰：'吾欲论吾国之士，与之为政，何如者取之？'孔子对曰：'生今之世，志古之道，居今之俗，服古之服，舍此而为非者，不亦鲜乎？'哀公曰：'然则今夫章甫、句屦、绅带而搢笏者，此皆贤乎？'孔子对曰：'否！不必然。今夫端衣、玄裳、冕而乘路者，志不在于食荤；斩衰、菅屦、杖而啜粥者，志不在于饮食。故生乎今之世，志古之道，居今之俗，服古之服，舍此而为非者，虽有，不亦鲜乎？'"（《大戴礼记·哀公问五义》）这段话在《荀子》中也有出现，内容大体相同。按照这段话，穿衣服就不是随俗的问题，而是"居今之俗，服古之服"。理由是，"服古之服"、"志古之道"才能使一个人干坏事的可能性降到最小。

两种《礼记》的记载肯定有一种不可靠。个人觉得，小戴的说法更可信一点，因为孔子经常强调礼因时而变，损益可知。服饰既是礼的重要内容，自然也不能唯古是尚。在服饰问题上，孔子很可能并不像公孟子这些后学那样绝对，把古言古服看成是成仁的必要前提。

公孟之后，孟子也曾讨论过这个问题。相对而言，孟子的说法似乎更接近于公孟子："曹交问曰：'人皆可以为尧舜，有诸？'孟子曰：'然。…尧舜之道，孝弟而已矣。子服尧之服，诵尧之言，行尧之行，是尧而已矣。子服桀之服，诵桀之言，行桀之行，是桀而已矣。'"（《孟子·告子下》）如果"服尧之服，诵尧之言，行尧之行"即可以成为尧这样的善人，"服桀之服，诵桀之言，行桀之行"即可以成为桀这样的恶人，那么，言、服与德行就真的有必然的关联了。

再看看孟子对"古制"的态度："孟子曰：说大人，则藐之，勿视其巍巍然。堂高数仞，榱题数尺，我得志，弗为也。

食前方丈，侍妾数百人，我得志，弗为也。般乐饮酒，驱骋田猎，后车千乘，我得志，弗为也。在彼者，皆我所不为也；在我者，皆古之制也，吾何畏彼哉？”（《孟子·尽心下》）食前方丈、驰骋田猎这些“大人”们乐此不疲的事儿，都是我所不愿做的。我所做的，全都合乎古制。“古制”成了孟子在心理上、行为上与权势相抗衡的重要依据。显然，在“好古”这一点上，孟子比孔子走得更远。

有趣的是，这位公孟子，如果真的就是公明仪的话，那么他在《孟子》书中也有现身，三处是引他的话，一处是与孟子的对谈。从引述来看，孟子对这位公明仪相当尊重。举个例子：“孟子曰：夫道一而已矣。成𫗦谓齐景公曰：‘彼丈夫也，我丈夫也，吾何畏彼哉？’颜渊曰：‘舜何人也，予何人也，有为者亦若是。’公明仪曰：‘文王，我师也，周公岂欺我哉？’”（《孟子·滕文公上》）这是孟子鼓励滕国世子的话，大意无非是说人皆可以为尧舜，世子只要立志，将来自可以行王道。孟子引用了三个人的言论来增强自己的说服力，其中就有公明仪的说法。另外几处也大体如此。考虑到公明仪是曾子的弟子、子思的同门，孟子推崇公明仪也许有学派方面的理由。假若真是如此，那么在服饰方面，两人同样强调与德行之间的关联，同样以古为尚，也就毫不奇怪了。

公孟和孟子的立场既明，让我们再回到墨家的看法。从《鲁问》篇的那两段引文来看，墨子的立场非常清楚，衣服与德行没有任何关系，操同一种语言，穿同样的衣服，有仁人有恶人；穿完全不同的衣服，也都一样能把国家治理得很好。

唯一需要说明的是“法周”和“法夏”的问题。《庄子·天下》曾说墨子“以裘褐为衣，以跂跻为服”继承的是“禹之道”，后人因此而铺陈说墨家更加好古，他们虽不“法周”，但却“法夏”，裘褐跂蹻即为夏服，也正因为如此，墨子才有资格说儒家的“古”不是真“古”。其实，这种说法根本不值深辩。因为，假如要求弟子穿短褐之衣就是为了实行夏道，墨子不就刚好走到了他所批评的一面（“君子必古言服”）吗？善于推类明故的墨子何至于如此！

要之，在着装方面，先秦儒家在孔子之后，似乎发生了一些变化，一些儒者坚持认为服饰与德行有直接的联系，因此修德最好先从古服开始。墨家则刚好相反，认为衣服与德行没什么关系，就更不用提什么古服今服的问题了。

三、“解衣般礴”

在儒墨为衣服问题互争是非的时候，道家也以独特的方式表达了自己的看法。道家提倡道法自然，他们自然也就不会在轻裘、缊袍、粗褐、狐貉等方面伤脑筋。《道德经》提到衣服的地方不多，仅有的两处如下：“朝甚除，田甚芜，仓甚虚，服文采，带利剑，厌饮食，财货有余，是谓盗夸。”（《道德经》第53章）“甘其食，美其服，安其居，乐其俗，邻国相望，鸡狗之声相闻，民至老死，不相往来。”（《道德经》第80章）

前句是批评的话，大意是说，在田园荒芜、府库空虚的情况下，在上者还穿着华丽的衣服，拥有许多的财富，那就只能算作强盗头子。后者讲的则是理想的社会，那里的人自得其乐，无论吃什么饭都觉得很甜，无论穿什么衣服都觉得很美。老子对“文采”的批评与儒家相对立，与墨家比较接近，但“美其服”的说法却有更多的道家色彩，孔子虽有“士志于道，而耻恶衣恶食者，未足与议也”（《论语·里仁》）的说法，但他决不以为“恶衣恶食”是一件很甘美的事。墨家也一样，他们承认“衣褐带索”是一种“自苦”行为，那肯定是不“美”的，但为了一种信念，却必须去做。

庄子讨论这个问题多一点。最具庄子风格的是下面这段话：“庄子见鲁哀公。哀公曰：‘鲁多儒士，少为先生方者。’庄子曰：‘鲁少儒。’哀公曰：‘举鲁国而儒服，何谓少乎?’庄子曰：‘周闻之，儒者冠圜冠者，知天时。履句屦者，知地形。缓佩玦者，事至而断。君子有其道者，未必为其服也；为其服者，未必知其道也。公固以为不然，何不号于国中曰，无此道而为此服者，其罪死。’于是，哀公号之五日，而鲁国无敢儒服者。独有一丈夫儒服而立乎公门，公即召而问以国事，千转万变而不穷。庄子曰：‘以鲁国而儒者一人耳，可谓多乎?’”(《庄子·田子方》)

前面我们经常提到鲁哀公，孔子自相矛盾的话都是对他讲的。这一次，谈话的对象却成了他身后一百多年的庄子。谈话的内容并没有什么新意，“有其道未必有其服，为其服未必有其道”，道和服没有必然的关联，墨子说过的话，庄子不过重述了一遍而已。所不同的是，墨子说这话时，面对的是儒者(公孟子)，所以没有点明儒者的言行不一。庄子“谈话”的对象是鲁哀公，所以才可以说出举国儒服的鲁国真儒只有一人。

喜欢对号入座的人总想论证那位真儒就是孔夫子，这也好为庄子出于颜氏之儒找点根据[①]。不过，即便庄子真的是儒家别派，把孔圣之后那么多贤人都说成不是真儒，于儒家也似乎不是什么光荣的事儿。我们还是相信，庄子这里表达的主要是讽刺而不是赞美。

比较吊诡的是，庄子有时候也会穿“儒服”!《庄子·说

① 钟泰：《庄子发微》，上海古籍出版社，2002年，第474页。

剑》讲庄子与赵文王论剑的故事。文中有这样的对话："今夫子必儒服而见王，事必大逆。庄子曰：请治剑服。"对于这个麻烦的问题，历来主要有两种解决方法：一是证明《说剑》是伪书，不可信。二是把儒分成达、类、私，以便说明此儒非彼儒。前一种说法宋人就有①，后一种说法以近人章太炎主张最力②。详细地解释他们的说法不是本文的目的，个人觉得，既然庄书充满"谬悠之说、荒唐之言"（《庄子·天下》），让庄子穿一次"儒服"又有何妨！

更何况庄子因家境不好，常常还得穿打补丁的衣服。《庄子·山木》篇称："庄子衣大布而补之，正緳系履而过魏王。魏王曰：'何先生之惫邪？'庄子曰：'贫也，非惫也。士有道德不能行，惫也。衣弊履穿，贫也，非惫也，所谓非遭时也。'"字面上讲的虽然是庄子本人，但要说明的还是那个大道理：道德与衣履没有直接关联，衣弊履穿者可能正是怀道抱德之人。

《庄子·田子方》篇还给我们举了另外一个例子："宋元君将画图，众史皆至，受揖而立，舐笔和墨，在外者半。有一史后至者，儃儃然不趋，受揖不立，因之舍。公使人视之，则解衣般礴，裸。君曰：'可矣，是真画者也。'"宋元君要画图，来了许多画家，行礼研墨，排队守候。只有后到的一位不仅不趋不立，而且转身就回家了。宋元君派人来看，发现此人赤身露体，盘腿而坐。宋元君马上意识到这才是一位真画家。

在这个故事里，"衣服"成了一种限制，只有"解衣般礴"，才能挥洒自如。从这个角度看，"圜冠句屦"的儒服固然

① 苏轼：《庄子祠堂记》，《苏轼文集》，中华书局，1986年，第347页。
② 章太炎：《国故论衡》，上海古籍出版社，2003年，第104页。

不自然，刻意“衣褐带索”不也是一种人为的限制吗？

四、在服饰背后

儒道墨之外，其他各家在衣服问题上的看法多为片言只语，如《孟子》书中提到的农家代表许行，有弟子数十人，“皆衣褐，捆屦，织席以为食”（《孟子·滕文公上》）。我们这里就不一一讨论他们了。值得提及的是，阴阳家有一种说法，认为衣服的颜色与四时、方位必须对应起来，如春月衣青衣、服青玉，夏月衣赤衣、服赤玉，秋月衣白衣、服白玉，冬月衣黑衣、服玄玉等（《吕氏春秋·十二纪》）。这种说法对后来王朝更替时所谓“易服色”有相当大的影响。

衣服是用来穿的。穿衣服本不是什么大事，每人每天都会碰到。穿着本身，积久成习，有时候还成为近乎无意识的举动。可是，当衣服成为学派争鸣的对象时，穿衣服就不仅仅是一件日用常行中的小事。在服饰的背后，可能包含着一整套观念系统。而穿着本身，也常常变成一种姿态，一种体现自家学术宗旨的象征。

儒家如此，道家如此，就连只注重衣服之实用价值的墨家也同样如此。

从文献记载来看，墨家对衣服的考虑，大概从来没有超过身体需要的层次。不是御寒，就是避暑。用墨子的话说，这就叫“故圣人为衣服，适身体，和肌肤而足矣”。除此之外，像追求“荣耳目”（漂亮）、“观愚民”（炫耀）之类，全都属于费财费力的无用之举。

墨家这样说，当然也有他们的理由。既然每个人都有饥而欲食、寒而欲衣的本能，在资源有限的情况下，一些人的过度使用必然会带来另一些人的饥寒交加，所以只有节约用度，有财分贫，兼爱他人，必要时甚至排除一切的娱乐活动，才可以保证让所有人获得最基本的生理需要。墨家的这种想法，不管是否属于荀子所谓的“私忧过计”（《荀子·富国》），却显然有其现实的针对性。其批评的对象既有锦衣玉食的“王公大人”，也包括那些“繁饰礼乐”的儒生。

墨家不仅是这样说的，而且也是这样做的。他们的行为甚至比他们的主张还要极端。像裘褐之衣、跂跻之服，无论如何都谈不上“适身体、和肌肤”。墨者留给世人的印象，也常常是“摩顶放踵”（《孟子·尽心上》）、“手足胼胝，面目黧黑”（《墨子·备梯》）、“短褐之衣，藜藿之羹，朝得之则夕弗得”、“日夜不休，以自苦为极”。就自奉之薄来说，先秦诸子中恐怕再也找不到第二家。《庄子·天下》篇对墨家的这种做法，曾有过比较严厉的批评：“以此教人，恐不爱人；以此自行，固不爱己”、“反天下之心，天下不堪”、“乱之上也，治之下也”。我们换一个角度看，墨家的这种极端行为也许还包含着另外一层意思，那就是警示世人特别是当权者，如何满足所有人冬温夏清、饥而欲饱的生理需求才是政治首先应考虑的问题。

和墨家比起来，儒家对衣服的思考要复杂得多。衣服当然是用来穿的，但穿什么却需要认真对待。材料、形制、色彩、饰品，没有一样可以马虎。显然，儒家关怀的重心已经转向了服饰的社会功能和象征意义。在这种视角下，服饰变成了传统的载体、礼仪的形式、身份的象征，甚至德行的体现，实用的因素降到了次要的位置。

并不是说衣服的实用性可有可无。“身体发肤，受之父母，不敢毁伤”（《孝经·开宗明义章》），一个健康而完整的身体是儒者尽职尽伦的基础。护养自己的躯体，包括寒暑有节、起居有度，是每一个人的重要责任。孔夫子的“亵裘长，短右袂。必有寝衣，长一身有半”，兼顾保暖和方便两方面，已经树立了一个典范。儒家决不允许像墨家那样主动地折磨自己的身体。

问题是，儒家还认为，人不仅仅是一副躯壳，身体也不只是用衣服包裹起来的肉体。在生理之外，人还有许多其他的更高的精神追求，如家庭的、社会的、政治的、道德的等等。这些更高的精神追求，才是人之所以为人的本质。没有了这些东西，人和动物便没办法区别开来。人的这些更高追求的结果，便是开出了一个人文化成的世界。其中，服饰便是最具象征意义的重要组成部分。

服饰与“礼”的关系最为密切。这不仅是因为衣服离身体最近，而行“礼”总是身体在行“礼”，而且还因为衣服最容易根据形制、色彩、饰物等划分为许多不同的级别。把这些不同的级别应用到礼制上，便成为各种身份和地位的象征。由此，我们也就可以大体了解，儒者们何以会对服饰倾注如此多的热情，以至于在儒家经典，特别是礼书中，到处充斥着关于服饰之各种细节的争论和描述。

先秦诸子之中，明确捍卫“礼”的，只有儒家。“礼”代表着传统，代表着秩序，代表着品德，也代表着治国的基本纲领。作为“礼”之体现的衣服也因此获得了许多相应的功能。首先，衣服可以是政治的象征。夫子“吉月，必朝服而朝”（《论语·乡党》），就是以庄重的服饰表达对政治的庄重之例。相反，非其服而服，就会违背“德必称位，位必称禄”（《荀子·富国》）的原则，极有可能陷入僭越的危险。也许正是出于此种考虑，孔子曾把衣冠端正、相貌威严列为从政秘诀“崇五美”之一（《论语·尧曰》）。其次，衣服还是品德的体现。

《礼记·冠义》称："冠而后服备，服备而后容体正、颜色齐、辞令顺。"行了冠礼，戴上了帽子，"服"已完备，这为容貌端庄、言辞和顺就打下了很好的基础。而当政者所穿衣服是否有常，还会直接影响到民德能否归一："长民者，衣服不贰，从容有常，以齐其民，则民德一。"（《礼记·缁衣》）从这个角度看，所谓"衣服不贰"，所谓"正其衣冠"，所谓"红紫不为亵服"，体现的都是恭谨和庄重的君子人格。最后，衣服还是传统的载体。既然礼乐由圣人所制，服饰当然也是其中重要的内容。继承圣人所开创的传统，自然也就不能无视自古以来对服饰之种种规定。从这个意义上看，公孟和孟子所谓"古服"之重要并不只是因为"古"，更关键的是它由圣人或圣王所创制。相应地，穿古服也不是为了显示自己的特立独行，而是为了表达对一种悠久传统的尊崇和护持。

总之，在服饰问题上，儒家的思考远较墨家为深入。他们发现并充分拓展了为墨家所忽视的服饰的社会功能。在他们的努力下，衣服成为一种重要的符号或象征，承担着教化手段的复杂作用。

不过，对服饰之作用的看法，儒家内部也并非总是一致的。特别是在衣服和德行关系问题上，过分强调两者的一致性极易产生名不副实的现象。毕竟，衣服是外在的，德行是内在的，而内外之距离亦非朝夕工夫所可消除。"有其服而无其德"就是一种无法回避的现象。事实上，这一点也正是儒家常遭诟病的地方，它大概也是所有重视文饰的思想传统都难以避免的批评。不要说来自于不同的学派，儒家内部早有针对这种情况的反省："弟佗其冠，神禫其辞，禹行而舜趋，是子张氏之贱儒也。正其衣冠，齐其颜色，嗛然而终日不言，是子夏氏之贱儒也。"（《荀子·非十二子》）"逢衣浅带，解果其冠，略法先王而足乱世术，缪学杂举，不知法后王而一制度，不知隆礼义而杀《诗》、《书》。其衣冠行伪已同于世俗矣，然而不知恶者…是俗儒者也。”（《荀子·儒效》）把子张、子夏都称之为“贱儒”，未必合乎事实。但从这两段话来看，至少荀子个人认为，儒家内部早有服德不一致的情况。用我们现在的话说，“弟佗其冠”而“禹行舜趋”，“逢衣浅带”而“缪学杂举”，都很有点借服饰而招摇撞骗的味道。

《礼记·表记》对这个问题有一个谨慎的说明，值得我们引证如下，它比前揭公孟和孟子的观点有所缓和：“君子服其服，则文以君子之容；有其容，则文以君子之辞；遂其辞，则实以君子之德。是故，君子耻服其服而无其容，耻有其容而无其辞，耻有其辞而无其德，耻有其德而无其行。”

从内容上讲，这段话和公孟子的“君子必古言服，然后仁”、孟子的“服尧之服，诵尧之言，行尧之行，是尧而已”有点近似，它们都提到了服、言和行问题。但是，《礼记》此文并不特别强调“古”的重要，这是其一。它也不把服、言和行看成是因果关系，这是其二。这样表述的好处是，既强调了服饰对君子的重要作用，又为德、服不一致的情况留下了解释余地。也就是说，君子首先应当“服其服”，这是由其身份所决定的；然后在这个基础上，再“文”以容、辞，“实”以德行。因此，德行是充实的结果，不是穿上某种衣服就自动成为君子的。

《礼记》的这种说法可以有效地减缓针对公孟和孟子等人的批评。但即便如此，也仍然无法令道家学者满意。道家不但反对一切的文饰，他们根本就不觉得穿什么衣服是个问题。

表面上看，道家的说法与墨家有点相似，他们也都不相信服饰和德行有什么联系。但深一层看，双方反对文饰的理由并不相同。尽管老子有盗夸之叹，庄子有贫惫之分，但实用性的考虑并不是他们的重点。他们所关注的更多是文饰带来的虚伪和不自然。

老子称："夫礼者，忠信之薄，而乱之首。"（《老子》第38章）庄子亦云："礼乐遍行，则天下乱矣。"（《庄子·缮性》）"礼"不仅不是文明的象征，反而成为大乱之首。既愚且朴的建德国民，因为"不知义之所适，不知礼之所将"，最终得以"蹈乎大方"（《庄子·山木》）。因此，凡游方之外者，一定是"忘其肝胆、遗其耳目"，决不会恪守什么世俗之礼的："彼又恶能愦愦然为世俗之礼，以观众人之耳目哉?"（《庄子·大宗师》）

道家反对礼的主要理由是，礼的种种规矩戕害了人的自然本性："且夫待钩绳规矩而正者，是削其性者也；待绳约胶漆而固者，是侵其德者也。"（《庄子·骈拇》）这正如马一样，吃草饮水，翘足而陆，自由自在；一旦烧剔刻烙、饥渴驰骤，则死者过半。因此，如何去掉强加在人身上的种种束缚，恢复其天性，始终是道家关怀的问题。这也使道家呈现出更多的反省和批判色彩。

礼之地位既如此，作为礼之体现的服饰之地位也就可想而知了。庄子一会儿儒服，一会儿大布，以滑稽之姿，破掉的正是儒者所恪守的礼制。到最后，宋元君之史"解衣般礴，裸"，才算把强加在身上的种种限制彻底扔掉。

就庄子来说，解衣之"解"，与其说是身体的放松，倒不如说是精神上的解放。对于身体，庄子并不像其他道家人物那样重视。养形属于那些"吹响呼吸，吐故纳新，熊经鸟申"的导引之士所为（《庄子·刻意》），真正的有德者却是忘形之人，这叫做"德有所长而形有所忘"（《庄子·德充符》）。有足就有

"尊足者"，有形就有"使形者"，形骸可以残缺甚至支离破碎，但"形骸之内"还有一个心灵的世界。庄子的目的，更多的是要解除这个心灵世界的桎梏。

另外，庄子笔下的"身体"也的确不容易找到满意的衣服。想想支离疏的形象，"颐隐于脐，肩高于顶，会撮指天，五管在上，两髀为胁"（《庄子·人间世》），什么样的衣服才能"适合"这样的形体？看来，庄子在设计这类寓言人物时，早就考虑好不给他们的身体添加任何的限制。

从庄子的角度看，儒家津津乐道于衣服的形制和色彩，儒家围绕着服饰和德行关系一争长短，固然是在各种外在限制中进行无谓的纠缠，脱掉"礼"服（《淮南子·要略》）、穿上裘褐的墨子，也仍然没有从这种外在限制中解脱出来，至多只不过是换了一种束缚自己的方式而已。

庄子"解"掉衣服的想法非常诱人。人自从穿上衣服之后，大概就有再次脱掉的冲动。问题是，穿上之后还能脱掉吗？正如混沌开窍之后，还能再回到混沌状态吗？就算能够脱掉，谁又能保证人不想再次穿上？一旦重新穿上衣服，我们将不得不再次面对儒墨讨论的问题。这大概就是人的宿命。

周敦颐思想在儒家道德形上学中的地位

在"北宋四子"中，周敦颐是最富争议的一位。他的著述虽然不多，除一幅从道教改装过来的"太极图"外，只有两百余字的《图说》和不满三千字的《通书》流传于世，但引发的争论却不少，著名的朱陆之争中一项很重要的内容就是围绕着《图说》进行的。在生前，周敦颐的地位也并不显赫，他只不过是一位远离当时学术文化中心、做过几任地方官的默默无闻的儒者而已。程颢、程颐少时曾遵父命从游于其门下，但即使二程对他也似乎并无敬重之心，直呼其名且不说，甚至骂他为"穷禅客"①，更无一语道及他的著作。直到胡五峰才开始推尊他，说："周子启程氏兄弟以不传之妙，一回万古之光明，如日丽天；将为百世之利泽，如水行地。其功盖在孔孟之间

① 程颢、程颐著，王孝鱼点校《二程集》第1册，中华书局，1981年，第85页。

矣。”① 朱熹更是盛赞他“不由师传，默契道体”②、“上继孔颜、下启程氏”③，并在《近思录》中把他推为四子之首，从此周敦颐的“道学宗主”地位得以确立。但是，周敦颐何以在生前并不为二程所推重，反而在死后百有余年却又被重新确立为“道学宗主”呢？本文希望联系儒家道德形上学的演进给这一问题以说明。

一

按照牟宗三的分疏，“道德形上学”一词因侧重点的差异可有两种不同的理解：一种指“道德底形上学”（Metaphysics of Moral），即对道德本身作一形而上的解释，以说明道德实践所以可能的先验根据，重点在道德；一种指“道德的形上学”（Moral Metaphysics），即由道德的进路来建立、证成形上学，换句话说，即通过道德实体引发宇宙秩序，开出存在界，说明万事万物的存在，因此重点乃在形而上学④。由于后一种理解与牟氏本人对儒学和康德哲学的独特诠释有关，它的背后包含着相当复杂的理路，远远超出了本文的论域，所以我们这里所讲的“道德形上学”一词将严格限定在第一种含义上。事实上，这种含义上的道德形上学才真正是历代儒者们所关心的内容。

根据致思路向的不同，儒家的“道德形上学”大体上可以

① 周敦颐著，陈克明点校《周敦颐集》，中华书局，1990 年，第 109 页。

② 朱熹：《江州重建濂溪先生书堂记》，《朱子全书》第 24 册，上海古籍出版社，2002 年，第 3740 页。

③ 朱熹：《奉安濂溪先生祠文》，《朱子全书》第 24 册，第 4038 页。

④ 牟宗三：《心体与性体》上册，上海古籍出版社，1999 年，第 7 页。

区分为两种，一种以“心性论”为主，把道德实践所以可能的根据追溯到主体自身；一种以“天道观”为主，强调由天道来规范人道，试图从天道运行的原则寻求道德准则的根据。“心性论”传统发端于孔孟，“天道观”传统则以易庸为代表。

众所周知，孔子思想的中心范畴是仁，它标志着一种主体自觉的精神和境界，因此在他那里，道德实践所以可能的根据并不在于外部世界，而只在于主体自身：“仁远乎哉？我欲仁，斯仁至矣”（《论语·述而》）、“为仁由己，而由人乎哉？”（《论语·颜渊》）孟子进而把这种自觉精神的根源追溯到人先天所具有的“四心”上，从而奠定了儒家心性论的基础：“恻隐之心，仁之端也；羞恶之心，义之端也；辞让之心，礼之端也；是非之心，智之端也。”（《孟子·公孙丑上》）不但如此，和孔子“性与天道不可得而闻”不同，孟子更把本心仁体扩充、提升到天道的高度，认为仁既是“人之安宅”，又是“天之尊爵”，因此，人只要能充分扩充其本心，就可以懂得人的本性，进而懂得天意和天命，天人最终在诚、善、仁上相和合、相统一。

与孔孟的“心性论”不同，易庸一开始便把眼光转向外部世界，试图用天道来规范人道，从天道运行的原则来寻求道德实践所以可能的根据。《易传》的作者认为，天道本身是一流行的实体，其中阴阳是两种相互对立的力量，通过阴阳的互相摩擦推动，宇宙不断地创生、变化和发展；宇宙的变化和发展表现为从太极向两仪、四象、八卦推演的过程：“是故易有太极，是生两仪，两仪生四象，四象生八卦，八卦定吉凶，吉凶生大业”（《周易·系辞上》）；在这种变化发展的过程中，万物和人都依次产生，相应地，君臣父子上下这些礼义规范都各有安置：“有天地然后有万物，有万物然后有男女，有男女然后有夫妇，有夫妇然后有父子，有父子然后有君臣，有君臣然后有上下，有上下然后礼仪有所措”（《周易·序卦》）；而所谓圣人，也只不过是能够通过仰观俯察，“通神明之德”、“类万物之情”，并在实践中效法天地变化而已。同样，《中庸》也首先从天道出发，把它形容为博、厚、高、明、悠、久的东西，并以诚来规定它：“诚者，天之道也”、“诚者物之终始、不诚无物”；然后以是否符合或达到“诚”作为人道的标准：“诚之者，人之道也”、“诚之者，择善而固执之者也”，而圣人之所以能“赞天地之化育”，正因为在实践中他们完美地体现了天道之诚。这样，天道本身就被赋予了至高无上的地位，它不但是自然运行变化的规则，而且也是人类价值观念和道德原则所以可能的根源和标准。

值得注意的是，孔孟和易庸在道德哲学中的这种不同只是一种思维路向的不同，无论是从心性出发，还是从天道出发，在其背后都有一个共同的设准，即天人合德。这使得后世儒者有可能把他们结合起来，作为一个整体来看待。事实上，这一点也正是宋代理学家们为之努力的目标。

二

周敦颐生当北宋中叶，当时儒学正面临重构的任务。一方面，经过六朝隋唐数百年的历史，儒家经学在佛教和道教的夹击下，早已变成僵化的形式，失去了思想的活力，因而亟须改弦更张；另一方面，五代以来的道德沦丧也对儒家伦理产生严重的冲击，使得收拾人心成为现实的需要。在赵宋王室的有意提倡下，儒家知识分子一方面以圣贤相期许，努力在德性人格上完善自己，一方面尝试从理论上建构一些形上学体系，以回应和对抗佛老的挑战。

由于儒学的重心一向在现实的社会和人生，相对缺乏完备的理论体系。要重构儒学，就不得不在借鉴佛道二教学说的同时，尽力发掘已有的思想资源。这一点从当时易学盛行的程度即可见一斑。由于《周易》经传是儒家典籍中最富形上色彩的作品，所以它吸引了当时一流的思想家和学者们的广泛注意，像李觏、胡瑗、邵雍、司马光、王安石、欧阳修、张载和二程等等对易学均有精深的研究。借助易理以展示儒学的形上关怀，证明儒家亦有体有用，构成了复兴儒学运动的最初一环。

周敦颐是较早自觉地参与这场重构儒学运动的思想家之一。他一方面以具有明显形上意味的《易传》为骨干，一方面借鉴、吸收和融合道家和汉儒的一些思想观念，在《太极图说》中系统地描绘了一幅宇宙发生和演变的图景，从而为儒家的道德伦理奠定了一形上基础：

无极而太极。太极动而生阳，动极而静，静而生阴，静极复动。一动一静，互为其根；分阴分阳，两仪立焉。阳变阴合，而生水、火、木、金、土。五气顺布，四时行焉。五行一阴阳也，阴阳一太极也，太极本无极也。五行之生也，各一其性。无极之真，二五之精，妙合而凝。乾道成男，坤道成女。二气交感，化生万物，万物生生而变化无穷焉。

惟人也，得其秀而最灵。形既生矣，神发知矣，五性感动而善恶分，万事出矣。圣人定之以中正仁义（自注：圣人之道，仁义中正而已矣），而主静（自注：无欲故静），立人极焉。故“圣人与天地合其德，日月合其明，四时合其序，鬼神合其吉凶”。又曰：“原始反终，故知死生之说。”大哉《易》也，斯其至矣！

这里值得注意的有以下几点：

第一，《图说》所提供的无极—太极—阴阳—五行—万物的宇宙生成模式之所以比《易传》更为严密和精致，是因为它吸收了汉儒（五行）特别是道教的思想。众所周知，“无极”一词最早出现在《老子》“知其雄”章，它后来并且被看作儒道区别的标志而不为儒者所接受，周敦颐赫然把这个词作为《图说》的第一个范畴，清楚地表明了他融合儒道的企图。因此，在周敦颐那里，“无极”一词决不像后儒曲为之解的，只是一个消极的描述性的词汇，而是一个标志宇宙万化终极始源的概念。这点从《图说》的下文也可能看出：所谓“五行，一阴阳也；阴阳，一太极也；太极本无极也”明显地表现出从五行、阴阳、太极到无极的层进关系，正是在这种意义上，周敦颐才把万物化生的根据归结为“无极之真，二五之精”的“妙合而凝”。如果“无极”真是一个消极的描述性的词汇，其意思只是“无形无象”，那么又何来“无极之真”呢？另外，具体到道德实践时圣人的所谓“主静，立人极”也是与“无极”观念一脉相通的。事实上，按照宋代所修的国史，《图说》的首句本为“自无极而为太极”[①]，只不过后来由于朱熹诠解的正统地位确立后，“自、为”二字被删掉了而已。

有一个疑问是，周敦颐后来的《通书》中并没有出现“无极”，这又该如何解释呢？其实，不但“无极”不曾出现，就是“太极”也仅一见，因为《通书》的目的本不在于描绘一幅宇宙生成的图景，而在于借助《中庸》的“诚”从形而上的角度规定天道流行的实体并以此奠定道德原则和价值判断的基

① 朱熹：《记濂溪传》，《周敦颐集》附录一，中华书局，1990年，第83页。

础，因此，它用以规定“诚”的“无为”、“寂然不动”、“静无动有”、“纯粹至善”等概念与其说适用于“太极”倒不如说更适用于“无极”，因而《通书》中没有“无极”一词并不足以证明周敦颐不再同意以无极作为宇宙万化的终极根源。

第二，《图说》承袭了《易传》从天道以推人事的路线，把天道运行的原理最终落实到人类的道德实践上，从而既与道家的绝仁弃义有着原则的界限，又和孔孟的心性传统存在着致思方向的差别。按照《图说》，无极、太极、阴阳、五行的依次流布，最终产生了万物，而人是其中最灵的东西，因为它禀受了气中最秀的部分；但随着人形智的生发，五行之性感于外物而动，于是有善恶的出现；圣人为了扬善去恶，遂制订了中正仁义的标准并归本于静，从而树立了“人极”。但是，由于《图说》的高度浓缩，使它无法详细地阐释何以从“五性感动”而突然产生出善恶以及圣人根据什么树立人极，对此，周敦颐在《通书》中都作了补充和发挥。

首先，《通书》借用《中庸》的范畴进一步把天道实体规定为“诚”。周敦颐认为“诚”意味着“寂然不动”（《圣》第四）、“无思”（《思》第九）、“无为”（《诚几德》第三）、“纯粹至善”（《诚上》第一），它既是五常之本，又是百行之源。诚赋于人即性，因此人性也是纯粹至善的，完整地体现人性的即为圣人。但是，“至诚则动”（《拟议》第三十五），有动，善恶之分遂以产生，此即所谓“几”：“动而未形、有无之间者，几也。”（《圣》第四）具体到人来说，则“五性感动而善恶分”。这就需要通过静、思、立诚的功夫来恢复人本然之善，此即所谓成圣成贤的功夫：“性焉安焉之谓圣，复焉执焉之谓贤。”（《诚几德》第三）

其次，《通书》非常强调天道对人事的决定作用，遵从天道运行的原理行事本身就是仁义，就是道德，而圣人所能做的也只不过是“希天”（《志学》第十）、“法天”（《刑》第三十六）和“同天”（《圣蕴》第二十九）而已。圣人的作用在于给天的这种生成作用以辅助：“天以阳生万物，以阴成万物。生，仁也；成，义也。故圣人在上，以仁育万物，以义正万民。天道行而万物顺，圣德修而万民化”（《顺化》第十一）。这样，天道本身获得了至高无上的地位，所谓善恶，所谓道德，所谓教化都无不以天道为标准，留给人的只不过是对于“仁义中正之道”在行为上，包括动静、言貌、视听上均无违而已，其结果便是：“君君、臣臣、父父、子子、兄兄、弟弟、夫夫、妇妇，万物各得其理。”（《礼乐》第十三）

总的来说，周敦颐通过融合儒道，建构了比较系统的宇宙生成模式，然后又把这种模式提升到天道的高度，以作为道德原理和价值准则的终极根源，从而继承和发展了《易》《庸》一系的天道观。他所提出的许多问题都成了后来道学家们热烈争论的中心。

三

但有意思的是，周敦颐的这种思想系统并没有得到他自己的两位著名学生——程颢、程颐的理解和认可。

从现存材料的记载看，周敦颐和二程的关系颇为微妙。史载：大程“自十五六时，与弟正叔闻汝南周茂叔论学，遂厌科举之习，慨然有求道之志”[①]。程颢自己也说：“昔受学于周茂

① 黄宗羲：《宋元学案》卷十三，《黄宗羲全集》第3册，浙江古籍出版社，1992年，第653页。

叔，每令寻仲尼、颜子乐处，所乐何事。”“自再见周茂叔后，吟风弄月以归，有吾与点也之意。”似乎在精神生活和境界追求上，大程深受周敦颐的影响。但在述及个人思想发展的历程时，大程却明确地说：“吾学虽有所授受，但天理二字却是自家体贴出来的。”小程在提到道统时，亦清楚地把其兄称为孟子之后一人，其中并没有周敦颐的位置。小程提到周敦颐的地方不多，《宋元学案》中有这样一条材料：

伊川见康节，伊川指食桌而问曰：“此桌安在地上，不知天地安在何处？”康节为之极论其理，以至六合之外。伊川叹曰：“平生唯见周茂叔论至此。”[①]

似乎小程对周邵之学相当叹服，可我们又知道，二程虽与邵雍私交不错，但对其象数学始终抱有微词。大程说：“尧夫欲传数学于某兄弟，某兄弟哪得工夫？”小程甚至称：“某与尧夫同里巷居三十余年，世间事无所不问，惟未尝一字及数。”[②]从程氏兄弟对邵雍太极先天之学的态度其实已不难推出他们对周敦颐《图说》的看法了。更何况，邵氏的先天图与周敦颐的太极图还有一个共同的来源呢[③]。

据宋祁宽的记载，周敦颐的《图说》和《通书》均始出于程门侯师圣和尹和靖，他们并云得自程氏[④]，但二程平生并无一语道及这两篇著作。如果原因并不像朱熹所推测的，二程之所以秘不示人是因为他们一直没有发现能受之者，那么二程对

---

① 黄宗羲：《宋元学案》卷十二，《黄宗羲全集》第3册，第630页。
② 黄宗羲：《宋元学案》卷十，《黄宗羲全集》第3册，第566页。
③ 朱震：《进周易表》，《周敦颐集》附录三，第129页。
④ 祁宽：《通书后跋》，《周敦颐集》附录二，第110页。

这两篇著作肯定有保留意见。这一点借助于二程和周敦颐生活态度及思想倾向上的异同比较还可以得到更进一步的说明：

首先，在生活态度上，周敦颐俨然一副道家气象，而二程，特别是小程，却一步也不越出儒者的矩镬。周敦颐不但乐游山水，而且多方外之交，除《太极图》相传是由道士穆修所传外，他和佛家寿涯、慧南、祖心等和尚都有来往。所以蒲宗孟（周的妻兄）说他“生平襟怀飘洒、有高致，常以仙翁隐者自许。尤乐佳山水，遇适意处，终日徜徉其间”，并“与高僧道人跨松萝，蹑云岭，放肆于山颠水涯，弹琴吟诗，经月不返”①，当是可信的。这从周敦颐的诗文中也可找到佐证。周留下的诗文不多，其中大部分是游记性质的，主要抒发其寓怀于尘埃之外的愿望，如：“朝市谁知世外游，松杉影里入吟幽。争名逐利千绳缚，度山登水万事休。野鸟无语似得伴，白云无语似相留。傍人莫笑凭栏久，为恋林居作退谋。”（《同石守游》）因为对尘世中的争名夺利太厌倦了，他竟至于真的要为高栖遐遁“作退谋”了。这点恰好和二程形成鲜明的对照，程颢有诗云：“襟裾三日绝尘埃，欲上蓝舆首重回。不是吾儒本经济，等闲争肯出山来？”（《下山偶成》）尽管山中美景让人流连忘返，但儒家经邦济世的责任感却驱使他不得不重登蓝舆。程颐更是言必忠信，动遵礼仪，一举一动都坚守儒者规范：“衣虽布素，冠襟必整。食品简俭，蔬饭必洁。致养其父，细事必亲”②，而当别人说他谨于礼四五十年应甚苦时，他却答曰：“吾日履安地，何劳何苦？人日践危地，此乃劳苦也。”③

① 蒲宗孟：《周敦颐墓碣铭》，《周敦颐集》附录一，第83页。
② 黄宗羲：《宋元学案》卷十五，《黄宗羲全集》第3册，第711页。
③ 程颢、程颐著，王孝鱼点校《二程集》第1册，中华书局，1981年，第8页。

正因为如此，二程坚决排斥异端“自私自利”之害，并在当时佛教势力极盛的情况下，率先在行动上进行变革：“某家治丧，不同浮图。在洛，亦一二人家化之，自不用释氏。”[①] 由此看来，二程之所以把攀僧挟道的周敦颐骂为“穷禅客”也就毫不奇怪了。

其次，在思想倾向上，周敦颐融合儒道，旨在描绘一幅宇宙生成图景，从而为儒家伦理道德规范寻求一形上的基础；而二程却直接把儒家伦理道德规范提升到“天理”的高度，从而建构了一独立的本体论系统。在周敦颐那里，所谓“无极”和“太极”，都是实体性的范畴，譬如“太极”不但能动静，而且能生阴阳，因此它和阴阳五行仍然是属于同一层次的范畴。而在二程，“天理”是一个超越性的范畴，它与具体事物是本体和现象之间的关系，因此，天理本身既不能说动静，也不能说存亡加减，即使现实中并没有任何具体的事例存在，天理仍然有其客观实在性：“天理云者，这一个道理，更有甚穷已。不为尧存，不为桀亡”、“百理俱在，平铺放着，几时道尧尽君道，添得些君道多，舜尽子道，添得些子道多？元来依旧”[②]。正因为如此，周敦颐热衷于无极－太极－阴阳－五行－万物的生成模式的推演，而对《易传》的形上形下的区分并不注意，而在二程看来，追寻万物背后所包含的理才是更根本的：“离了阴阳更无道，所以阴阳者是道也。阴阳，气也。气是形而下者，道是形而上者。”[③] 在周敦颐看来，既然天道运行的原理是我们一切价值判断和道德原则的根源，那么圣人所能做的也只是“希天”、“法天”和“同天”而已；而在二程看来，因为理

---

① 程颢、程颐著，王孝鱼点校《二程集》第1册，第114页。
② 黄宗羲：《宋元学案》卷十三，《黄宗羲全集》第3册，第679页。
③ 黄宗羲：《宋元学案》卷十五，《黄宗羲全集》第3册，第732页。

在天下，只有一个，推之四海而皆准，那么我们也就不必过分执著于外在世界，只要反观自身就可以了："近取诸身，百理皆具"、"学者不必远求，近取诸身，只明人理，敬而已矣，便是约处"①。

最后，周敦颐由于把无极作为宇宙万化的终极根源，所以在修养方法上主张主静以立诚；而在二程看来，"才说静，便入于释氏之说也"②，因而他们更强调由"敬"和"定"来代替"静"，心中先存乎天理，然后无论动也好静也好，才不至于堕入邪念。

由上所述，我们可以看出，无论是从学理上，还是从生活态度上、修养方法上，二程和周敦颐都有明显的差异。特别是在价值观念和道德原则之所以如此的根据问题上，周敦颐和二程的讨论分属于两个不同的层次，周敦颐主要借助于宇宙论的推演从外在方面为道德和价值问题进行定向，而二程更多的是通过内部的提升从本体论的角度切入问题。因此，相比之下，二程似更能契合于孔孟的心性传统。

另外，在涉及与佛道的关系时，周敦颐兼收并蓄，心态比较开放，而二程门户壁垒森严，并以排斥异端为己任。这也就难怪周敦颐不为二程所重视了。

四

由于二程本身不甚重视周敦颐，所以程门后学也就常常把他们的关系淡化，更多地强调二程的独创性，如吕希哲说"二

---

① 黄宗羲：《宋元学案》卷十三，《黄宗羲全集》第3册，第674页。
② 程颢、程颐著，王孝鱼点校《二程集》第1册，第20、189页。

程初从濂溪游，后青出于蓝”。其孙吕本中也进一步强调“二程始从茂叔，后更自光大”①。这种状况一直持续近百年之久，直到朱熹才断然确定二程之学导源于周敦颐，并把周的地位抬高到二程之上，从此，周敦颐为“道学宗主”的地位才得以确立。

作为理学的集大成者，朱熹对周敦颐可谓情有独钟。早年求学时，他就经常和李延平讨论《太极图说》和《通书》；成年后更孜孜于考证、编订和注解周敦颐的著作；直到晚年弥留之际依然在病榻上向弟子讲解《太极图说》。在“北宋四子”中，他对二程和张载均有批评，唯独对周敦颐没有任何微词。为了避免启人疑窦，他对蒲宗孟的《周敦颐墓碣铭》不惜大加斧正，删掉了其中所有关于周敦颐与僧道往来的记述。为了确定《图说》的正统地位，他曾和陆九渊兄弟反复辩论，以至于有伤友情。在发明濂溪学方面，朱熹可以说真正做到了尽心尽力。

之所以如此，考其原因，一方面固然是由于朱熹对宇宙论方面的兴趣特浓；另一方面，为了建构一综合的体系，这里面恐怕也有不得不然的理由。在“北宋四子”中，二程虽然确立了天理的本体地位，但却疏于论证；张载的气化流行论虽驳斥了释氏轮回之说，但自身却有失去形上形下之分的危险；唯有周敦颐承袭《易传》的传统建立了一系统的宇宙论，其概念的模糊性又足资不同意义的发挥和解释，所以朱熹要建立一完整的道德形上学体系，也就不得不以《图说》和《通书》作为最基本的起点和素材了。

但平心而论，朱熹对《图说》和《通书》的解释在许多方

① 黄宗羲：《宋元学案》卷12，《黄宗羲全集》第3册，第630页。

面和周敦颐原来的思想并不相符。《图说》本来描绘的只是一个宇宙发生模式，而朱熹却顺着二程本体论的立场给以诠释，结果《图说》中“无极”、“太极”这两个实体性的范畴就被改造成本体“理”的两个描述词：“无极”表示理的超越性即理无声、臭、形体可言，“太极”表示理的实在性即“有此道理”。“无极而太极”被转换成“无此形状、有此道理”的绝对本体。按周敦颐，既然太极本身是一种实体，它通过动静而产生阴阳五行也就是顺理成章的事儿。但对朱熹来说，因为太极为理，阴阳是气，理是形而上者，气是形而下者，理无动静可言，气则有变化造作，所以如何从不动不变的太极推出能动能变的阴阳五行来始终是一大难题。他以“天命之流行”来解释《图说》的太极有动静完全是含糊其辞，直到后来他才清楚地表示道：“盖谓太极含动静则可，谓太极有动静则可，若谓太极便是动静，则是形上形下不分”，而“易有太极之言亦赘矣”[①]。但这种说法固已与《图说》的本义大相径庭矣。

其实，在当时，很多人已经对朱熹的解释有所怀疑，为此二陆曾和他反复辩论，但朱熹始终坚持“不言无极，则太极同于一物，而不足为万化之根。不言太极，则无极沦于空寂，而不能为万化之根”[②]不变，以至于有伤双方的和气。遗憾的是，二陆始终没有注意到朱熹这里实际上是借古人之口来发挥自己的思想，因而所谓《通书》、《图说》都不过是他自己思想的注脚而已。

尽管如此，我们仍然不能忽视周敦颐对朱熹的巨大影响。

---

① 朱熹：《答杨子直》，《朱子全书》第22册，上海古籍出版社，2002年，第2071页。

② 朱熹：《答陆子美》，《朱子全书》第21册，上海古籍出版社，2002年，第1560页。

事实上，从儒家道德形上学的角度看，朱熹所偏重的仍旧是周敦颐由天道以推人事的路线，从而与孔孟以来的心性传统有一定的距离，只不过这其中经过了二程的改造和提升而已。因此，在朱熹那里，我们可以看到，理作为一种客观实在，它不但独立于人的存在，而且也是我们一切价值判断的标准，它因气质的精粗偏塞而实现与否更是一切善恶的最终根源。固然朱熹也曾提到“理具于心”，并主张“主敬”、“格物”、“致知”、以“穷理”，但在他看来，心只不过是“气之精爽”者，“理具于心”同“理附于气”并没有任何实质的差别，因此“心”不同于“理”，它只是理的挂搭和存贮之处，而不是理的根源，而所谓“致知”、“格物”只是“心”（知觉能力）接近、认识“理”的功夫入路而已。因而，从根本上说，朱熹所选择的仍是从外部为价值标准和道德原则寻求基础的路线，这却是与周敦颐一脉相承的。所以，个人以为，要判定周敦颐在儒家道德形上学中的地位，与其说他“上继孔颜，下启程氏”，倒不如说他“上接易庸，下启朱子”来得更为确切。

朱子“中和说”略论

在朱子个人的思想发展历程中，“中和”问题占有非常特殊的地位。尽管从时间上来讲，朱子接触这一问题并不算很早，但在接下来的十多年间，该问题成了他生命中最重要的事件之一。从最初的疑惑、排拒，到逐步地接纳、在各种说法中摇摆，再到最后的定论，朱子经过数易其说，终于找到了自己思想的立足点。他后来对许多问题的解释都建立在这个基础之上。

由于中和问题的这种特殊地位，历来的朱子研究者们都对此非常重视。王懋竑作《朱子年谱》，对朱子苦参“中和”的历程有一个详细的叙述和考辨，黄宗羲在《宋元学案·晦翁学案》中首列的也是“中和说”四篇，近人更从儒佛之辨、心性论、工夫论等多种角度对该问题进行解读，以牟宗三为代表的现代新儒家则把“中和说”看成是朱子一步步地歧出孔孟儒学大宗的表征。尽管理解有分歧，但各家都同意的是，由“中和”问题出发才是我们进入朱子庞大思想迷宫的一条最方便的捷径。

一、问题的提出

“中和”一词出自《中庸》：“喜怒哀乐之未发，谓之中。发而皆中节，谓之和。中也者，天下之大本也。和也者，天下之达道也。致中和，天地位焉，万物育焉。”

朱子接触“中和”一词当然很早，据《朱子语类》载：

某年十五六时，读《中庸》“人一己百，人十己千”一章，因见吕与叔解得此段痛快，读之未尝不悚然警厉奋发[①]。

某年十七八时，读《中庸》《大学》，每早起，须诵十遍[②]。

但是，“中和”之成为问题，则是他从学于李延平之后的事：

余蚤从延平李先生学，受《中庸》之书，求喜怒哀乐未发之旨，未达而先生没。余窃自悼其不敏，若穷人之无归[③]。

李先生教人，大抵令于静中体认大本未发时气象分明，即处事应物自然中节，此乃龟山门下相传指诀。然当时新炙之时，贪听讲论，又方窃好章句训诂之习，不得尽心于此。至今若存若亡，无一的实见处，辜负教育之意[④]。

① 《朱子语类》卷四，《朱子全书》第14册，上海古籍出版社，2002年，第194页。

② 《朱子语类》卷十六，《朱子全书》第14册，第506页。

③ 朱熹：《中和旧说序》，《朱子全书》第24册，第3634页。

④ 朱熹：《答何叔京》，《朱子全书》第22册，第1802页。

据王懋竑《年谱》，朱子见李延平凡四次，初见时廿四岁，第三次正式受学，年三十一，两年后第四次见到李延平，过了不久，李延平就去世了。前后算来，朱子受学于李延平不足四年。朱子称自己因为“新炙”而不得尽心于李延平所教，自是实情。

尽管如此，从学李延平的经历还是对朱子的学术路向产生了巨大的影响：一方面，正是通过李延平的引导，朱子才从禅学中逃出，重回儒家的传统。另一方面，李延平默坐澄心、体认天理的教导却使朱子遇到了一个非常棘手的问题：究竟应该如何理解“未发”和“已发”的关系？如何在静中体认未发时之气象？这个问题也成了他后来多年孜孜以求的中心问题。

就“逃禅归儒”而言，李延平说服朱子的方法是“理一分殊”：

文公尝谓师夏曰：“余之始学，亦务为笼统宏阔之言，好同而恶异，喜大而耻小。于延平之言，则以为何为多事若是？心疑而不服。同安官余，反复思之，始知其不我欺矣。盖延平之言曰：‘吾儒之学所以异于异端者，理一分殊也。理不患其不一，所难者分殊耳。’此其要也。”（赵师夏跋《延平答问》）

以“理一分殊”区别儒家与异端，始于小程《答杨时论〈西铭〉书》。小程的意思是，《西铭》一文既讲理一又讲差别，可谓仁义兼顾，与墨家兼爱而无义有实质的区别。李延平这里进一步引申到儒、佛之别，认为儒家之理属实理，必贯穿于人伦日用之中，佛教之理则是空的虚的，无法落实到人伦日用中，因此区分两者的关键在分殊。从朱子的话语来看，他显然接受了李延平对佛儒的判释。

但是对于“中和”问题，李延平与弟子之间却无法达成一致。对此，朱子的解释是，他当时正“贪听讲论”，“又窃好章句训诂之习”，因而没能尽心于此。但问题恐怕并不如此简单。

李延平对“中和”的理解主要得自于罗从彦，罗从彦又得自于杨时，它是道南学派一脉相传的宗旨。其主要特点是给《中庸》以工夫论的解释，使未发之“中”变成体验的对象：

学者当于喜怒哀乐未发之际，以心体之，则中之义自见①。

某曩时从罗先生问学，终日相对静坐。只说文字，未尝一及杂语。先生极好静坐，某时未知，退入堂中亦只静坐而已。先生令静中看喜怒哀乐未发谓之中，未发时作何气象。（《延平答问》）

由于“体验未发”需要在“静”中进行，所以罗从彦、李延平都强调终日静坐。可此时的朱子刚刚从禅学中逃出，正忙于在日用间做工夫，他对“终日静坐”一类的体验之学保持相当的警惕自然一点儿都不奇怪。朱子在一封信中这样写道：

近岁以来，获亲有道，始知所向之大方。竟以才质不敏，知识未离乎章句之间。虽时若有会于心，然反而求之，殊未有以自信②。

“虽时若有会于心，然反而求之，殊未有以自信”最足以摹状朱子此时的矛盾心境。朱子后来评论他的老师说：

---

① 杨时：《答学者其一》，《龟山集》卷二十一。

② 朱熹：《答江元适》，《朱子全书》第21册，第1700页。

今终日危坐，只是且收敛在此，胜如奔驰。若一向如此，又似坐禅入定。

或问："延平先生何故验于喜怒哀乐未发之前而求所谓中?"曰："只是要见气象。"陈后之曰："持守良久，亦可见未发气象。"曰："延平即是此意。若一向这里，又差从释氏去。"①

这虽是朱子思想成熟以后的说法，但未必没有包含他早年的一些感受在内。

二、丙戌之悟

李延平去世，对朱子是一个沉重的打击。他在给朋友的信中说：

熹少而鲁钝，百事不及人，独幸稍知有意于古人为己之学，而求之不得其要。晚亲有道，粗得其绪余之一二。方幸有所向而为之焉，则又未及卒业，而遽有山颓梁坏之叹，伥伥然如瞽之无目，擿埴索途，终日而莫知所适②。

大概也正是从这个时候，朱子开始认真地思考并身体力行延平"默坐澄心"的教导：

某块坐穷山，绝无师友之助。惟时得钦夫书问往来，讲究

① 《朱子语类》卷一百零三，《朱子全书》第17册，第3417页。
② 朱熹：《答何叔京》，《朱子全书》第22册，第1800页。

此道，近方觉有脱然处。潜味之久，益觉日前所闻于西林而未之契者，皆不我欺矣①。

西林是朱子从学李延平时所住之处。经过“潜味”、“块坐”的工夫，朱子感到自己好像契接上了李延平之教。

不过，这只是假象而已。在37岁的一天，朱子突然对“未发已发”问题有了自己的一种崭新理解。他后来这样追述道：

余蚤岁从延平李先生学，受《中庸》之书，求喜怒哀乐未发之旨，未达而先生没。余窃悼其不敏，若穷人之无归。闻张钦夫得衡山胡氏学，则往从而问焉。钦夫告予以所闻，余亦未之省也。退而沉思，殆忘寝食。一日喟然叹曰：“人自婴儿以至老死，虽语默动静之不同，然其大体莫非已发，特其未发者为未尝发耳。”自此不复有疑，以为《中庸》之旨不外乎此矣。后得胡氏书，有与曾吉父论未发之旨，其论又适与余意合，因是益自信②。

详细的内容保存在朱子给张栻的四封信中：

人自有生，即有知识。事物交来，应接不暇。念念迁革，以至于死。其间初无顷刻停息，举世皆然也。然圣贤之言，则有所谓未发之中，寂然不动者。夫岂以日用流行者为已发，而指夫暂而休息、不与事接之际为未发时耶？尝试以此求之，则

① 朱熹：《答罗参议》，《朱子全书》第25册，第4748页。
② 朱熹：《中和旧说序》，《朱子全书》第24册，第3634页。

泯然无觉之中，邪暗郁塞，似非虚明应物之体。而几微之际，一有觉焉，则又便为已发，而非寂然之谓。盖愈求而愈不可见，于是退而验之于日用之间，则凡感之而通，触之而觉，盖有浑然全体应物而不穷者，是乃天命流行，生生不已之机，虽一日之间，万起万灭，而其寂然之本体，则未尝不寂然也。所谓未发，如是而已！夫岂别有一物，限于一时，拘于一处，而可以谓之中哉？然则天理本真，随处发见，不少停息者，其体用固如是，而岂物欲之私所能壅遏而梏亡之哉？故虽汩于物欲流荡之中，而其良心萌蘖亦未尝不因事而发见。学者于是致察而操存之，则庶可以贯乎大本达道之全体而复其初矣①。

盖通天下只是一个天机活物，流行发用，无间容息。据其已发者而指其未发者，则已发者人心，而凡未发者皆其性也，亦无一物而不备矣。夫岂别有一物，拘于一时，限于一处，而名之哉②？

朱子新说的最大特点是，以体用释"未发"和"已发"。"未发"是寂然之体，"已发"则是日用流行，"未发"借"已发"来体现，在"已发"之外别无所谓"未发"。因此，"未发"和"已发"之间不能用时间（"拘于一时"）或空间（"限于一处"）关系来界定，所谓"未发之前"或"未发之时"压根儿就是不存在的事儿。所有对"未发"的了解都必须借助于"已发"。

相对于李延平所传而言，朱子的这种新说的确新，它差不多彻底推翻了道南一派所共守的宗旨。既然"未发之前"或

① 朱熹：《与张钦夫》，《朱子全书》第21册，第1315页。
② 朱熹：《答张钦夫》，《朱子全书》第21册，第1393页。

"未发之时"是不存在的，那么"危坐终日，以验夫喜怒哀乐未发之前气象如何，而求所谓中者"，非惟无意义，而且也根本不可能。既然只能从"已发"者来指其"未发"者，那么涵养和察识的关系也必须调转过来：不是先涵养后察识，而是先察识后涵养。朱子曾经说："中和二字，皆道之体用。……旧闻李先生论此最详。后来所见不同，遂不复致思。"[①] 这些大概就是最根本的"所见不同"了。

在朱子的这种思想转变过程中，湖湘学派的张栻起了关键的作用。正如前揭文中提到的，朱子在思想最困惑的时候，首先求教的是张栻，当他有了自己的新见解时，首先告诉的也是张栻。正是通过与张栻的书信往返，朱子对自己新说的表述才越来越清晰。这也难怪此时的朱子会对张栻的学问再三致意了：

敬夫学问愈高，所见卓然，议论出人意表。近读其语说，不觉胸中洒然，诚可叹服[②]。

钦夫之学所以超脱自在，见得分明，不为言句所桎梏，只为合下入处亲切。今日说话，虽未能绝无渗漏，终是本领是当，非吾辈所及[③]。

张栻给朱子的最大影响体现在"先察识后存养"的说法，这也是湖湘学派的学术宗旨之一。从理论上讲，湖湘学派"先察识后存养"的背后还有一个心性论的基础。用胡宏的话说，

① 朱熹：《答林择之》，《朱子全书》第22册，第1979页。
② 朱熹：《与曹晋叔书》，《朱子全书》第21册，第1089页。
③ 朱熹：《答何叔京》，《朱子全书》第22册，第1822页。

就是："未发只可言性，已发乃可言心。"[1] 性由心显，所以识性必先从已发之心上开始，然后以诚敬存之。按照朱子自己的说法，他得出"心为已发，性为未发"的结论，完全是个人沉思的结果。当他发现胡宏也有同样的说法时，更加增添了对新说的自信。我们没有理由不相信朱子的自述，他和胡宏之所以得出同样的看法，那只能说明"察识于已发"是"性体心用"说的必然结论。

三、"中和"新说

丙戌之悟标志着朱子在"中和"问题上由道南向湖湘学派的倾斜。它增加了朱子的自信，也进一步拉近了与张栻的距离。在随后的湖湘之行中，朱子与张栻进行了广泛的讨论，并相约一起做圣贤工夫。对于这次访学，朱子自觉相当满意：

> 去冬走湖湘，讲论之益不少。然此事须是自做工夫于日用间行住坐卧处，方自有见处。然后从此操存，以至于极，方为己物尔。敬夫所见，超诣卓然，非所可及[2]。

这时的朱子同时还忙着另外一项工作，即整理二程的著作。无论是出于根深蒂固的章句训诂之癖也好，还是出于对二程思想的重视也好，这次整理工作却成了朱子重新反省自己"中和说"的导火索。

早在丙戌之悟时，朱子就发现他"性体心用"说与二程有

---

① 胡宏著，吴仁华点校《胡宏集》，中华书局，1987年，第115页。
② 朱熹：《答程允夫》，《朱子全书》第22册，第1871页。

不一致之处。他当时的解决办法是："虽程子之言有不合者，亦有以为少作失传而不之信也。"现在当他系统地整理程氏遗著时，已经没有了上次的那种自信：

程子之言，出其门人高弟之手，亦不应一切谬误以至于此。然则予之所自信者，其无乃反自误乎①？

这种自我怀疑的结果便是他的第二次"中和"说：

乾道己丑之春，为友人蔡季通言之。问辨之际，予忽自疑。斯理也，虽吾之所默识，然亦未有不可以告人者。今析之如此其纠纷而难明也，听之如此其冥迷而难喻也。意者乾坤易简之理，人心所同然者，殆不如是。……则复取程氏书虚心平气而徐读之，未及数行，冻解冰释。然后知情性之本然，圣贤之微旨，其平正明白乃如此。而前日读之不详，妄生穿穴，凡所辛苦而仅得之者，适足以自误而已。至于推类究极，反求诸身，则又见其为害之大，盖不但名言之失而已也②。

这一次也是朱子在这个问题上的最后定论，它是朱子思想成熟的重要标志。朱子时年刚好 40 岁。朱子自己曾把丙戌之悟称为"中和旧说"，那么，这次的自然也就是"中和新说"了。

在《与湖南诸公论中和第一书》中，朱子对他的"中和新说"有一个系统的概括：

---

① 朱熹：《中和旧说序》，《朱子全书》第 24 册，第 3635 页。
② 同上。

按《文集》、《遗书》诸说，似皆以思虑未萌、事物未至之时，为喜怒哀乐之未发。当此之时，即是此心寂然不动之体，而天命之性当体具焉。以其无过不及，不偏不倚，故谓之中。及其感而遂通天下之故，则喜怒哀乐之性发焉，而心之用可见。以其无不中节，无所乖戾，故谓之和。此则人心之正，而情性之德然也。然未发之前，不可寻觅；已觉之后，不容安排。但平日庄敬涵养之功至，而无人欲之私以乱之，则其未发也，镜明水止；而其发也，无不中节矣，此是日用本领工夫。至于随事省察，即物推明，亦必以是为本，而于已发之际观之，则其具于未发之前者，固可默识。故程子之答苏季明，反复论辨，极于详密，而卒之不过以敬为言。又曰"敬而无失，即所以中"，又曰"入道莫若敬，未有致知而不在敬者"，又曰"涵养须用敬，进学则在致知"，盖为此也。向来讲论思索，直以心为已发，而日用工夫亦止以察识端倪为最初下手处，以故阙却平日涵养一段工夫[①]。

与旧说相比，"中和新说"不同之处主要表现在两个方面：

第一，就本体而言，旧说以未发为性、已发为心，新说则认为，未发、已发均属心。未发和已发的区别在，前者是心之体，后者为心之用。心之体是寂然不动的，心之用则感而遂通。

新说的这种改变一定程度上是对延平之教的回归。承认心体寂然不动，就意味着心有"思虑未萌、事物未至"之时。因此，"求喜怒哀乐之未发"就不再是不可能的事儿。朱子和延平的区别只是所"求"方法不同而已。

① 《朱子全书》第23册，第3130页。

新说以心之体用释未发已发还有另一个好处，那就是使性、情问题有了着落。《中庸》讲喜怒哀乐本来涉及情的问题，但过去人们太执著于“未发”而使这个问题差不多完全被忽略了。按朱子的新说，在寂然不动的心体里面，天命之性当体而具，它们构成了喜怒哀乐之性；随着心体的感而遂通，喜怒哀乐之性发而为喜怒哀乐之情，因而有种种欲望活动。由于喜怒哀乐之性属于心的本体，不会有过或不及的问题，所以它也被称做“中”。喜怒哀乐之情当然会有偏至之处，但通过自觉的修为可以实现“中节”、“无所乖戾”，那就叫做“和”。从这种论述中可以看出，朱子后来所特别重视的“心统性情”基本上已经呼之欲出了。

第二，就工夫而言，旧说主张在已发处用功，先察识而后涵养。新说则认为，无论是未发已发，都必须涵养在先，察识在后。

相对于第一点来说，朱子在工夫论上的这种改变尤其重要。一方面它拉开了朱子与湖湘学派的距离，另一方面也没有简单地退到延平的立场。这一次，朱子直接追溯到小程的主敬说，从而摆脱了多年来在道南和湖湘两派之间的游移立场。

朱子认为，湖湘学派从“察识端倪”入手，最大的毛病在“阙却平日涵养一段工夫”。朱子担心的是，“察识”容易导致过分地偏重穷理、认知，使得洒扫应对进退这些小学的工夫失去着落，所以朱子坚称：“洒扫应对进退之间，便是做涵养底工夫了。”

但是，朱子也不愿意回到李延平的静坐。终其一生，朱子对“静中体验”之类的东西一直没有什么体会，所以他始终认为，主静是逃禅的方便法门。

在小程那里，朱子终于找到了不落两边的“中道”，那就是“主敬”。一方面，“敬”属涵养的工夫，可以贯彻于已发和未发，也就是说，可以贯彻于“心”的一切活动。另一方面，“敬”因为包含有收敛身心、专一、自主等涵义，也能够同佛教的虚静分别开来。

从下面对小程“主敬”说的评价，我们就大体可以看出朱子自己对“敬”的重视程度：

敬字工夫乃圣门第一义，彻头彻尾，不可顷刻间断。

圣人言语，当初未曾关聚。如说“出门如见大宾，使民如承大祭”等类，皆是敬之目。到程子始关聚说出一个“敬”来教人。

因叹敬字工夫之妙，圣学之所以成始成终者，皆由此①。

朱子高足李果斋曾这样总结乃师的一生：

先生之道之至，原其所以臻斯域者，无他焉，亦曰主敬以立其本，穷理以致其知，反躬以践其实，而敬者又贯通乎三者之间，所以成始而成终者也。(《朱子年谱》卷四)

明乎此，“中和新说”的提出对朱子自己思想发展的意义也就不言而喻了。

① 《朱子语类》卷十二，《朱子全书》第14册，第371、369、368页。

《药地炮庄》成书考

《药地炮庄》是明末清初思想家方以智（1611－1671）的晚年代表作。由于文字狱的缘故，更由于方以智的被捕并死于押解途中，此书刊刻流通不久，就逐渐淡出了学人的视野。晚近一二十年，随着方以智和庄学研究的深入，《炮庄》开始受到学者们的重视。除了“三教会通”论、庄子“托孤说”等核心思想外，此书之版本源流、写作缘起和成书经过也都成了讨论的话题。下面谨就后一问题，略述个人的看法，以供研究方氏学行和庄学史者参考。

一

《炮庄》现存的本子主要有四个：一是安徽博物馆藏“潭阳大集堂”本，一是中国社会科学院历史所藏“潭阳天瑞堂”本，一是台湾“中央”研究院史语所藏王木斋题记本，一是四川省图书馆藏本[1]。四个本子虽印行时间有早有晚，序跋篇数或多或少，完整程度大小不一，但可以确定的是，它们属于同一个刻本。

从印行时间来讲，大集堂本应该最早。该本《目录》后面，第一篇文字是萧伯升的《刻炮庄缘起》。由此序我们知道，正是萧氏的捐资，才有了《炮庄》一书的刊刻。方以智第二个儿子方中通有诗《萧孟昉捐资为老父刻〈药地炮庄〉感赋》，讲的正是这件事："苦心思救济，尽现漆园身。蛮触征皆罢，逍遥足绝尘。父书还赖友，古道可娱亲。三世交情重，应知贱子贫。"[2] 萧序末尾题曰"康熙甲辰，春浮园行者萧伯升谨识"[3]，这和《目录》后面的识语"康熙甲辰，庐陵高唐曾玉祥刊"，时间上刚好吻合。因此，可以基本断定，《炮庄》的正式刊刻就是从康熙甲辰年（1664）开始的，这一年方以智五十四岁。

除了萧伯升的《缘起》外，大集堂本的序作者依次还有陈丹衷、何三省、余飏、竺庵大成，全书末尾则有兴翱、慈炳等人的跋语以及张自烈的《阅炮庄与滕公剡语》。这些序跋中，仅陈丹衷、弘庸、大成、慈炳四篇有明确的写作时间。陈序标以"雍茂孟陬"，是为顺治十五年（1658）。弘庸标以"辛丑"，是为顺治十八年（1661）。大成题曰康熙丙午（1666）。慈炳题曰"阏逢执徐"，是为康熙甲辰年（1664）。四篇的时间差了八年之久，这并不难理解。索序于人，并不需要等到完稿之时。

① 发现"大集堂"本有别于"天瑞堂"本，是邢益海博士的功劳。他的学位论文《方以智的庄学研究：〈药地炮庄〉初探》对此有详细的分析。

② 方中通：《陪诗》卷三，《陪集》，清继声堂刻本。

③ 萧伯升：《刻炮庄缘起》，《药地炮庄》卷首，台湾广文书局，1975 年，第 9 页。

从刻版到印刷，也会有个过程。假若大成之序是所有这些序跋中最晚的一篇，那么大集堂本的印行时间应该就在康熙丙午年（1666）。这离始刻之时已经过去了两年左右。

与大集堂本相比，天瑞堂本的序文有所变动：一是萧伯升的《刻炮庄缘起》被删除，二是新增了文德翼、苗蕃和戒显三序。萧序被删，原因不详。若与萧伯升晚年入狱有关，那么此本的印行时间需推到康熙十七年（1678）[①] 前后。新增三序，文德翼、戒显两篇无写作时间，苗蕃序则署曰“丁未纯阳月闰之朔，楞华狂屈蕃具草”。“丁未纯阳”为康熙六年（1667）四月。苗蕃此序未能收入大集堂本，只能有两种情况：一是错过了大集堂本的印刷时间；二是方以智对此序的内容不太满意。后一种的可能性极小，若属前一种情况的话，那么大集堂本一定在康熙六年的四月之前已经印出。另外两序，情况估计也差不多。还有一点需说明的是，天瑞堂本正文中缝出现二十余处“甲申年崇安补”的字样。假若这些都是当时的增补，那么该本的刷行时间就得推到康熙四十三年（1704），这离方以智辞世已有三十三年之久。

“中研院史语所”藏本实际上是大集堂和天瑞堂两本的拼合，其根据就在王木斋的扉页题记：“余二十一岁时，闻先师杨朴庵先生屡称无可大师《药地炮庄》为说《庄》第一书，即有心求之。廿余年来，仅得卷首一本。至辛亥六月，乃见有持此书求售者，欣然购之，如获异珍。首卷复缺四序一题咏。考前购残本，有此六叶，遂以补入，此书得成完本。”[②] 记中所称杨朴庵即杨摛藻，乃晚清佛学大家杨文会的父亲。他推崇《炮

① 余英时：《方以智晚节考》增订版，北京三联书店，2004年，第100页。
② 台湾广文书局本即据中研院史语所藏本影印，王木斋此题记见该书扉页。

庄》，也许和佛学信仰有关。王木斋受老师影响，留心《炮庄》已久。辛亥年所购者可以肯定是大集堂本，所谓“复缺四序一题咏”，实际上并非全属残缺。苗蕃的题咏，文德翼、戒显的两序，本来就没有收入大集堂本中。他的补本，当然只能属于天瑞堂本。两本相加，王木斋为我们保留了《炮庄》的全部序跋，这是该本的最大优点。

四川博物馆藏本仅有正文九卷，民国美学林本即据此排印。由于缺少序跋总论部分，它究竟属于大集堂本，还是天瑞堂本，很难辨识，对成书过程的考辨帮助也不大。

二

相对于《炮庄》完稿和刻印时间来说，方以智何时开始写作此书，却是个比较麻烦的问题。由于史料中存在一些看似矛盾之处，研究者因此得出了两种相反的结论。一种观点认为，方氏作《炮庄》，源于他的老师道盛禅师的托付，因此该书的动手时间不能早于顺治十年（1653）的春天[①]。另一种观点则认为，方以智从梧州北返、停经庐山时，就已经有了《炮庄》

---

① 持此说者主要有任道斌、蒋国保等人。任道斌称：“《药地炮庄》写于竹关，后于合山栾庐时继续撰写，至晚年入青原山后，方得脱稿。”（《方以智年谱》，安徽教育出版社，1983年，第216页。）蒋国保的看法与任说大致相同：“《药地炮庄》九卷，另卷首有《总论》上、中、下，及《发凡》（七则）、《炮庄小引》等。始撰于闭关高座期间（1653－1655），修改于庐墓合明山之时（1655－1658），定稿不迟于1663年。康熙甲辰（1664）由萧孟昉捐资由庐陵人唐玉祥雕版，于1667年由福建潭阳（建宁）的‘大集堂’印行。”（《方以智哲学思想研究》，安徽人民出版社，1987年，第97页）按：蒋说中“唐玉祥”为“曾玉祥”之误。《炮庄》目录后所附文字为：“康熙甲辰，庐陵高唐曾玉祥刊。”

的稿子，他动手写作的时间，甚至比顺治九年冬天还要早[①]。

持前说者，根据主要在陈丹衷的一段话：

> 杖人癸巳又全标《庄子》，以付竹关。奄忽十年，无可大师乃成《炮庄》[②]。

“杖人”全称为“浪杖人”，道盛禅师之别号。“癸巳”即顺治十年（1653）。“竹关”原指南京高座寺看竹轩，此处代指方以智，因其圆戒后曾闭关于此。下推十年，为康熙癸卯（1663），《炮庄》完稿。甲辰年（1664），即有萧伯升捐资刻版事。

陈丹衷，字旻昭，号涉江，江宁人。崇祯癸未进士，长期追随道盛，法名大中。由《炮庄》正文九卷卷首皆题曰“天界觉杖人评、极丸学人弘智集、三一斋老人正、涉江子陈丹衷订”可知，他曾经亲自参与过《炮庄》的编订工作。有此特殊身份，他的说法的真实性当然用不着怀疑。

方以智自己的文字，似乎也支持这种说法。《炮庄小引》这样写道：

---

① 彭迎喜曾提出一个大胆的想法：“因此我推测：密之早年曾撰写过一本‘炮庄’书，这本书是经吴应宾审阅过了的，后来密之的弟子传笑在庐山上也阅读过。密之闭关后，接受觉杖人委托，在觉杖人标点、评论的《庄子》之基础上又撰写了另外一部《炮庄》，所以题署‘天界觉杖人评’（《炮庄》下栏各卷前）。这两部‘炮庄’之书分别由不同的人进行校订，因二者性质相同，最后并为一书，统名为《药地炮庄》付梓。但只是合并，并未混合，故此分为上下两栏，并题署不同的著者与校者。”（《方以智与〈周易时论合编〉考》，中山大学出版社，2007年，第158页。）此说推测方以智投奔道盛之前，早有“炮庄”之意，值得认真对待。但把现存《炮庄》分为两书，纯属无稽之谈。大别《发凡》早已说得清清楚楚：“训词，注之于下。诸家议论，汇之于后。别路拈提，列之于上。”上下两栏之分，主要是因为文本性质不同。考其内容，眉批皆与正文相对应，断不能独立自存。

② 陈丹衷：《庄子提正跋》，《觉浪道盛禅师全录》卷三十，《明嘉兴大藏经》第34册，台湾新文丰出版社，1987年，第776页。

子嵩开卷一尺便放，何乃喑醷三十年而复沾沾此耶？忽遇破蓝茎草，托孤竹关，杞包栎菌，一枝横出，曝然放杖，烧其鼎而炮之。重翻《三一斋稿》，会通《易余》，其为药症也犁然矣[①]。

“子嵩开卷便放”，典出《世说新语·文学》：“庾子嵩读《庄子》，开卷一尺许便放去，曰：了不异人意。”“喑醷”出《庄子·知北游》：“自本观之，生者，喑醷物也。”“破蓝茎草”指道盛的《破蓝茎草颂》。《三一斋稿》是方以智外祖吴应宾的遗稿，《易余》是方以智自己解《易》之书。整段话合起来，大意是说，庾子嵩读《庄》开卷便放，自己读《庄》三十年，为什么还要沾沾于此？是因为遇到了恩师道盛禅师，后者把解《庄》的任务交给了自己。于是支鼎烹炮，以《庄子》为药，以《三一斋稿》、《易余》及历代注疏为辅，就有了《炮庄》这本书。

需要指出的是，方以智这段话中的“忽遇破蓝茎草，托孤竹关”，不能理解为《破蓝茎草颂》中就有“托孤竹关”之事。《破蓝茎草颂》的确是道盛专为方以智所作，可文中全都是对后者担荷大法的勉励和期待[②]，根本没有提到过解《庄》之事。方以智这里只是借用“破蓝茎草”代指老师而已，并不意味着

① 方以智：《药地炮庄》卷首，第17页。

② 道盛对方以智的厚望，可参看《破蓝茎草颂》下面这段话：“无可智公，从生死危难中，来皈命于予，受大法戒。乃掩关高座，深求少林服毒得髓之宗，披吾《参同》、《灯热》之旨。喜其能隐忍坚利，真足大吾好山之脉。予时归博山、武夷，扫二先师之塔，特潜为别。予因嘱之曰：圣人无梦不能神，大海无波不生宝。使圣凡无怨艾之毒，则皆无出身之机也。子当以大法自命，痛此悬丝，宁不自愤乎？”（《觉浪道盛禅师全录》卷十二，《明嘉兴大藏经》第34册，第662页。）

"托孤竹关"一定要与该颂的写作同步进行。

在道盛师徒那里，"托孤"是一个双关语，既可指庄子以孔门之孤主动托身于老聃门下，又可指他们自己的学术薪火相承。对道盛来说，庄子已经是"孤"，再把这个解《庄》的任务交给方以智来完成，那就是另外一种托"孤"。方氏的旧友门人对此显然印象深刻，几位序作者不约而同地提到这件事，就是明证：

《炮庄》制药，列诸症变，使人参省而自适其当焉。梦笔、药地，立寓双冥，其寂感何如耶？（何三省）

杖人评《庄》，正欲别路醒之。药地炮《庄》，合古今之评，以显杖人之正，妙在听天下人，各各平心，自吞吐之。（弘庸）

浪杖人灯热一书，十方始知是火，师即传以为炮岐黄，不在父子间乎？（文德翼）

自天界老人发托孤之论，药地又举而炮之，而庄生乃为尧舜周孔之嫡子矣。（余飏）

杖人《庄子提正》，久布寓内。……在天界时，又取《庄子》全评之，以付竹关。公宫之托，厥在斯欤！（大别）

这么多人都强调两人的承继关系，说明道盛的托付对于《炮庄》的编纂来说，至关重要。如果没有他的《庄子提正》和"全标《庄子》"，恐怕就不会有我们今天所见到的《药地炮庄》。从这个意义上，说《药地炮庄》始著于竹关，并没有什么不妥。

持第二种观点者，也有自己的理由。最主要的一条，是方以智弟子传笑的一段识语：

此愚者大师五老峰头笔也。佛以一语穷诸外道，曾知佛现外道身，以激扬而晓后世乎？苟不达此，不须读《庄》，又何能读《炮庄》？大医王详症用药，横身剑刃，申此两嘘，苦心矣，岂问人知？壬辰孟秋，玉川学人传笑识[①]。

这条识语系于《炮庄·总论下》篇《惠子与庄子书》的末尾。其中，“愚者”是方以智最喜欢用的别号。五老峰，即庐山主峰。方以智登庐山不止一次，但传笑的题识中却讲得清清楚楚：写作此文的时间是“壬辰孟秋”。壬辰年即顺治九年(1652)、南明永历六年。这一年年中，方以智随施闰章一道从梧州北返，中途借住庐山数月，直到年底他才回到老家桐城。由于不愿受地方官出仕的胁迫，方以智在第二年的春天再一次离家，前往南京天界寺，正式接受大法之戒。如果按照传笑所说，“苟不达此，不须读《庄》，又何能读《炮庄》”，那么方以智在五老峰时应该就有了《炮庄》的稿子。此时当然还不存在什么“托孤竹关”的问题。

持此说者早已注意到了方以智《冬灰录》中的一段话。该书第二册载有《天界老和上影前上供拈香，焚〈炮庄〉稿》条，其言曰：

十年药地，支鼎重炮，吞吐古今，百杂粉碎。藐姑犹是别峰，龙珠聊以佐锻。今日喷雪轩中，举来供养，将谓撤翻篱

① 方以智：《药地炮庄》，第128页。传笑，原误作“傅关”。《浮山文集后编》卷一收有此文，正作“传笑”。另：《青原志略》卷八载有传笑《与刘洞雪林》书一封，可知其追随方以智时间颇久。

笆，随场漫衍耶[①]？

既然可以焚烧《炮庄》之稿，说明此书已经有了全部或者部分的刻本。既然要上供于道盛影前，说明该书一定与道盛有关。这些都不成问题。有问题的是，方以智为什么说“支鼎重炮”？这不正好证明他早先已经“炮”过了吗？[②]

这的确是个问题。与此相关，还有一点同样值得思考：道盛身边好《庄》、注《庄》者并不少，他何以偏偏“托孤”于方以智呢？

大别《发凡》曾经提到：“薛更生、陈旻昭时集诸解，石溪约为《庄会》，兹乃广收古今而炮之。”[③] 石溪法名髡残，受衣钵于道盛。陈旻昭即陈丹衷。薛更生，名正平，钱谦益《有学集》卷三十一载其墓志，称“少为儒，长为侠，老归释氏”。《天界觉浪盛禅师语录》卷十有诗题曰“薛更生居士颂予《庄子·天下》篇，喜而和之”，可知更生亦是好《庄》者。三人既然都有与《庄子》相关的著作，道盛岂有不知之理？他不“托孤”于此三人，却选择了刚刚到来的方以智，这岂不是有违常情吗？

当然，如果方以智此前已有与《庄子》相关的著作并深得道盛欣赏的话，那就另当别论。

查方以智入关前的作品，能够与“炮庄”扯上关系的，只有他在五老峰所拟的两篇《向子与郭子书》、《惠子与庄子书》。《浮山文集前编》卷九“岭外稿下”收有《书〈庄子〉后》一

---

① 任道斌《方以智年谱》系此条于康熙四年（1665）。

② 彭迎喜：《方以智与〈周易时论合编〉考》，中山大学出版社，2007年，第157—158页。

③ 大别：《炮庄发凡》，《药地炮庄》卷首，第6页。

文，让我们知道方以智虽在颠沛流离之中，仍常读《庄子》。但也仅此而已，寥寥三百字并不足以说明任何问题。作为“癸巳入关笔”的《象环寤记》，讨论的话题及所用术语如“蒙媪”、“象环”等，的确与《庄子》相关，文中也曾借外祖之口谈到自己小时就很喜欢《庄子》：“汝丱时，汝祖督汝小学，汝曰：‘旷达行吾曲谨。’吾呼汝头陀，汝曰：‘逍遥是吾乐园。’全以庄子为护身符，吾无如汝何。”[①] 但《象环寤记》毕竟是“入关”之笔，性质上也不属于“炮庄”之作。除非方以智还有什么解《庄》之作彻底失传，否则他呈给道盛的只能是五老峰二书。

其实，个人以为，有此二书，已经足矣。在《向子与郭子书》中，方以智说：“庄子者，殆《易》之风而《中庸》之魂乎！”[②] 在《惠子与庄子书》中，他进一步发挥道：“义精仁熟，而后可读《庄子》。蒸湇《六经》，而后可读《庄子》。则《庄子》庶几乎饱食后之茗荈耳。”[③] 这和道盛在《庄子提正》中的说法如出一辙：“夫论大易之精微、天人之妙密、性命之中和、位育之自然，孰更有过于庄生者乎？”“庄生所著，虽为六经之外，别行一书，而实必须辅六经，始能行其神化之旨也。使天下无六经，则庄子不作此书，而将为六经矣。”[④] 住在五老峰巅的方以智，有否读过道盛“久布海内”的《庄子提正》，我们不得而知。假若没有读过，竟能得出如此一致的结论，说明两人对《庄子》本有相似的判断。假若曾经读过，那也没有问

---

① 方以智著，李学勤点校《东西均》附录，中华书局，1962年，第157页。
② 方以智：《药地炮庄》，第111页。
③ 同上，第120页。
④ 《天界觉浪盛禅师全录》卷三十，《明嘉兴大藏经》第34册，第768—769页。

题，毕竟和道盛身边的那帮弟子、朋友不同，方以智的这些看法是仅凭阅读和思考而得到的。可以想象，当两人有机会面谈时，心灵的感通恐怕早已超出言说之外。道盛因此而“托孤”于方以智，应该是件顺理成章的事儿。

剩下的问题就是，《向子与郭子书》、《惠子与庄子书》是否可以如传笑那样称作《炮庄》？如果可以的话，那么方以智投奔道盛前，当然早就开始了《炮庄》的写作。个人觉得，此问题的要害其实源于我们对“炮庄”二字的理解。“炮庄”可以指一部著作，也可以指一种活动或工作。如果像前面那样，一律把传笑所说的“炮庄”解读为“《炮庄》”，那就必须承认《药地炮庄》并非始作于竹关。如果把传笑所说的“炮庄”解读为“炮《庄》”，解读为对《庄子》一书的炮制，那么一切的困难都将迎刃而解：《向子与郭子书》、《惠子与庄子书》当然都是对《庄子》的“炮制”。既然此二书本来就是所谓的“炮制”，那么称竹关时期开始的解《庄》为“支鼎重炮”，也就没有任何不妥。

总之，方以智在投奔道盛之前，已经有过解《庄》的尝试。由于这种解读并非通常意义上的注释，方以智和他的弟子们统称之为“炮”。这种说法深得道盛之欣赏，后者遂把自己对《庄子》的评、提转交给方以智，由他来完成对《庄子》全书的“炮制”，这大概就是方以智编纂《药地炮庄》一书的缘由。

三

至于说方以智在五老峰巅，是否有过炮制《庄子》全书的计划，从现有的文献中根本找不到任何的蛛丝马迹。我们所知道的只是，自从接受了道盛的托付之后，方以智花费了大量精力去编纂《炮庄》。下面的记载可以帮助我们了解这一过程：

(1) 老父在鹿湖环中堂十年，《周易时论》凡三成矣。甲午之冬，寄示竹关。穷子展而读之，公因反因，真发千古所未发。万物各不相知，各互为用，大人成位乎中，而时出之，统天乘御，从类各正，而物论本齐矣。复予蓍筒而铭之，曰："蓍卦之德，退藏于密。即方是圆，两行贞一。"不肖子以智时阅此论，谨识之以终卷[①]。

此条编在《炮庄》卷一的末尾、《齐物论》"庄周梦蝶"段的后面。"甲午"年为顺治十一年（1654），方以智闭关高座寺看竹轩的第二年。整段话讲的是父亲方孔炤寄示《时论》一事，但无意间却透露了《炮庄》的进度。经过一年左右的工作，他刚刚完成了全书的第一卷。

(2) 藏一曰：世道交丧矣。拘方约结，终缚生死。荒冒废学，差别茫茫。……大师庐墓合明，幸得朝夕，剥烂复反，乃叹曰：大道易简，私黠乱其神明。备物无我，善刀无敌。学问饮食，享其性天。消息时行，何用跃冶乎？因合录之，时自省览云尔。自有仁智夙愿者，总持幸甚。圉噩岁涂，黄林学者左锐识[②]。

这段话摘自《炮庄·总论中》篇的末节。《总论中》篇分

① 方以智：《药地炮庄》，第245页。
② 同上，第105页。

成了两个相对独立的部分，开头是三位高僧的庄评，篇幅较少。后面的内容有一个标题叫《黄林合录》，编录者自称“黄林学者左锐”。据《青原志略》、《周易时论合编》诸书，左锐，字藏一，桐城人，乃方以智好友。左锐此文的编录有时间（“圉疆岁涂”，指的是丁酉年十二月。这一年为顺治十四年，公元1657年）、有地点（“庐墓合明”）[①]，假若它原本就属于《炮庄》的一部分的话，那么可以肯定，方以智在守丧三年中仍在延续竹关时期的工作。假若它是后来才编入到《炮庄·总论中》的，也没有问题。因为此文中有大量的关乎庄子的内容，譬如开头第一句话就是“敢问《易》与庄、禅分合，可得闻乎”[②]？其他如“虚舟子曰：柱、漆无所不包，而意偏重于忘世”[③]、“吴亚侯曰：仙定，出世之死法也。庄禅，出世之圆机也”[④]、“沈长卿曰：庄子散人，则语不犯正位”[⑤]、“休翁曰：读《六经》后，彻《庄》透宗，再读《六经》，即非向之《六经》矣。妙在怒笑之余，别路旁通，乃享中和之味”[⑥] 等等，可谓举不胜举。这些都说明，方以智庐墓期间，除了与子侄一道重编父作《周易时论》外，也一定没有放下恩师交给他的“炮庄”任务。

（3）吸尽西江水，东流不到家。阶前如见佛，座上便拈花。颜色成枯木，愁心结乱麻。趋庭无别语，开示总《南

---

① 孔炤辞世于顺治十二年，方以智闻讯后，破关奔丧，遵父遗命，葬合明山，并以和尚身，结庐墓侧，在当地曾经是轰动一时之事。

② 方以智：《药地炮庄》，第69页。

③ 同上，第77页。

④ 同上，第82页。

⑤ 同上，第84页。

⑥ 同上，第88页。

华》[1]。

此诗乃方以智第二子中通所作，诗题曰“庚子同四弟省亲寿昌”。诗末有小注，“时老父著《药地炮庄》”。这是迄今为止最明确的著述记录。庚子为顺治十七年（1660），距离庐墓结束已有两年。此时的方以智主要行脚于江西南城一带。他之所以“开示总《南华》”，可能与恩师的去世有关。去年秋天，道盛禅师圆寂于南京。加快《炮庄》的撰写进度，也算是对恩师嘱咐的一个交代。

（4）药地愚者唾此糠粃，一怒一笑，且三十年。五十衍《易》而占之曰：用九，见群龙无首[2]。

今日登黄龙背，饮南谷茶，诵《逍遥》一过。四围苍翠欲滴，白云西来，平浮竹槛，万峰在下，出没有无。忽忆张浊民拈郑亿翁句曰：天下皆秋雨，山中自夕阳[3]。

这两段话分别见于《逍遥游总炮》和它的眉批。“五十衍《易》”用孔子学《易》之典，说明方以智此时已过五十。方氏生于明万历三十九年（1611），下推五十年，刚好就是上条中通所说的“庚子”年。这说明《总论》下篇的七篇《总炮》，当作于方以智五十岁之后。这一点也得到了眉批的验证。所谓“南谷”，指的是江西新城南谷寺。据乾隆朝《建昌府志》载，康熙元年（1662），方以智正是该寺的住持。因此登山饮茶、吟诵《逍遥》，一切都顺理成章。苍翠欲滴，万峰出没，看上

① 方中通：《陪诗》卷三，《陪集》，清继声堂刻本。
② 方以智：《药地炮庄》，第131页。
③ 同上，第132页。

去又是多么的惬意！不过，“忽忆”二字早把人拉回到了现实当中：张浊民即张鹿征，崇祯朝官锦衣卫千户。煤山变后，殡于西华门，百官无至，唯鹿征缞服哭临，守梓宫不去。后为道士，终身素衣冠，自言先帝仇未报，服不可除。郑亿翁即郑所南，宋亡后终身不娶，时时向南恸哭，所著《心史》，字字血泪。面对良辰美景，适意逍遥之际，涌上心头的却是亡国遗恨，此时方以智的复杂心情，又岂是借《庄子》放浪形骸者所能知？

(5) 往年惠到《时论》，恨生未从尊公伯父游。象数几微，蒙惑罔测。今即未谓遽窥什一，要如神珠置浊水中，不渐次湛清不得也。闳论秘义，括举两间，大至此乎！广至此乎！糠秕之引，恐非末学敢任，幸择人畀之。再承贶《寂历图》及《炮庄》大刻，实变化《时论》而出之者。翁兄力大解捷，如香象蹴蹋，岂蹇驴所及？又如冥室中炽然慧炬，何幽弗照，岂萤火比朗？宜弟方之蔑如也。而六十年来，如醉如梦已矣，悔何益矣。黄海幽胜，未尽余喘，尚浮沉其间，翁兄其无忘东来为我稍施针砭乎[1]？

公既赏《庄》而读《易》，何不以《炮庄》激扬、以易几征格之乎？特奉一部，并致商贤。还当久住青原，获真益也[2]。

这两段话皆摘自《青原志略》卷八。第一段出自沈寿民《寄青原药地大师书》，第二段出自传笑《与刘雪林》。沈寿民也是安徽人，方以智老友，施闰章之师。传笑的情况，已见上

① 释大然、施闰章编《青原志略》卷八，《四库全书存目丛书》史部第245册，齐鲁书社，1994—1997年，第630页。

② 同上，第631页。

文。两人皆提到《炮庄》大刻，说明此书早已印刷流通。从沈氏书的标题及传笑书中的“还当久住青原”，可知此时的方以智已是青原山净居寺的住持。方以智正式入主青原，始于康熙三年（1664）年底，萧伯升也于同年捐资刊刻《炮庄》。在此后的数年间，方以智的师友和弟子们常常在书信或交谈中提及此书。最有趣的是，作为易堂九子之一的彭士望，竟然还于梦中作过“炮庄诗”：“曾从天际别，动辄八千秋。自古谁青眼，于今已白头。赋诗全是怨，读史近能羞。要与鲲鱼说，南溟尚可游。”[①] 这从一个侧面说明了，《炮庄》一书曾给时人留下过深刻的印象。

总之，作为十年心血的结晶，《药地炮庄》得以定稿流通，既是对道盛禅师付嘱的完成，更是方以智对自己晚年思想的一个总结。方氏常常要求弟子们细读此书[②]，原因恐怕就在于此。

---

① 彭士望：《宿闽南田舍，梦作〈炮庄〉诗，寄药地老人》，收入《青原志略》卷十一，《四库全书存目丛书》史部第245册，第673页。

② 《青原志略》卷八收有方以智专为郭林所作的《随寓说》，其中有云：“已读《炮庄》，则不可解矣。愚者曰：此正子之药也。有所好乐忿懥，则不得其正，信之乎？”

儒宗别传：方以智的庄学史观

《药地炮庄》系方以智解《庄》之作。药地，其号也。炮者烹炮，会诸家于一鼎也。此书盖源于道盛禅师之托[①]，故玄言与禅语相辉映。因极言《庄》本于《易》，宗旨仍落在以儒解《庄》一途。从其兼具寄怀抒懑之痕迹，又可折射出亡国遗民之心境[②]。克就晚明以降之三教会通论、遗民生活史及密之本人思想变迁而言，此书皆大有关系焉。

全书除序跋发凡外，共计《总论》三篇、正文九卷，凡三十余万言。因初刻本（康熙三年此藏轩本）流传不广，晚近排印本又残缺不全（民国二十一年成都美学林本仅有正文九卷），此书之阅读与使用殊为不便。兹不揣鄙陋，对《总论》上篇略加绍述，希望有助于揭示密之在庄学问题上的卓见。

---

① 陈丹衷《〈庄子提正〉后跋》云："杖人癸巳，又全标《庄子》，以付竹关。奄忽十年，无可大师乃成《药地炮庄》。"

② 参见谢明阳《明遗民的庄子定位论题》绪论章，台湾大学出版社，2001年。

一

《炮庄·总论》共分上、中、下三篇。上篇是自汉至明诸家庄评之汇编，略近于庄学小史。中篇收僧人憨山德清、鼓山永觉、觉浪道盛以及其他佞佛士子之庄论，重在衡定庄佛关系。下篇为方以智本人文章，包括《向子与郭子书》、《惠子与庄子书》和《药地总炮七论》等，可视作全书之总纲。

上、中两篇正文部分皆题曰“墨历山樵集，春浮行者萧伯升孟昉校”，下篇题为“浮山愚者之子中德、通、履谨编”。“墨历山樵”和“浮山愚者”均为方以智别号，中德、中通、中履则是其三子之名。由这些题签，可知《总论》前两篇为方以智所收集，下篇因为涉及他本人的文章，所以编校任务就交给了儿辈们来完成。

就体例而言，《总论》三篇与正文九卷一样，皆有大量眉批①。眉批可说是《炮庄》最重要的内容。毕竟，汇编之语多为他人成说，而在眉批中，方氏自己的意见才有了更集中的表达（惟须注意者，眉批也并不全都出自方以智之手）。

---

① 《炮庄》刻本（即此藏轩本）分上下两栏，上栏小字20行，每行6字；下栏大字10行，每行20字。上下两栏分别署名。其中，正文九卷下栏皆题曰：“天界觉杖人评，极丸学人弘智集，三一斋老人正，涉江子陈丹衷订”，上栏则题曰“闲翁曼衍，春浮行者萧伯升较”。《总论》三篇的题署稍有不同，下篇下栏题曰“浮山愚者之子中德、通、履谨编”，上栏题曰“平叟杂拈”。上、中两篇下栏题曰“墨历山樵集，春浮行者萧伯升孟昉较”，上栏则没有署名。为方便计，姑称之曰“眉批”。

二

《总论》上篇共收庄评四十余家，大体依时间顺序编排。其中，汉代四家、晋代三家、南朝一家、唐代两家、宋代十多家、明代二十余家。宋、明两代之所以占去大半，恐怕与这个时期的庄注本来就比较多有关。另外，年代较近，文献的搜求自然也就容易一些。

1. 汉代四家分别是司马谈、司马迁、严遵和扬雄。对司马迁，方以智极尽推崇之能事："子长以实事杀活自适，子休以虚言剽剥自适，都是伤心人，所以一语道破。"[①] 司马迁道破的一语，即《庄子传》中所说的"我宁游戏污渎之中自快"。与世俗那种滑稽混世之解不同，方以智从此语中读出的却是无奈和悲情。滑稽和混世意味着放弃，但无奈和伤心却饱含着对世事的关怀。在密之看来，庄子绝非弃世之人，司马迁也不是。史公之所以能状出庄子的这种悲感，是因为他自己也是同样的大伤心人。从这个意义上说，经历过九死一生、国亡不复、遁入空门的方以智仍然孜孜不倦地著述，又何尝是弃世之人呢？当密之写下"都是伤心人"、"悲何如耶"这样的字句时，心中定然充满无限的家国身世之感。

以悲感释庄子，自然就难以容忍扬雄这样的说法："周罔君臣之义，衍无知于天地之间，虽邻不觌也。"方以智的回答斩钉截铁："庄申大戒，非罔君臣。"[②]

"庄申大戒"指的是《人间世》这段话："天下有大戒二，

① 方以智：《药地炮庄》，台湾广文书局，1975年，第1页。
② 同上，第7页。

其一命也，其一义也。子之爱亲，命也，不可解于心。臣之事君，义也，无适而非君也，无所逃于天地之间。是之谓大戒。”在庄学史上，这是一段充满歧解的话。有的人从中看到的是人间网罗，有的人从中读出的却是事亲致命。自宋代以来，儒生们大多选择了后一种理解，因此《人间世》也就成了庄书中最纯正的一篇。方以智的老师道盛禅师也持有近似的看法：“此决断为臣子之心，与事心之不逾矩处，如斩钉截铁，真孔子万古不易之正论也。”①

道盛还提出过一个著名的“托孤说”，大意是说庄子非但不是老子的嫡嗣，而且还是儒宗之别传。战国时期，功利名相兴，儒者多滞迹，尧孔之真精神有失传之虞，于是庄子乃隐名埋姓，托于老聃门下，为儒宗之真血脉保留一线生机。此说对方以智影响至深，成为他品评诸家得失的一个基本依据。

在《总论》中篇，方以智对道盛之说有一个更全面的概括，值得特别征引如下：

庄周隐战国，辞楚相，愤功利而别路救之，以神化移人心之天者也。世儒拘胶，不能知天立宗。诸治方术者，离跂尊知，多得一察，以自为方，终身不返。乃慨然抚心曰：恶乎可？又恶可使若人终不知道德性天之宗乎？夫如是也，又何所籍之以自明吾之所存，自行吾之所主乎？于是仍借羲皇尧舜孔颜，与老聃许由壶列杨墨惠施诸子，互相立论而神化之。其中有主有宾，有权有实。至于纵横杀活，隐显正奇，放肆诡诞，嘻笑怒骂，直指天真，曲示密意。其为移出人心之天，岂可以

① 道盛：《觉浪盛禅师全录》卷三十，《嘉兴藏》第34册，台湾新文丰出版社，1988年，第772页。

常情臆见领略之耶？内七篇已豁然矣，究不外于慎独致中和，而与人物冥声臭，归大宗师于孔颜，归应帝王于尧舜也。世人不知，以为诋毁圣人，孰知称赞尧舜孔颜，无有尚于庄生者乎[①]？

依据这种说法，庄子内七篇之归宿乃在于尧舜孔颜，那么扬雄所谓“周罔君臣之义”的说法自然也就变得根本不可能。

稍显奇怪的是，汉代四家中，司马谈并没有直接评论到庄子，严遵也只是在《老子指归》中引用了《庄子》中的一些文句，方以智为何却把两人提了出来？从眉批可以看出，密之此处关心的显然是文本之外的东西。传统上，司马谈和严遵都被归为道家一派，这与两个晚辈的尊孔态度刚好相反。但在方以智看来，谈迁父子周南泣命，念念不忘的是“正《易传》，继《春秋》，本诗书礼乐之际”，因此不能说司马谈不尊孔子。严遵闭肆下帘授《老子》，但在从事卜筮活动时，劝人的却是忠孝之道，这与庄子的“别路救之”，可谓异曲同工。正是在这个意义上，方以智说：“得老庄至深者，其君平哉！”[②]

2. 把庄子归入儒宗，自然也就不会对魏晋玄风有太多的好感。作为三玄之一，魏晋注《庄》者众多。虽然存世已少，但也不至于仅能找到三家。方以智这里显然依据自己的立场，做了严格的抉择。

第一位被提到的是阮籍。对这位以青白眼著称，公开鄙薄汤武的达庄者，方以智看到的却是“寓庄以达生，大语藏怒笑”[③]。广武之叹证明阮籍绝不是忘情山水之人，他的越礼骇俗

① 方以智：《药地炮庄》，第 62 页

② 同上，第 5 页。

③ 同上，第 8 页。

背后深藏着极度的痛苦。

第二位被提到的是郭象。郭象可谓纳庄入儒的始作俑者。抬孔子，贬许由，君臣父子皆存至理，所有这些都能勾起方以智的共鸣。“郭注平和，恰是贤智消心用中之妙药”[①]，这就是密之对郭注的评论。

第三位被提到的是戴逵。戴逵本隐士，却深以放达为非。他的一句话最受密之欣赏：“老庄去名，欲以笃实也。”对于戴逵，密之评论说：“深于老庄，而弹琴履礼，此真弥缝柱、漆于杏坛者乎！”[②]

三家之中，反对放达的、语气平和的，得到表彰；迹近放达的，给予新解。至于名放达而实放荡者，在密之看来，只不过以庄子作托辞而已，又何能知庄子之苦心呢？

3. 晋代之后，终唐之世，方以智也列举了三家，它们分别是南朝马枢、唐代陆希声和李习之。李习之之说见于《复性书》，与庄学关系并不大。陆希声所云，“庄周述老氏之用，失于太过”，近于老生常谈。马枢指出“贵名实”和“玩清虚”者“各从所好”，也看不出有什么特别之处。方以智除了对李翱之清直有赞赏之外，对三家的说法皆无明确的评论。

比较奇怪的倒是，所引马枢之言并未遵照时间的顺序，反而被安置到了宋明之间。是有意如此，还是偶尔的误植，现在已不得而知。

4. 宋代是注庄的另一个高峰期，存世的名作就有王雱《南华真经新传》、吕惠卿《庄子义》、林希逸《庄子口义》、褚伯秀《南华真经义海纂微》等。其他评论性的文章就更多了，像

---

① 方以智：《药地炮庄》，第9页。
② 同上，第10页。

王安石的《庄子论》、苏东坡的《庄子祠堂记》和李士表的《庄列十论》都是代表性的作品。也许是因为体例的限制，方以智在《总论》上篇并未把注意力放在各种庄注上，除了王元泽外，吕惠卿、林希逸、褚伯秀的名字根本就没有被提到。那些评论性的文章，如王安石、苏东坡、李士表之作，倒成了重点引征的对象。甚至一些与庄子有关的只言片语，如邵雍、杨时和杨简之说，也都获得了一席之地。

第一个被提到的是王安石《庄周》论。介甫此文之宗旨在和会庄儒："昔先王之泽，至庄子之时竭矣。天下之俗，谲诈大作，质朴并散，虽世之学士大夫，未有知贵己贱物之道者也。于是弃绝乎礼义之绪，夺攘乎利害之际，趋利而不以为辱，殒身而不以为怨，渐渍陷溺以至乎不可救已。庄子病之，思其说以矫天下之弊，而归之于正也。"[1] 庄子之毛病，不过是矫枉过正而已，其心则是也。

按理说，同属和会庄儒的方以智应该激赏此文才是，可实情却刚好相反，密之如是评价王安石："欲收青苗钱，而纵民私铸，岂能及桑、孔之善计乎？""彼正窥得庄子，以破诸儒之执，而实用管商，以图一世之功，匆为所谩。"[2] 桑弘羊、孔仅皆为逐利之臣，安石实属同一类型，并且不若二人善计，这种评价也真够低的了。

方以智对王安石的评论虽酷，但也不是什么特例，宋明儒者多持此论。毕竟这是一个道学盛行的时代，"正其义不谋其利"才是被大家广泛接受的正途。不管王安石的动机如何，在儒生们看来，那些变法的措施看上去更像是与民争利。方以智

① 王安石：《庄周上》，《临川文集》卷六十八。
② 方以智：《药地炮庄》，第15页。

特别不满于王安石的还在于，他明明知道庄子之“正”就在于矫天下趋利谲诈之弊，自己施政时却仍然选择趋利一途，这只能说明他有“谩人”的动机。

王安石如此，其子王元泽自然也不会得到好评。尽管王元泽“庄子通性命之分”的说法可为“正决”，但他不能引庄讽新法，所学尚达不到触屏陈咸之境界①。

苏东坡是反对王安石变法的，方以智对此自无疑义。他甚至称赞东坡评《庄》懂得一赞（“见庄子得吾心”）一棒（“为人父而不仁其子可乎”），这不正是“炮”之所以为“炮”吗？但是，善于炮制的苏东坡仍然不免于有所执：“程为东郭顺，苏为温伯雪，岂有蜀洛党哉？可知庄子正是甘草。”②

洛蜀党争是两宋众多党争中的一次。究其实，也可能是最无意义的一次。宋代党争之中心问题在新法之立废，而洛蜀两家都是反对新法的。仅仅因为戏谑之言而水火不容，两家均免不了所谓通人之弊。如果小程子能够像人貌而天、清而容物的东郭顺子一样，苏东坡能够像目击道存的温伯雪子一样，哪里还是什么洛党蜀党？所谓“庄子正是甘草”，意义就在这里。

值得提及的是，密之早年其实也曾深陷党争之中。接武东林，主盟复社，公讨阮大钺，到处都有他的身影。国变服缁，荣华褪尽，回首前事，密之此时正不知做何想！

苏、王之后，紧接着的几家是邵雍、龟山、朱子和杨简。这些人除朱子外都没有专门的评《庄》著作。之所以提到他们，是因为邵雍欣赏庄子之辩才，龟山认为《逍遥游》、《养生主》之宗旨近于思孟的“无入而不自得”“行其所无事”，朱子

① 方以智：《药地炮庄》，第18页。
② 同上，第17页。

称庄子见道体，杨简说庄提长生是贪生本术。对于邵子、龟山、朱子之说，方以智皆无评论。唯独慈湖之论受到了密之的驳正："正曰：敬仲明骂庄生以扶儒，暗取庄向上之意以扫朱，有觑破者否？单标无意，亦取禅宗。"[①] 一句明骂暗取，着实让慈湖难堪。作为象山弟子，慈湖可是一贯相信本心是澄然清明的。至于"亦取禅宗"，慈湖倒不必过于挂怀，宋儒学佛而反佛者比比皆是。在这点上，明代人就显得开明多了，儒佛既可会通，自不必斤斤计较于此是而彼非。更何况"一謦咳，三教毕矣"[②]，哪里还用得着明骂暗取？

宋代最后的几家是王世长、刘须溪、戴侗和李士表。王世长情况待查。刘须溪亦出象山之门，有《庄子》校点本。戴侗作有《六书故》，方以智《通雅》引用此书颇多。李士表则是《庄列十论》的作者。四家之中，最受密之欣赏的是刘须溪之说："儒者取厌，故庄生别路謦欬引之，苦其心以为筌蹄。又自疑筌蹄之误来者也，自毁之，然犹证于经，质于理，玩其文字而自谓得意者。"此说得到了密之的正面回应："世道交丧，道有窊隆。儒不知时，况陈陈相因乎？别路謦欬，犹张凉州之于晋也。"[③] 张凉州即张轨，曾经据守凉州，数次匡扶晋室。密之认为，庄子的别路謦劾，正足以助儒存真也。其他三家，因无关宏旨，这里也就不多提了。

5. 全文的最后是明代部分。家数最多，篇幅也最长。特别是，由于许多被引征者就是方以智同时代人，有的是好友如张溥，有的是世交如萧伯玉，有的是亲人如方大镇，眉批中措辞也开始变得谨慎起来。前面的赞叹推崇之辞基本上看不到了，

① 方以智：《药地炮庄》，第 19 页。
② 方以智：《东西均》，中华书局，1962 年，第 16 页。
③ 方以智：《药地炮庄》，第 21 页。

提名道姓的批评反而多了起来。另有一些内容，干脆不加任何评点。

明确给予批评的主要有以下几家：第一位是高叔嗣。此人认为，《论语》书中既然载有姗笑孔子的接舆和沮溺，那么庄周所录的巢许之徒，也不能绝对看成没有。上古风俗淳至，现在觉得是攻击圣人的话，在当时也不算什么过甚之辞。方以智对此说的回应是："不悟化身酬唱，难免痴蝇钻纸。"[①]

第二位是李贽。李的看法是："顾后患者，必不肯成天下之大功，庄周之徒是已。"这无疑是说，庄子是一位患得患失的自了汉。方以智于是"正"之曰："忧君忧民，正是一贯。禹稷颜子，易地皆然。素其时位，心则一也。故君子既知其素，又知其位。偏才使锋，但快意耳。"[②]

第三位是陈蝶庵。陈蝶庵说："'肆廉直'，犹不失老子面目。'狂而荡，矜而忿戾，愚而诈'，直是庄周、韩非矣。"方以智反问道："蝶庵既然厌庄，且问自号蝶庵，又是何意?"[③]

这些批评大体可归为三类：一类是替庄子辩解。深信儒宗别传的方以智当然无法容忍李贽的"自私"说和陈蝶庵的"狂荡"论。一类关涉到读《庄》方法。密之曾经说过："《庄子》者，可参而不可诂者也。以诂行，则漆园之天蔽矣。"[④] 像高叔嗣这样斤斤计较于巢、许之有无，根本就无法进入到庄子的精神世界："庄子叹世之溺于功利而疚心其始，又不可与庄语，为此无端崖之词，卮之、寓之，大小重之，无谓有谓，有谓无谓，使见之者疑愤不已，乃有旦暮遇之者。"因此，什么鸿蒙拊

① 方以智：《药地炮庄》，第28页。
② 同上，第32页。
③ 同上，第43页。
④ 同上，第107页。

髀雀跃，什么河伯望洋而叹，什么北游服隐弁之默，什么童子指七圣之迷，全都不过是化身酬唱而已，巢、许又何能例外？

明确表示赞赏的也有三家：

第一位是万历年间的李衷一。李氏认为：“《人间世》大戒，发挥忠孝至矣。精之可以养生，高之可以御气，得其意而善用之，骄者可使下，薄者可使厚，烦法令者可使简，多嗜欲者可使浅，初亦何害于吾身与吾民？苟不原其得而索其所以失，将《六经》之书、孔孟之道，有用之一再传而失者，何论老庄哉？”这已经十分接近方以智的立场，所以方氏的眉批，表达的基本上是同一个意思：“虚无者，道之至体。名法者，道之事用。若以互救，名法、虚无犹茶饭也。若体其固然，名法即虚无也。圣人中和正用，岂沦荒唐而流惨礉哉？庄子正卷卷于中和，特其词锋矫异耳。若是巧贩虚无，横驰险诈，正赖的彀、徙木。一核名实，始以大戒发挥人间。”

第二位是心学家焦竑。焦氏本有《庄子翼》，方以智引述的却是他《笔乘》中的两段话：“舜无为而治，非不治也。禹行无事，非不行也。昧者遂至清谈废事，斯失之矣。庄曰：‘水不杂则清，莫动则平。郁闭而不流，亦不能清’。夫以废事为无为，是郁而闭之，而几水之清者也。”“释氏之论酬恩者，必呵佛詈祖之人，曾知呵詈之为皈依赞叹乎？秦佚之吊，尝非老聃矣，栗林之游，又尝自非矣，而亦谓诋訾聃、周也可乎？”前者批清谈，后者赞别传，这也难怪方以智会感叹说：“澹园老庄《翼》，弥缝婆心，其一澄一流者乎！”

最后一位是公安派的袁宏道。袁氏兄弟和焦竑一样，极尊李贽，方以智当然知道。他最欣赏袁宏道的，并非他的狂放、使酒和性灵乍现，而是他的迷途知返：“中郎之酒，贪醉且六十年[1]。特取其晚悔语，亦良剂也。或曰：‘快意已过，晚年留此困人耳。清凉于《庄》，但取其文。’愚则曰：‘聪明人，还从聪明人折肱路入。留此忏悔，原自投机。’”

除了明确地批评和赞赏之外，明代剩余的十几家又可分为几种情况：一种仅仅罗列他们的说法，不加任何评论。这样的例子包括薛文清、邓潜谷、方大镇和张溥等人。一种虽有眉批，但却常常借题发挥，很难读出方以智本人的立场。萧伯玉、梅惠连诸条，大概就属于这种情况。

最为特殊的是熊明遇之说。熊是明代较早接受西学的代表人物之一，在福建任职时曾和方孔炤共事，这使得方以智有机会向他当面请教有关西学的知识：“西儒利玛窦，泛重溟，入中国，读中国之书，最服孔子。其国有六种学，事天主，通历算，多奇器，智巧过人，著书曰《天学初函》。余读之，多所不解。幼随家君长溪，见熊公，则草谈此事。顷南中有今梁毕公，诣之，问历算奇器，不肯详言，问事天则喜。盖以《七克》为理学者也，可以为难。”[2] 就重视象数、物理而言，两人显然是同道。对于熊明遇如下说法，方以智可谓心悦诚服：“为物不二之宰，至隐不可推见。而费于气则有象，费于事则有数。人身天地，二而一也。明乎天地之为物，与物身者不悖，斯进于格物矣。神圣所以范围曲成，若方圆之有规矩，罔或外焉。”他的眉批简直就是熊说的注脚：“质测通几，后儒草草。捉个冒总，禅便嚣嚣。核真象数，让痴子矣。然秩序端几，费隐一际。在齐《灵》《素》，律历同符。一石一草，物则历然。夫岂可以掠虚昧灭哉？”

① “六十”似误。袁宏道生于明隆庆二年（1568），卒于万历三十八年（1610），年仅43岁。

② 方以智：《滕寓随笔》，《桐城方氏七代遗书》本。

可是，在对待《庄子》这个问题上，两人却刚好相反。熊明遇认为天地间的真象数之所以失传，正是稷下、庄列这些纂玄标异者邪说飙兴的结果。而在方以智眼中，庄子却是读书博物然后才归之于约的君子。对于熊明遇的这种论断，方以智只好委婉地说："庄亦言极物而止，只是不遇地上菩萨，与他交盘。"

以上就是《总论》上篇的大致内容。在这将近两万字的长文中，方以智汇集并品评了自汉至明数十家庄子论说。就涉及范围之广来看，此文足可作为庄学的一个简略历史看待。

三

方以智之前，以集注形式解庄者，代不乏人。陆德明《音义》不论，宋有褚伯秀，明有焦竑，皆为其例。但是，撇开《庄子》文本，汇历代庄评于一编的，并不多见。《炮庄发凡》中提到的"薛更生、陈旼昭时集诸解[①]，石溪约为《庄会》"，是否属于此类著作，不得而知。但稍早于密之的陈治安（万历年间曾任长沙令），确有《南华真经本义》附录八卷，详细列举了自战国至明末的各家庄评。根据本篇眉批记载，方以智的确读过这位"陈玄晏治安"所著的《本义》，他并且提示说竟陵派谭友夏之说多取自于该书[②]。这多少可以解释《总论》上篇与《本义》附录在内容上的一些重叠现象。不过，两者也有

① 《青原愚者智禅师语录》卷2收有密之"为陈旻昭居士对灵小参"，其中有云："痛念杖人借庄托孤，乃与竹关约期炮集。既化死水枯椿，尤悼恶空莽荡。长书论症，不觉嘘嘘十载。西江为君了却，今日对灵举出，送慰孝子。"

② 《药地炮庄》第45页："徐伯调曰：陈玄晏治安着《本义》，而友夏本之。唤作郭象注向秀，友夏注玄晏，得么？愚曰：虽然贼症现在，特例注销。"

着明显的不同：《本义》附录征引诸说非常详细，《总论》上篇则多括其大义，点到为止；陈治安评论诸说，遵奉的是以《庄》释《庄》原则，极力排斥儒释道混同之论，方以智品评各家，贯彻的正是三教会通原则；陈治安的附录更似文献汇编，方以智的《总论》上篇则是“烹炮”庄子的一个重要组成部分。

《炮庄》成书之后，曾得到一些学者的激赏。这一点从书前的十几篇序言可以看出（书序通常都是说些恭维的话），从当时的诗文集也可找到根据。另外，它也引来了一些质疑。其中一条出自于方以智好友钱饮光，另一条出自于四库馆臣。钱氏认为，《庄子》本来就够难读了，《炮庄》再杂以禅语，只会让人越发不懂[1]。四库馆臣则以为，此书属有托之言，“非《庄子》当如是解，亦非以智所见真谓《庄子》当如是解也”[2]。书籍的难易程度不应作为评判其价值的标准，所以钱氏的说法可以撇开不论。但四库馆臣的意见需要认真对待。“非《庄子》当如是解”，涉及的是解释活动的成败。“亦非以智所见真谓《庄子》当如是解也”，那就属于解释者主观动机的问题了。如果解释者明知自己的解释背离文本，但出于另外的目的却偏偏去强加附会，那么他的解释严格来说就不能称作“解释”，只不过是借题发挥而已。《炮庄》一书的确是有托之言，明遗民们从该书极力发挥的“托孤说”中产生某种家国之感，自是情理中事。但能否像四库馆臣所说，方以智本人也不相信自己所说，那就很值得考虑了。以儒解庄并非始自方以智，也不是始

① 钱澄之《通雅序》：“今道人既出世矣，然犹不肯废书，独其所著书多禅语，而会通以《庄》《易》之旨，学者骤读之，多不可解。”另见《田间文集》，黄山书社，1998年，第228页。

② 《〈炮庄〉提要》，《钦定四库全书总目》卷一百四十七。

于道盛。郭象有此说，韩愈有此说，林希逸也有此说，这早已是一个悠久的解释传统了，方以智和道盛不过讲得更极端一点而已。若说密之不信自己，那还得证明前面的许多人也一样的口是心非才行。

从解释史的角度看，重要的倒是前面的问题。“非《庄子》当如是解”，这也是现代学者的普遍看法。庄子属于道家，庄子嘲讽孔子，庄子提倡逍遥无为，庄子破掉一切是非对待，这是人人皆耳熟能详的看法。问题是，一个文本字面所说的，和它实际想说的，并不永远是一致的。荒唐之言通常都不能荒唐地理解。一旦接受了“正言若反”这种说法，那么何谓正，何谓反，落实起来就有说不尽的困难。当我们接受庄子是道家代表这种现代“常识”的时候，是不是也应该思考一下，有没有另外一些可能？千年庄学史，有如此多的以儒解庄者出现，那仅仅是因为解释者的儒家身份吗？庄子“反语”背后的“正语”，有没有可以与儒学相契接的地方？

不管这些问题的答案如何，有一点倒是可以确定的：思想总是在争执中向前推进，歧解是再解释的前提。因为有了“儒宗别传”这个说法，我们就不得不重新思考：庄子在什么意义上说是道家的代表？

由《药地炮庄》看方以智的惠施论

自战国迄晚明，惠施一直被当作“辩者”之流，受到批评与轻视。方以智大概是第一个替惠施正名之人。他不但站在惠施的立场上，写下了令“五车吐气”的《惠子与庄子书》，而且径直称惠施为“深明大易”、“欲穷大理”的博物君子。晚近经由西学之“格义”，惠施之说常被纳入“逻辑学”和“自然科学”的论域中进行讨论①。如果我们不纠缠于“逻辑学”、“自然科学”这些名字的话，此种做法早由方以智开端。从思想史的角度看，方氏的这种“孤明先发”自不应湮没无闻。另外，分析密之表彰惠施之学的因由，对于理解方以智自己的思想性格来说，也有其辅助的作用。

---

① 譬如，李约瑟在《中国古代科学思想史》（陈立夫等译，江西人民出版社1990年。此书原为《中国古代科学技术史》的第二卷）中就曾专节讨论惠施的辩辞，并称“他对科学的兴趣，一如名学”。在接下来的文字中，李约瑟总结道：“从前述墨家与名家论著，可知其对中国科学思想发展的研究具有甚大之重要性。这些思想家企图为自然科学的世界，奠定些基础。最有意义的事，是他们显明的趋向于辩证逻辑，而非亚里士多德逻辑。”这种论断，也是许多中国逻辑史研究者所采取的共同立场。

一、惠施之说

惠子之书不传，除政治活动屡载于《国策》、《吕览》外，所有思想性的言论皆见于《庄子》一书。由于庄书多属寓言，相关内容是真实的思想实录，还是《庄子》作者有意的设计，是一个需要认真对待的问题。

在庄书中，惠施经常作为庄子的辩论对手而出场。他们讨论的话题包括“有用无用”（《逍遥游》、《外物》）、“有情无情”（《德充符》）、“鱼之乐”（《秋水》）等等。也有一些对话涉及两人的私交，如“惠子相梁”（《秋水》）、“鼓盆而歌”（《至乐》）、“运斤成风”（《徐无鬼》）等。细读这些对话可以发现，即便是那些比较私人性的话题，也仍然服务于庄子的学说及立场。比如，“鼓盆而歌”的故事，表达的是生命乃一气之化生，正不必为生死而烦恼。“惠子相梁”显示的，则是庄子对政治的厌恶和对权贵的蔑视。那些围绕特定主题的争论，不用说，更是对庄子思想的辩护和宣扬。在这些对话中，惠施只是庄子的陪衬，只是庄子或庄子学派表达自己思想的一个符号或工具而已。因此，要想从这些对话中了解真实的惠施，几乎是件不可能的事儿。

唯一的例外是《天下》篇。此篇的末尾记载了惠施提出的一些论点，并对惠施的学说给予了严厉的批评。尽管《天下》篇是否属于庄子本人的作品，尚有争议[①]，但论者大都同意，它是庄书中仅有的一篇“庄语”。从该篇对其他各家叙述之准

① 详情可参见严灵峰《〈庄子·天下〉篇的作者问题》（张丰乾编《〈庄子·天下〉篇注疏四种》附录，华夏出版社，2009 年。此文罗列古今众说，其中，主庄周自作者二十七家，非庄周自作者九家。

确性来看，我们没有任何理由怀疑它对惠施学说介绍的可靠性。下面两段话便是《天下》篇对惠施学说的述与评：

惠施多方，其书五车，其道舛驳，其言也不中。历物之意曰："至大无外，谓之大一；至小无内，谓之小一。无厚不可积也，其大千里。天与地卑，山与泽平。日方中方睨，物方生方死。大同而与小同异，此之谓小同异；万物毕同毕异，此之谓大同异。南方无穷而有穷。今日适越而昔来。连环可解也。我知天下之中央，燕之北、越之南是也。泛爱万物，天地一体也。"

南方有倚人焉曰黄缭，问天地所以不坠不陷，风雨雷霆之故。惠施不辞而应，不虑而对，遍为万物说，说而不休，多而无已，犹以为寡，益之以怪。以反人为实，而欲以胜人为名，是以与众不适也。弱于德，强于物，其涂隩矣。由天地之道观惠施之能，其犹一蚊一虻之劳者也，其于物也何庸！夫充一尚可，曰愈贵道，几矣！惠施不能以此自宁，散于万物而不厌，卒以善辩为名。惜乎！惠施之才，骀荡而不得，逐万物而不反，是穷响以声，形与影竞走。悲夫！

《天下》篇认为，百家之学是上古道术分裂的结果。诸子各得一偏，是谓"方术"。惠施与众人不同的是，他乃"多方"，所以显得特别驳杂。紧接着，《天下》篇列举了惠施"历物"的十个论点①。由于惠施本人的论证不存，这十个论点成了没有答案的谜语，留给了后世解释者们以无穷的想象余地。

① 牟宗三把"南方无穷而有穷，今日适越而昔来，连环可解也"合为一条，故为八条。参见氏著《名家与荀子》第6页，台湾学生书局，1979年。

第二段话是对惠施学说的评价。比较引人注意的是，在这段不长的评论中，《天下》篇的作者总共五次提到“物”这个词。用“物”来区分各家，本是《天下》篇的重要线索之一。像墨翟、禽滑釐的“不靡于万物”，宋钘、尹文的“不饰于物”，慎到、田骈、彭蒙的“于物无择”，关尹、老聃的“以物为粗”，庄子的“不傲倪于万物”，都是非常明显的例子。但如本段这样反复地强调惠施“强于物”（结果大概就是“弱于德”）、“于物也何庸”（对“物”无所裨益）、“散于万物而不厌”（分散心思于万物而不知厌倦）、“逐万物而不反”（追逐万物而不知返），还真不多见。品味《天下》篇的用语，其作者似乎有意要在惠施和其他各家之间做出区分：不管是墨子的“不靡”、宋尹的“不饰”，还是慎到的“无择”、庄子的“不傲”，讲的都是人对物的态度。唯有惠施一人想要了解万物本身。《天下》篇的作者显然认为这是一个不可能完成的任务，所以才说惠施的努力有如蚊虻之劳、形影竞走。

在段落的末尾，《天下》篇作者对惠施之才深致惋惜之情，这很容易让人联想到寓言故事中所描述的惠、庄友谊。我们虽不必因此而仓促得出结论说，此文一定是庄子自己所作，但有一点却是值得特别提及的，那就是《天下篇》作者对惠施的这点惋惜之情，在此后的一千多年间，也几乎成了空谷足音。直到明末清初的方以智，我们才可以再次听到一些同情的回响。

二、历代评论

由于名家久成绝学，后世单独评论惠施学说者并不多见。下面选取的六家是较有代表性的言论。其中，荀子是专门批评惠施的，班固则扩展到整个名家。郭象、林希逸、焦竑的话都出自于他们的《庄子》注。朱熹则是与弟子讨论孟、庄何以互不提及时，顺便提到了惠施。

(1) 荀子："不法先王，不是礼仪，而好治怪说，玩琦辞，甚察而不惠，辩而无用，多事而寡功，不可以为治纲纪；然而其持之有故，其言之成理，足以欺愚惑众，是惠施、邓析也。"(《荀子·非十二子》)

(2) 班固："名家者流，盖出于礼官。古者名位不同，礼亦异数。孔子曰：'必也正名乎！名不正则言不顺，言不顺则事不成。'此其所长也。及警者为之，则苟钩钣析乱而已。"(《汉书·艺文志》)

(3) 郭象："昔吾未览《庄子》，尝闻论者争夫尺棰连环之意，而皆云庄生之言，遂以庄生为辩者之流。案此篇较评诸子，至于此章则曰'其道舛驳，其言不中'，乃知道听涂说之伤实也。吾意亦谓无经国体致，真所谓无用之谈也。然膏粱之子，均之戏豫，或倦于典言，而能辩名析理，以宣其气，以系其思，流于后世，使性不邪淫，不犹贤于博奕者乎！故存而不论，以贻好事也。"(《〈庄子·天下〉注》)

(4) 林希逸："墨翟、宋、尹、彭、田、慎到之徒，犹为见道之偏者。若惠子则主于好辩而已，故不预道术闻风之列，特于篇末言之。"(《庄子口义》卷十)

(5) 朱熹："如《庄子》书中说惠施、邓析之徒，与夫坚白异同之论历举其说，是甚么学问？然亦自名家。"或云："他恐是借此以显理？"曰："便是禅家要如此，凡事须要倒说。"(《朱子语类》卷一百二十五)

(6) 焦竑："自惠施多方以下，与《列子》载公孙龙诳魏王之语，绝相类，解者多属臆说。范无隐与其门人尝论此云：

‘恢恑憰怪，道通为一，存而勿论可也。何者？此本非南华语，是其所辟舛驳不中之言，恶用解为？’虽然，凡庄生之所述，岂特墨翟、禽滑釐以来为近于道，即惠施之言，亦有似焉者也。刘辰翁所谓唯爱之，故病之，而不知者以为疾也。毁人以自全也，非庄子也。”（《庄子翼》卷八）

六家之中，荀子离惠施的年代最近。他的批评与《天下》篇的说法有近似之处，如怪诞、好辩等。所不同的是，荀子从儒家立场上指责惠施“不法先王，不是礼义”，认为其主张不可以作为治国之纲纪；《天下》篇则惋惜惠施不自量力，追逐外物而不知返，结果在内在之德方面有所缺失（弱于德）。

班固的评论中，并没有直接提到惠施。但是，《汉书·艺文志》所列“名家”书目中，收有《惠子》一篇。因此，班固所评论的对象也应该包括惠施在内。班固与荀子一样，恪守儒家的立场。为了贯彻其“诸子出于王官”论，他把名家的起源追溯到了“礼官”。这和荀子“不是礼义”的定位，刚好处于对立的两端。班固的批评，“及警者为之，则苟钩釽析乱而已[①]”，则与司马谈的看法一致：“名家苛察缴绕，使人不得反其意，专决于名而失人情。”（《论六家要旨》）

郭象是魏晋时期解《庄》的代表人物。他在这段评论性的话语中，首先感叹道听途说之伤实，然后给出了自己貌似“公正”的立场：从治国的角度来讲，惠施及辩者之说纯属“无用之谈”；从宣泄情绪、吸引心志的角度来说，辩名析理总比博

① 顾实《〈汉书·艺文志〉讲疏》云：“警、缴古字通，烦也。所谓名家‘苛察缴绕’是也。”张舜徽《〈汉书·艺文志〉通释》曰：“钩釽析乱，谓其流弊必至于破碎穿凿，不识大体，以致混乱也。”

弈这类活动要好些。郭象本人虽以口若悬河而著称[1]，但他对惠施论列的话题显然并没有什么兴趣，一句“存而不论”，就把它们全部留给了所谓的“好事”之徒。

和郭象相比，南宋林希逸的看法更加简单。他认为惠施不过“主于好辩而已”，根本不足以厕身于道术之列，《天下》篇也只是顺便提及而已。作为林光朝艾轩学派的传人，林希逸的学术谱系可以追溯到北宋的程门。但和程氏的严正立场不同，林氏对佛、道两家的态度要和缓得多。他的《庄子口义》有一大特点，就是经常借用儒、佛的观念来解释庄子的思想。这种做法曾经引起过不少人的非议，譬如憨山德清在他的《观老庄影响论》中就曾表达过强烈的不满[2]。不过，从林氏的这段论述来看，他显然没有把三教会通的观念扩展到惠施的身上。

六家之中，朱子的评价最出人意料。一贯主张“格物致知”的理学宗师，面对惠施的“历物之意”，却得出了不成学问的结论。这从一个侧面说明朱子的“格物”说，重心显然不在物理本身。其所谓“即物而穷其理”，所谓“一旦豁然贯通焉”，最后所得不过是德性伦理而已。在这段师徒对话中，朱熹还提出了一个比较新颖的看法，那就是惠施之学近于禅宗，都不过是“凡事倒说”而已。至于如何“倒说”、“倒说”的意义是否相同，朱子并没有给出进一步的解释。

最后一位焦竑是明代心学家，他和大多数阳明后学不同，对于读书考据抱有浓厚的兴趣。引文所出的《庄子翼》就是他所编纂的一部《庄子》集注。之所以知道这段话属于焦竑本人

---

① 《世说新语·赏誉》：“王太尉云：郭子玄语如悬河泻水，注而不竭。”

② 憨山有云：“及见《口义》《副墨》，深引佛经，每一言有当，且谓一大藏经皆从此出，而惑者以为必当，深有慨焉。”又曰：“解《庄》而谓尽佛经，不但不知佛意，而亦不知庄意。”

所说，是因为它的前面冠有“笔乘”二字，这和焦氏另外一部书《焦氏笔乘》刚好同名[①]。在这段话中，焦竑表达了两层意思：第一，惠施之说与公孙龙诳人之言“指不至”、“物不尽”、“白马非马”等属于同类的东西；第二，范无隐“存而不论”、“恶用解为”[②] 的说法太过苛刻，惠施之言“亦有似焉者”。可惜的是，焦氏并未解释惠施之说中哪些内容属于其所谓“似焉者”。

总括六家之说，他们对惠施之学的评论虽小有出入，但大体上还是比较一致的，那就是：好辩，怪异，无用，不成学问，不值得认真对待。这其实也是自战国到明末将近两千年间，人们对惠施的一种普遍看法。

三、方以智的观点

中国思想史中，第一次尝试给予惠施之学以同情的理解和积极评价的，始于明末清初的方以智。由于各种原因，方氏著作长期湮没，直到20世纪后半叶，经过侯外庐等学者的表彰，方以智在思想史上的重要地位才逐渐被确立。随着方氏著作的整理，他的一些富有创见的观点和独特的视野越来越多地呈现在人们眼前。对惠施的重新评价，也许是其中虽非最重要但却饶有兴味的一个。

方以智对惠施的看法，主要见于《通雅》、《惠子与庄子书》、《药地炮庄》末卷的眉批中。《通雅》是方以智的早年著作，三十岁之前已有成书。由于战乱的影响，该书直到方氏晚

---

① 存世本《焦氏笔乘》并无上述内容。是因为版本的不同，还是作者以“笔乘”为别号，尚待进一步研究。

② 范氏之说原载褚伯秀《南华真经义海纂微》卷一百零六。

年才得以刊刻流通。因为中间续有增补，所以并非全部内容均属早出。《惠子与庄子书》是方以智中年的作品[①]。据文末识语，此文作于顺治九年（42岁），与方氏的另两本书《东西均》和《易余》大致同时。《药地炮庄》乃方氏晚年著作，全书完稿于康熙三年（53岁）前后。这几部不同时期的作品，同时提到惠施，说明方以智对惠施其人其学确实有着持续的关注和思考。

（1）《通雅》提及惠施的主要有两处：一处见于卷首三之《文章薪火》，一处见于卷一的“丁子有尾”条。其中，《文章薪火》的说法是：

> 老子、杨、墨，皆近孔子前后。自老子正言若反，而惠施交易之。其历物也，大其小、小其大、长其短、短其长、虚其实、实其虚而已。公孙龙遂为隐射钩距之机。皆杨、墨之流也。

此条意思是说，惠施的“历物之意”旨在打破大小、长短、虚实的限制，与老子的“正言若反”相近。到了公孙龙手中，则变成了猜谜、钩索隐情之类的戏法。二人皆属杨墨之流。

在方以智中、晚期作品中，除“杨墨之流”没有提及之外，其他两层意思都曾出现过。由于《文章薪火》是方以智长子方中德所笔录，时间跨度有二十年，所以我们并不能断定此

① 《惠子与庄子书》分别收入《药地炮庄·总论下》和《浮山文集后编》。但此文写作之时，尚无《炮庄》的写作计划。据陈丹衷等人记载，方以智著《炮庄》，乃受其师觉浪道盛所托，故动笔不会早于顺治十年。

条的准确年代①。

“丁子有尾”条的内容如下：

《庄子》末篇言惠施历物之意曰：惠施以此为大，观于天下而晓辩者，天下之辩者相与乐之。卵有毛，鸡三足，郢有天下，犬可以为羊，马有卵，丁子有尾，火不热，山出口。此皆言物理变化本无定形定名，自我言之，无所不可耳。

“卵有毛”以下数语，属于通常所谓辩者二十一事。方以智的解释是，它们描述的都是物理变化，物理变化本身无常形、无定名，如何称谓这种变化则是人们约定俗成的结果。这里虽然不是对惠施之说的直接解释，但和过去对名家怪异、无用的批评相比，显然已经有了不同的意味。

(2) 与《通雅》的只言片语不同，《惠子与庄子书》是方以智站在惠施立场上所写的一篇长文。文章的笔调当然是诙谐的，但不能怀疑其内容的严肃性。方以智的目的主要是想给庄子重新找到一个定位，而惠施之学则成了这个新定位的前提之一。此文之内容精彩纷呈，姑摘其大要如下：

以君（庄子）所叙仆（惠施）语，大一小一，方生方死，皆非妄也。正反相伏，对而举之，适得其常，人自不悟耳。

仆之历物，物本自历。舍心无物，舍物无心。后世必有希高眇，厌当务，专言汪洋之心，而与物二者矣。

---

① 《文章薪火》文末有数则跋语，其中，方中德的说法是：“谨取辛巳至今，前后条说汇而录之。”揭暄的说法是：“此一卷语，皆二十年中之随问随举，而田伯汇录之者。”辛巳为崇祯十四年，公元1641年。下推二十年，为顺治十八年，公元1661年。田伯为方中德之字。

世之爱足下者，皆不能学问，不能事业，不能人伦，而诡托者耳。足下有至性存，托乎托乎，岂复有至性乎？幸有惠施为告世曰：义精仁熟而后可读《庄子》，蒸湆《六经》而后可读《庄子》，则《庄子》庶几乎饱食后之茗荈耳。

人生此世，贵不虚生。士不读书，而免虚生乎？寓而不居，即有而无。用光得薪，莫若书。伐毛洗髓，莫若书。士一日不读书，犹一日不食也。书独简册也乎哉？上古以来，乃读混沌天地之书者也。仰观俯察，且坐混沌之西席，授天地以章句，而谓其不肯读书乎？世钝且怠，或匿不言，以为沉静，实未能通，故嗫嚅不敢言，言复为人所难，不如以不言难人。自吾五车者论之，均不与道相涉。而公道有大分数，不可让众盲盲万世也。辩不可匿，丝毫对簿。默容巨伪，非草木虫蠕，则奸宄耳。

通过这些假托之语，方以智在以下几个方面给予了惠施之说以崭新的解释：第一，“大一小一”、“方生方死”诸说，并不是什么虚妄的诡辞，它们揭示的正是天地万物“正反相伏”的道理。人们之所以对其肆意攻击，是因为他们对物理的变化根本不了解。第二，“遍为外物说”不惟不多余，而且还可救正专门言心者的虚伪和怠钝。天道变化，有其普遍的数度和理则。这些数度和理则就体现在具体的器物之中。圣人仰观俯察，所读的正是天地之大书。那些专门言“心”者，诉诸不言、静默，其实是一种无知、不敢言的虚伪表现。第三，好辩并不一定导致诡辞。辩论总有一些客观的依据，这些东西一丝一毫都不能做假。沉默就不同了，因为没有判断标准，无知的人可以用沉默作为逃避的借口，奸诈者亦可利用沉默来掩饰其虚伪。

三条之中，第一条接近《文章薪火》中的说法。只不过《文章薪火》旨在解释书籍的传承，此处针对的则是“历物”说的内容。后两条都是强调认识“物理”的重要性，读来更像是对晚明以来俗儒狂禅的批评。

引文的第三段非常接近于觉浪道盛的“托孤说”。按照道盛的说法，战国谲诈并兴，儒者奔走于功利之途，有失掉其真精神的危险。庄子于是乎惧，托身老子之门，借嬉笑怒骂，曲传儒家天人性命、忠恕慎独之学。道盛有云：“《六经》，正告也。《庄子》，奇兵也。惟统奇正者，乃能知之，乃善用之。或谓《庄子》别行于《六经》之外，余谓《庄》实辅《六经》而后行。使天下无《六经》，则庄子不作此书，作《六经》矣。”（《药地炮庄·总论中》）这和方以智“义精仁熟而后可读《庄子》，蒸湆《六经》而后可读《庄子》，则《庄子》庶几乎饱食后之茗荈耳”，如出一辙。方以智写作此文时，尚未投奔道盛，但他显然早已读过《庄子提正》，并接受了其中的基本观点。《〈炮庄〉发凡》下面这句话，正可代表方以智和道盛两人对庄子的定位：

> 《天下》篇举《六经》、明数度，《天运》篇提九洛、陈理序，庄子固读书博物而反说约者也。

按照这种理解，庄子之“说约”实属不得已，庄子也是“读书博物”之人，那么惠施与庄周之间，就不仅没有矛盾，而且还是“读混沌天地之书”的同道。那些借庄子而逃遁放达之人，显然并不了解庄子的用意所在。这大概也正是方以智自称此文“正为漆园吐气”的原因所在。

（3）在《药地炮庄》即将完稿之时，方以智对惠施之学又有了新的看法：

揭暄曰："五老峰拟《惠子与庄子书》，五车吐气矣。"药地曰："正为漆园吐气耳。近日者又有一招藁焉。世谓惠、庄与宋儒必冰炭也。讲学开口，动称万物一体，孰知此义之出于惠施乎？世又谓惠施与公孙龙，皆用倒换机锋，禅语袭之。愚谓不然。禅家止欲塞断人识想，公孙龙翻名实以破人，惠施不执此也，正欲穷大理耳。观黄缭问天地所以不坠不陷、风雨雷霆之故，此似商高之《周髀》，与太西之质测，核物究理，毫不可凿空者也，岂畏数逃玄，窃冒总者所能答乎？又岂循墙守常，局咫尺者所能道乎？惠子相梁，事不概见，其不屑仪、衍一辈明甚。雪缓葬期，亦忠讽之一斑也。梁既休平，惠亦善终。彼处战国而全其天，与曳尾泥中，复何殊耶？斯人也，深明《大易》之故，而不矜庄士之坛，以五车藏身弄眼者乎！愚故表而出之。"（《药地炮庄》卷九）

揭暄是方以智门人，也是明末清初有名的天文学家，所著《写天新语》获梅文鼎"深明西理，而又别有悟入"之评（《四库提要》）。揭暄称《惠子与庄子书》可算是替惠施吐了一口恶气，由此引出了方以智一系列重新断案之辞（"招藁"）：第一，讲学家"万物一体"论原出于惠施。第二，称惠施之说近于禅宗"倒换机锋"是错的，也不能把惠施和公孙龙混为一谈。第三，惠施的核物究理，近于《周髀算经》和泰西的质测之学，绝非凿空之论。第四，惠施生战国而善终，说明他深明《大易》退藏之道。

由于《炮庄》体例的限制，同时也因为对话者是非常熟悉的师徒，方以智对自己的这些"招藁"并未展开论述。有的说法，甚至可能只是一时的联想。譬如第一条的“万物一体”说，宋儒和惠施虽然有些近似的言论，但两家赋予“一体”的涵义并不相同。一般来讲，惠施的“一体”主张合异为同、去除差别。宋儒的“一体”除了感通之外，还特别强调分殊。因此，宋儒建立在“分殊”之上的“一体”并不需要假途于惠施，从《中庸》、《易传》、《孟子》这些儒家经典中可以自然推出。仅从字面的相同就推出两家同源，并无足够的说服力。另外，说惠施深明《大易》退藏之道，也多半出于揣测。方以智举出的理由多属惠施的出处进退，且不说这些故事是否真实，仅从藏身、善终就推出精于易道的话，那么在战国那样的混乱年代，精于易道者恐怕会不计其数。

不过，另外两点却值得我们认真对待。经过近百年、数代人的研究，惠施和公孙龙分属于名家的两派，惠施思想中包含的相对观念，与禅师们的掉弄机锋，存在着实质的差别，这些已经成为中国哲学史研究领域中的常识。惠施“历物之意”中包括有数学和物理方面的内容，晚近的科学史和逻辑史也都是这样说的。就此而论，方以智的确有“先见之明”，他在三百年前得出了与现代学者近乎一致的结论。在《炮庄》卷九中，我们可以找到下面的两段话，它们可以证明，至少在上述两点上，方以智的说法并非一时的心血来潮：

历物，皆以小大、长短、虚实互换，而显其道通为一耳。

观山河如手一叶，硕果之仁天地也，小中本大，大中本小矣，非惟片纸图万国、六合吹脬豆而后征矣。昼夜通古今，元会犹呼吸，长中本短，短中本长矣，非惟千秋在一字、黄粱毕一生而后征也。空廓隐赜，无非象数森罗，万睹万闻，原自无声无臭，虚中本实，实中本虚矣，非惟柳心纳万卷、镜光如泡影而后征也。《易》为三才万理作大譬喻，反对环中，方圆费隐，莫破莫载，同时变化，几人现前耶？执目前之习见，而不能大观，偏蔽不化。一切反而观之，一切推而进之，则豁然矣。

这些解释已经包含了方以智本人的学说，未必合乎惠施的本意。但它们指向惠施的“历物”说，应当是没有疑问的。

四、余论

由于惠施之书不传，他的“历物说”本义如何，已经永无答案。后世解释的有效性，端赖其自洽和合理的程度。仅仅斥其荒唐、无用，属于逃避问题。究竟应该从逻辑的角度解释，还是应该从物理的角度解释，也不妨留给学界继续讨论。我们这里关心的是，方以智对惠施的这种与众不同的评价，背后有什么特殊的原因？它是否有超出论题本身的意义？

首先让我们想到的，当然是方以智的学术取径。方氏喜博考，自少时已然，他的同乡兼好友钱澄之有过生动的描述：“往予与愚道人同学时，窃见其帐中恒有秘书，不以示人，间掩而遽览之，则皆所手钞成帙。凡生平父师所诂，目所涉猎，苟有可纪者，无不悉载。即一字之疑，一音之讹，一画之舛，亦必详稽博考，以求其至是。”①喜好寻根究底，深求物理之故，这种性格的特点使方以智天然地同情惠施，殆可想见。

其次，方氏这种“夙习”，除个性因素外，家学、师承也不能忽视。方氏四世研《易》，曾祖方学渐著《易蠡》，祖父方

① 钱澄之：《田间文集》，黄山书社，1998年，第227页。

大镇著《易意》，父方孔炤著《周易时论》，方以智本人则有《易余》《东西均》等。易学之核心在于，究明天道以指导人事。而方氏易学所属的象数系统，更是认为天地间存在着普遍的秩序和条理，并且可以通过易象或易数揭示出来。方以智的老师王宣走的大概也是同样的路子，除了解《易》的《风姬易溯》之外，还著有《物理所》一书。方以智的《物理小识》正是这位老师影响下的产物。探究易理，离不开"仰观俯察"，离不开格物致知。由下面这段话，就可知道方以智何以会对惠施之学情有独钟："《易》以象数为端几而作者也。虚理尚可冒曼言之，象数则一毫不精，立见舛谬。盖出天然秩序，而有损益乘除之妙，非人力可以强饰也。……后人偷懒，而以虚言冒之，云不屑耳。愚民使由，不可语上也。高明得少畏数逃玄，正宜以实学欺不得者沉潜之，又得质建之正眼为万世鉴。若有此人，吾先下拜。"①

第三，方氏易学自以为"破天荒"的创见是"公因反因说"。此说与惠施的"历物"十条，也有一些接近之处。

方以智的第二个儿子方中通这样写道："《易》本以象数为端几，而神明其中，道器费隐不相离也。宋儒惟邵、蔡因数言理，亦无传。……老父会通之曰：虚空皆象数，象数即虚空。神无方，准不乱。一多相贯，随处天然。公因反因，真发千古所未发，而决宇宙之大疑者也。"② 对于"公因反因"，《仁树楼别录》有一个比较具体的解释："夫为物不二、至诚无息者，公因也。宇宙、上下、动静、内外、昼夜、生死、顿渐、有

① 《仁树楼别录》，《青原志略》卷三，《四库全书存目丛书》史部第245册，齐鲁书社，1994—1997年，第573页。

② 方中通：《周易时论合编》跋，《续修四库全书》经部第15册，上海古籍出版社，1996-2003年，第9页。

无，凡两端无不代明错行，相反而相因者也。公因在反因中。”据此可知，反因讲的无非是万物之对待关系，所谓“相反者相因”也。公因讲的是万物的统一体，即《易》所谓太极也。太极不离阴阳五行，故公因就在反因之中。道不离器，器不离道，一外无多，多外无一，皆此意也。

联系到惠施的“历物之意”，大小、生死、中晲、同异之对待，有似于方氏之“反因”；破掉大小、生死、中晲、同异之对待（“方生方死”、“方中方晲”、“毕同毕异”），有似于方氏之“公因”。“泛爱万物，天地一体也”，则有似于方氏之“公因在反因中”。当方以智说惠施“历物，皆以小大、长短、虚实互换，而显其道通为一耳”时，他心中显然有着公因反因说的影子。

最后，西学的传入也是一个不容忽视的因素。方以智随笔集《膝寓信笔》云：“西儒利玛窦，泛重溟，入中国，读中国之书，最服孔子。其国有六种学，事天主，通历算，多奇器，智巧过人，著书曰《天学初函》。余读之，多所不解。幼随家君长溪，见熊公，则草谈此事。顷南中有今梁毕公，诣之，问历算奇器，不肯详言，问事天则喜。盖以《七克》为理学者也，可以为难。”①据此可知，方以智早年阅读《天学初函》时，不但从父执熊明遇那里获得过帮助，而且曾经亲自向传教士毕方济请教过历算之学。尽管在《物理小识》的自序中，方以智对泰西之学有所批评：“万历年间，远西学人，详于质测而拙于言通几，然智士推之，彼之质测犹未备也。”但这种判断显然是建立在一定的了解基础之上。方以智急于获得西方质

① 《膝寓信笔》收入方昌翰编《桐城方氏七代遗书》。该书还载有读金尼阁《耳目资》之事：“今日得西儒《耳目资》，是金尼阁所著，字父十五，母五十，有甚次中三标，清浊上去入五转，是可以证明吾之《等切》。”

测之学的知识，与汤若望的交往，命儿子中通学天算于穆尼阁，都可以从这个方面来理解。这和当时坚持夷夏之辨的学者们完全不是一个类型。

有了西方质测这个参照系统，再来反观惠施之说，理解当然也就不同了。惠施的“历物”不仅不是“逐物不返”，而且还属于“欲穷大理”的活动。此类近乎“商高之《周髀》，与太西之质测”的学问，建立在核物究理基础之上，毫不可凿空而言，岂是那些“畏数逃玄，窃冒总者”所可比？方以智在表彰惠施之学的同时，批评的矛头早已指向晚明以来的空疏学风。

王夫之在评论方以智的学问时，曾经说过这样一段话：

密翁与其公子为质测之学，诚学思兼致之实功。盖格物者，即物以穷理，惟质测为得之。若邵康节、蔡西山则立一理以穷物，非格物也①。

船山不愧是方以智的知己。他对“质测之学”的定位，甚至连方氏父子也未必如此清醒。如果“立理穷物”并非真正的“格物”，那么方氏父子的学问就不像他们自己所以为的，是对邵、蔡之学的继承。恰恰相反，这是一种把“物”作为观察、分析对象的新途径，一种接近于近代科学的新精神。

学术的转型常常在不经意间发生，思潮总是首先从单个人身上开始。方以智重评惠施之说，是否也可以看作是一种行将变化的征兆呢？

---

① 王夫之：《搔首问》，《船山全书》第十二册，岳麓书社，1992年，第637页。

《青原志略》成书考

《青原志略》十三卷，旧题“僧大然撰，施闰章补辑”。然考其序言及正文，实成于方以智之手。此书关乎方氏晚年生活、清初儒佛交涉等处颇多，其学术意义并不仅限于所收密之诗文数十篇也[1]。故略为考其成书之过程，以供研究方氏学行者参考。

一

《青原志略》，又名《青原山志》或《青原山志略》。正文十三卷，卷首一卷。《四库全书总目》有著录，其提要曰：

青原志略十三卷（两淮马裕家藏本），国朝僧大然撰，施

① 由于方以智曾主青原法席，故考究其晚年思想者，多很重视《青原志略》一书。不过，因此书编纂刊刻不明而导致的误解也有不少。余英时先生曾指出过任道斌《方以智年谱》引用《志略》的错误（《方以智晚节考》增订版，北京三联书店，2004年，第195页），而余著本身从《志略》所辑录的方以智诗文，也有失收和张冠李戴之处。

闰章补辑。大然始末未详。闰章字尚白，号愚山，宣城人。顺治己丑进士，官至江西布政司参议。康熙己未，召试博学鸿词，授翰林院侍读。青原为吉州名胜，自唐行思禅师开山说法以后，遂为巨刹。至明，王守仁、罗洪先、欧阳德诸人于此讲学，故第三卷特立书院一门，略记当时问对之语。而所采录，皆理之近于禅宗者，则缁流援儒入墨，借以自张其教也[①]。

此后各家书目，多沿袭四库成说。如阮元《文选楼藏书记》卷一云："《青原山志略》十三卷，国朝侍读施闰章辑，宣城人，刊本。是书因释大然原稿，加以删订。山为七祖所开道场。"[②]丁仁《八千卷楼书目》卷八称："《青原志略》十三卷，国朝释大然撰，施闰章补辑，刊本。"[③]

按：四库此篇提要，纯属应付之作。称"大然始末未详"，显与该书内容相矛盾。《志略》卷二为僧传，有笑峰大然禅师的长篇传记。卷四"碑铭"则收录张贞生《青原笑峰禅师衣钵塔铭》，更明确提到大然即明朝进士倪嘉庆："师法讳大然，号笑峰，一名函潜。俗姓倪，讳嘉庆，字笃之，别号朴庵，再号遯庵……天启辛酉举于乡，壬戌进士，累官户、兵二部正郎……甲申南渡，起官秉铨衡，所引复皆天下宿望大臣。改户科给事，以误国劾枢辅，寻病免。"四库馆臣能够注意到卷三"书院"中《传心堂别录》一文，没有理由看不到前后两卷之内容。

一种可能的推测是，四库馆臣非不知也，乃故作不知也。

① 永瑢等撰《四库全书总目》，中华书局，1965年，第670页。

② 《四库未收书辑刊》第1辑，第30册，北京出版社，1997—2000年，第605页。

③ 《续修四库全书》第921册，上海古籍出版社，1996—2003年，第174页。

所谓“省一事，胜多一事”（方以智语，弘庸《药地炮庄·序引》），点明“大然”即是一度任职南明弘光小朝廷的倪嘉庆，可能会惹来许多不必要的麻烦。更何况此书中还有许多涉及药地愚者方以智的内容（方氏之《浮山全书》、《浮山文集》等皆入禁毁之列）。

二

披读卷首之数《序》，可知此志之编虽始自笑峰，但于全书之完成，方以智出力独多。时人也多径称此书为密之所作。

第一篇序，出自施闰章之手：

> 前十余年，笑公始创为《山志》，属草未竟，其徒因而增辑……余尝芟其十一，病未卒业。会药公来是山，故以归之，出其余力，搜括岩穴，网罗旧闻以纪……其先后编校相助有成者，则陈伯玑、宋商玉、郭入同诸子之力与焉……药公之志是也，宁惟夸诩山灵已哉[①]？

愚山此序作于康熙己酉（1669），上推十年为顺治己亥。此时笑峰大然正代其师觉浪道盛，主青原法席。笑峰住山凡三年，建阁置地，为功甚大。可惜的是，顺治己亥也是觉浪道盛示寂之年。笑峰闻讯，曳杖南奔，并于第二年（1660）的四月

① 施闰章：《青原山志略序》，《四库全书存目丛书》史部第245册，齐鲁书社，1994—1997年，第530页。

十六日病逝于南京[1]。所谓“属草未竟”，盖因此也。施闰章任职湖西道，始于顺治辛丑（1661），迄康熙丁未（1667）而止。志稿原本即由笑峰门人所辑，增补之后，送呈施闰章删修，自不出此数年之间。康熙甲辰（1664）冬至，应庐陵县令于藻等请，方以智正式入主青原。施闰章又把编志之事转托密之，故志书才最终完成于密之之手。

愚山提及之助编者三人：陈伯玑，字允衡，建昌南城人，国变后长期漂流在外，康熙癸卯（1663）始返江西，施闰章为之卜筑而居[2]。郭入同即郭林，乃方以智之弟子，追随密之住青原山多年[3]。《志略》卷三之《传心堂别录》、《仁树楼别录》皆出自其手。宋商玉，名之鼎，虽不能确断为密之弟子，但从其诗作看，与密之交往亦极密。《志略》卷十一收有商玉二诗，一题曰《宿青原侍愚大师看月》，另一首《次刘须溪青原韵》则有句：“我向铁函搜逸简，谁怜笔管泣悲笳？”此与志书之编纂颇相吻合。从其引用有宋遗民郑思肖铁函之事来看，商玉与密之一样具遗民之志，自不在话下。

第二篇序的作者为黎元宽，他的说法是：

药地老人行其《青原志略》而属宽序之，又使洪浪兄固之，岂以兴公之任赋天台也，而可无身至之乎？……今《志》属草创于笑公，而大扬搉于愚山使者，即此皆可明儒佛之通，

---

① 张贞生《青原笑峰禅师衣钵塔铭》称大然示寂于“康熙己亥四月十六日”，乃偶尔笔误也。“康熙”当更正为“顺治”，“己亥”当改为“庚子”，实为顺治十七年，公元1660年。参见任道斌：《方以智年谱》，安徽教育出版社，1983年，第214页。

② 王士禛《池北偶谈》卷十一“陈伯玑”条。余英时《方以智晚节考》第190页引有此文。

③ 方以智：《随寓说》，《青原志略》卷五，《四库全书存目丛书》史部第245册，第596页。

而益知山中人之非山中人也[1]。

黎元宽，字左严，号博庵，南昌人。成进士早于方以智十余年，但由其法名兴远来看，反而辈份要比方以智低[2]。与施序相比，黎元宽显得直接得多，他明确把《青原志略》归为方以智的作品。

许焕和于藻两序也有近似的说法：

要之，青原以思公而传，得诸名贤之题咏而益传，得愚大师以大手笔备载文迹而益盛传。所谓山水以文重，尤以人重，岂不信哉[3]!

笑峰大师曾创一稿，愚山先生携之去，捃摭未就，乃以属药地大师。师令门下士搜讨遗逸，而积录之，山水道场，文事风物，高深大小，统类森罗，凡十有三卷……嗟乎！使先君而在，披读此《志》，摩娑卷帙，与故人握手，其快为何如耶[4]?

许《序》并未提及笑峰之草稿，径称“备载文迹”者为愚大师之大手笔。于藻虽提及笑峰与愚山，但“统类森罗”之十三卷，显然多得自于药地之门下士。“与故人握手”，所指也只能是方以智，因密之才是于藻之父于奕正之旧友[5]。

最末一序为王辰所作：

---

① 黎元宽：《青原志略序》，《四库全书存目丛书》史部第 245 册，第 531 页。

② 黎元宽曾应方以智邀请，为《天界觉浪盛禅师全录》作序。见《明嘉兴大藏经》第 34 册，台湾新文丰出版社，1987 年，第 791 页。

③ 许焕：《青原志序》，《四库全书存目丛书》史部第 245 册，第 534 页。

④ 于藻：《青原山志略序》，《四库全书存目丛书》史部第 245 册，第 535 页。

⑤ 于奕正，字司直，苑平人，《帝京景物略》的作者之一。方以智崇祯末年任职北京时，与之有诗唱和。

庐陵旧未有志，止嘉靖间一帙，缺首尾，漫漶不可读，青原事更无睹记者，分守施公愚山、于邑宰慧男忾然悚然。大夫、文学合辞同请曰："书成有时、有人，时难得，人难遇。无垢格物，大慧物格，耦居无猜，独何俟与?"于是老人为发凡例，各从其类，涉兹山者罔或遗……斯《志》也，可谓大成之集矣①。

王辰此序仅见于清抄本（收入台湾《中国佛寺史志汇刊》第3辑第14、15册）。所云"老人为发凡例"，即指卷首《发凡》数则。康熙刻本计分道场、山水、僧传、书院、文章、诗歌、杂记七条，无作者标识。而清抄本于七条之外，尚有"法产"一项，末附"浮庐愚者"识语一则，与王辰之序正相印合。其言曰：

青原志稿为久昌、芝颖所编，就净居柱壁存者耳。施少参持去订正，付伯玑谋梓，未得卒业，复还青原。施公意收山之四周，惜此方文献缺略，征考为难。年来游屐已遍，托人采获，幸收一篚，姑作《发凡》，令从游能笔者叙录焉。后有览者，人固有所以藏之山川者，不必壑舟惊负走也。浮庐愚者识②。

久昌兴桂、芝颖兴化皆笑峰门人，所编《志稿》仅就"净居柱壁存者"，内容显然单薄。施闰章建议扩大编录范围，所谓"自螺川而望东南，其青青者皆青原也"（密之语），山之四周

① 此序载于清抄本，见杜洁祥主编《中国佛寺史志汇刊》第3辑第14册，台湾丹青图书公司，1985年，第28页。《四库全书存目丛书》本失收。

② 杜洁祥主编《中国佛寺史志汇刊》第3辑第14册，第45页。

皆在拟收之列。方以智“托人采获”，并作《发凡》，始有今日所见《志略》之全貌①。志书之惯例，自是后来者居上。《志略》一书，径称方以智所编，并无任何问题。事实上，密之中子方中通就是这样说的：

呜呼，痛哉！今日过药树、法荫、归云、晚对、别峰诸处，触目皆先人之创造、遗笔在焉。至为杖人翁刊《全录》，为笑老人建衣钵塔，成《志》书，免里役，凡百完备，而奉之同门，又其主青原之逸事也②。

据此而论，言《志略》之编者，仅及笑峰和愚山而不提方以智，可乎？

三

《志略》从始创到成书，共持续十余年。哪些是初稿，哪些是新增，虽难判断，但并非全无头绪。细按各卷之内容，粗估前后之篇幅，对全书编撰之过程的了解来说，应该会有帮助。

《志略》全文除序言外，共计十六万言。正文十三卷，篇幅有长有短。各卷卷前皆有编订者姓字。

第1卷为“山水道场”，题曰“青原山笑峰大然编稿，愚

① 需要说明的是，芝颖兴化也参加了《志略》的后期工作，只是此时的发凡、统筹者已改成了方以智。有兴化自己之言为证：“药地老人至，化为纪录侍者，复搜出宋、元、国初诸公笔墨。”（《青原山志缘起》）可惜的是，兴化去世较早，无缘见到志书之完工。

② 方中通：《陪诗》卷四《哀述》，《陪集》，清继声堂刻本。

山居士施闰章补辑”。此卷共一万一千字左右，内容多关乎寺院、道观、泉石、亭台等。安隐、净居、祖塔、墨宝之类，可信为旧稿所存。山之四周如永和、黄原岭等，当为后续，盖因得之于愚山之建议也。“堕石字”、“钓台”、“小三叠”、“谷口别峰”、“青原峰别道同说”诸条，皆可定为新增，因为它们都与方以智有关。笑峰和尚在世时，既未发现“小三叠瀑布”，亦未建成“三一堂”（谷口别峰），当然也就不可能有陈鸣皋为该堂所作的《青原峰别道同说》。最奇者在于，此卷收有“断碣塔室”一条。此室乃方以智为笑峰和尚所建衣钵塔，笑峰自己断乎不可预先“编稿”。不得已，我们只能相信出自愚山居士之补辑。

第 2 卷为“僧传”，题曰“笑峰门人兴桂久昌编，春音居士于藻慧男较”。此卷内容独少，才六千余字。其中，笑峰传记一千八百字，所附纪环山僧传一千五百字，二者皆可定为新增。青原虽贵为行思道场，但自宋以后，祖庭冷落，有史可查之驻山者不过齐、信、如、立数辈。此山之重兴，实借明代王门之会讲，本寂、笑峰、药地之驻锡。除此数人外，其他实无可纪也。笑峰原稿若有此卷，内容当不出剩余之两千八百言。

第 3 卷为“书院”，题曰“吉州后学刘洞雪林、王愈扩若先编”。此卷仅收文四篇，但字数却不少，共计一万八千余字。两位编者与笑峰是否有交涉，不得而知。但《志略》下文却有他们与方以智往来的记载。第 6 卷收有传笑《与刘雪林》书，特别建议刘洞“公既赏《庄》而读《易》，何不以《炮庄》激扬、以易几征格之乎？特奉一部，并致商贤。还当久住青原，获真益也”。第 11 卷收有王愈扩《呈性海公〈青原遗稿〉》诗，由其诗句“心天无内外，笑入药师笼”，可知所呈之人正是药地方以智。

另外，据四篇文章之内容，亦可判断此卷编于笑峰大然之身后。第一篇《传心堂约述》，文末题曰“守馆门人郭林录”。第二篇《仁树楼合录》，编录者为郭林和方兆兖。传心堂、仁树楼皆施闰章所修，建成于方以智入主青原之后。由此可知，郭林所录此两文，不能早于康熙甲辰（1664）。而笑峰早在数年前就已经去世。第三篇为宋商玉之《青原藏书议——上守宪施愚山先生》，第四篇为方中履之《青原山传心堂翼楼乞书公启》。从标题即可知道，它们都与施闰章青原修造有关，晚出就更无疑问。

第 4、5 两卷分别为碑记和序说。编者皆署“笑峰门人芝颖兴化”，校订者则署“春音居士于藻慧男”。碑记卷收文十三篇，一万二千余字。除末三篇张贞生《青原笑峰禅师衣钵塔铭》、施闰章《青原毗卢阁碑记》、孙晋《药树堂碑文》（合计四千二百字）外，其他各篇属于初稿的可能性较大。序说卷收文十七篇，合柱题共一万一千字。除首六篇（合计三千三百字）外，其余诸篇皆属新增。《送愚者归青原序》的作者余飏为方以智之师，《中五说》的作者左锌为方以智之友，《纲宜易简说》的作者方中履为方以智少子，其他八篇则出自方以智本人之手。比较有趣的是，所收方以智短文《芝颖化禅师〈青又庵遗语〉序》，显系兴化去世之后所作，卷前亦标“芝颖兴化编”。这与第 1 卷收笑峰衣钵塔，可以同例视之。

第 6 卷为“游记”，题曰“青原山大然笑峰辑，豫章陈允衡伯玑订”。此卷收文二十篇，计一万两千余字。除首四篇（合计一千五百字）时间稍早，可能为旧稿所有外，其他十六篇皆属补增。此卷收有方以智游记数篇，包括《青原山水约记》、《青又记》、《游永和记》、《青原得瀑记》。李元鼎长文《青原山观瀑小记》显然成文于密之发现“小三叠”瀑布之后。

第7卷为“疏引”，题曰“笑峰门人久昌兴桂编，春音居士于藻慧男较”。此卷内容主要关乎寺院、讲堂之修造，作者多为前贤大德如胡铨、郭子章、邹元标、憨山德清等。所收十八篇文字，一万余字，可信皆为初稿所有。

第8卷为“书信”，题曰“笑峰门人兴化芝颖编、春音居士于藻慧男较”。此卷收书二十四通，一万五百字。前五书的作者分别为刘将孙（元）、王畿、欧阳德、方大镇、道盛，然后是笑峰大然三书。其余十六书（合计七千五百字），皆与方以智有关。这十六篇文字颇有助于了解密之晚年行踪及思想之动向。

第9至11卷为“诗歌”。题署皆为“笑峰门人兴化芝颖编，豫章陈允衡伯玑甫订”。所收诗篇无虑数百首，合计字数四万两千言，约占全书的四分之一。其中，卷9（一万四千字）除补遗部分个别篇外，全部为前人之作。卷10（一万五千字）之小半，与笑峰有关。其余部分，多属学生旧友与方以智唱和之作。卷11（一万三千字）全部为晚出之作，除游兴外，多与探访、怀念方以智有关。据此可以判断，笑峰旧稿所收诗歌当不超出现有篇幅的一半。

第12、13两卷为“杂记”。“法产”附于十三卷之末。编者计四人，皆题曰“药地学人”。其中郭林入冋、吴云山舫署名于第12卷，胡映日心仲、方兆兖乘六署名于第13卷，全部文字合计约一万五千字。就内容来说，这两卷所记者颇庞杂，既有史迹之考订，又有法语之开示，既有寺院之经营，又有官府之文告。但从书籍之编纂来考虑，它们皆属后来之增补自无疑问。

依据以上之统计，粗略估算一下，笑峰初稿当不超出六万言，方以智新增者则有十万字左右。就此而言，谈《志略》之编者，仅及笑峰及愚山，又怎能称得上是公允之论呢？

四

既然《志略》最终成于方以智之手，那么四库以下诸目何以竟只字不提密之的大名呢？

对于这个问题，个人颇疑《志略》一书之初刻，只有分卷之编者，并无全书之署名。现存《志略》之版本，据笔者所知，仅有《四库全书存目丛书》史部第 245 册所收之康熙刻本及台湾《中国佛寺史志汇刊》第 3 辑第 14 册所收清抄本。二本皆影印正文，无封面之题识。国图所藏称封面题曰“青原山志略”，编者正与四库之说同。而四库提要所谓“国朝僧大然撰，施闰章补辑”，似即从卷一之题署“青原山笑峰大然编稿，愚山居士施闰章补辑”而来。需要说明的是，“国朝”二字显系四库馆臣所加，方以智等人决不同意如此署名也。后此者沿袭四库之成说，此书之编者终于与密之无关了。

不署全书编者之名，犹有说焉。《志略》之刊刻，当在康熙己酉、庚戌间（1669—1670）。施闰章序作于己酉三月，于藻序作于同年夏天。于藻又是此书之捐刻者，《存目》所称“康熙八年刻本”，根据当在于此。不过，序作之时并不意味已经雕版。始雕之日，也不必是成书之时。《志略》卷一之“法荫堂”条称：“始于己酉，终于庚戌，巍然亘荆树之前矣。”卷十三之“青原寺田新立僧户碑记”署曰“康熙九年，岁次庚戌，七月谷旦”，“两学呈堂”条所收批文署曰“康熙九年八月初六日”。这些都是发生在施、于两序写成之后第二年的事儿。康熙十年三月，“粤案”事发，密之及中子方中通两地被逮。

十月，密之亡故。直到十一年的冬天，其灵柩才被允许送返桐城[①]。当此死生存亡之际，《志略》之刻版是否完工？有否流通？一切皆在未知之中。假若此时书未刻成，虽刻成而尚未流通，不署方以智之名，自是情理之中的事。密之著作《通雅》、《物理小识》、《药地炮庄》等，皆在案发之前数年刻成。《浮山文集》等则在身后由三子合编，后皆入禁毁之列。惟有《志略》刊刻时间与这场事关生死的风波最近，其题署与刊行不受此事之影响，反倒有点奇怪了。就此而论，刻本《发凡》中，偏偏少了末尾自报家门的两段，是无意的疏忽，还是刻书者有意的避嫌，恐怕很可以让人浮想联翩。

《志略》刻本中，尚有两段更晚的内容，一为卷十一所录孔兴浙六诗，诗中小注提到“康熙辛酉”字样，那已是方以智辞世十年之后的事。一为卷十三所附告示，时间标为“康熙四十一年六月十五日示”，距方以智去世则有三十年之久。从字迹看，它们显系重印时之增补。因与原书编者无关，这里也就不再讨论它们了。

---

① 任道斌：《方以智年谱》，第282页。

《方以智晚节考·仁树楼别录》标点正误

——兼谈方密之与左藏一的关系

余英时先生的名著《方以智晚节考》(1972)，本着“以实证虚、以虚证实”的原则，论定密之晚年自沉全节而非病死，影响于方以智研究甚巨。其“增订版”(1986)又辑录密之晚年诗文及其他重要参考资料凡数万言，极便于学者研读。唯因所据版本字迹模糊①，密之文字又不易通读②，所辑材料的识读和断句，尚有不少值得商榷之处。下面选取关乎方以智晚年思想颇大的《仁树楼别录》一文，略加辨正，以就教于余先生及密之学说的爱好者。

---

① 《方以智晚节考》(三联书店 2004 年 8 月简体字版，下省称《晚节考》)第 134 页：“《山志》则以因缘巧合，于最近三年之内先后得见巴黎法兰西学院及美国普林斯顿大学葛思德东方书库藏本。两本皆署康熙己酉(1669)刊。所不同者巴黎本乃密之故后多年所重印，字迹模糊，不易辨识。普林斯顿本亦非初版，但视巴黎本稍胜。”

② 《晚节考·增订本自序》：“此次增订余曾通体校阅数过，并施以现代标点，所费日力不少。密之文字不易通读，故断句不能必保无误，但期少误而已。读者若加引用，尚须仔细斟酌也。”

一

《仁树楼别录》原收在《青原志略》卷三，共六千五百余字。据题下附注“郭林、方兆兖因左藏一寓此，以朝夕所闻宓山老人者，汇其要而录之”，可知此文的主角儿为左藏一和宓山老人。宓山老人是弟子们对密之的尊称，汇录者郭林、方兆兖乃密之弟子，这些都可从《青原志略》中考见[①]。倒是另一位主角左藏一的身份，需要略做些说明。

除《仁树楼别录》外，《志略》与左藏一有关的材料，尚有数条。一条见于卷十之《呈药地大师》诗。此诗作者题名左锝，下附小字“藏一”。据此可知，左藏一本名左锝，藏一可能是他的字。《志略》卷五收有左锝的一篇文章《中五说》，此文开头云：

> 或问中五之说于宋山子，宋山子曰：难言也。锝少见王虚舟先生衍河洛，犹以为一端也。中年降罔，乃始究心性命。极物而知其则，不定中定，《易》其至矣乎。世出世法，近愈离跂。吾乡方野同廷尉公，与吴观我太史公，辨析二十年，而中丞公潜夫先生会之于《易》。合山栾庐，得从药地大师盘桓，始知圣人之神明如是，我之神明亦如是，而乃自负耶。

由这段话可以知道，左锝还有一个别号叫宋山子。他早年

① 《青原志略》初由笑峰大然所辑，后经施闰章删补，交由方以智主持成书。故各卷编者既有笑峰弟子如兴化芝颖、久昌兴桂等，也有密之门人如吴云、胡映日、郭林、方兆兖等。笑峰弟子姓名之前多冠有“笑峰门人”四字，密之弟子姓名之前则署曰“药地学人”。

曾经接触过王宣（虚舟）的河洛之学，而王宣也正是方以智年轻时的恩师。当密之为父破关奔丧、庐墓合山时，左锌又有机会与之交往论学，并且思想上深受密之的启发。《志略》卷八收有一封密之寄左锌的信，可证即便入主青原后，密之对左锌同样无法忘怀："青原荆沥杏仁，正慰妙叶。穷崖多骨立之士，我翁何不来此共盘桓耶？"（《与藏一》）这与密之频招王船山入青原之举[①]，颇有些相似之处。

与船山的婉拒不同，左锌显然响应了密之的召唤。方文（密之从叔）《嵞山续集》有诗《喜左又锌见访有赠》，曾经提到过这件事："君去青原山，言访炮庄老。淹留历冬春，禅学共探讨。当机忽开悟，胸中竟渊灏。……君今婚嫁毕，室又无綦缟。青原有同心，自合归三宝。性命事非轻，口腹何足道。"据此诗，左锌此次青原之行时间颇久（淹留历冬春），收获亦丰（"当机忽开悟"）。而且此时的左锌年纪早已不轻（"君今婚嫁毕"），妻子已经过世（"室又无綦缟"），这与密之信中所称"我翁"，刚好吻合。另外，从诗的标题看，左锌之名又可写作"左又锌"。

密之的另外两部重要著作《周易时论合编》和《药地炮庄》，也都提到了左锌这个人。

《时论》本为密之父亲方孔炤未竟之稿，后经密之扩充修订而成。在该书的《凡例》中，孔炤写道："此编未得卒业，惟有农夫、幼光、右锌及从子建、诒辈，间过径中。""农夫"指周岐，"幼光"指钱澄之，"右锌"显然就是"又锌"。由这段话，我们可以知道，正当密之飘流百越之时，左锌就已经和

---

① 《船山遗书·南窗漫记》："方密之阁学逃禅洁己，授觉浪记莂，主青原。屡招余，将有所授。诵人各有心之诗以答之。"

周岐、钱澄之等人一道，协助孔炤进行《时论》的编订工作。这足以证明，左锌与方家的关系，决不是从密之的合山栾庐开始的。

《药地炮庄》的眉批中，也有十几处题为“藏一曰”，它们当然都是出自左锌之口无疑。但是，左锌对《炮庄》的贡献决不仅仅如此，该书《总论中》篇的大部分内容都出自于他之手。《炮庄》总论凡三篇，上篇是自汉至明诸家庄评之汇编，略近于庄学小史；下篇为方以智本人文章。唯有中篇分成了两个明显不同的部分，前面一小部分是三位高僧憨山德清、鼓山永觉和觉浪道盛的庄论，后面的大部分内容则有另一个小标题“黄林合录”。从讨论的问题看，《黄林合录》所收并不限于对庄子的评论，对王学末流批评的篇幅远远超过了对三教关系的反省。极有可能的是，此文并非为《炮庄》而作，只是因为涉及到三教关系，后来才被纳入到《炮庄》之中。《黄林合录》的末尾有一段识语，让我们知道编录者“黄林学者左锐”，原来与左锌是同一个人：

藏一曰：世道交丧矣。……吾桐方廷尉野同先生（大镇），与吴官谕观我先生（应宾），激扬二十年，而王虚舟先生（宣）合之。廷尉本诸本庵先生（学渐），传之中丞潜夫先生（孔炤），三世研极，遍征百家，而愚者大师承之。……大师庐墓合明，幸得朝夕，剥烂复反，乃叹曰：大道易简，私黠乱其神明。备物无我，善刀无敌。学问饮食，享其性天。消息时行，何用跃冶乎？因合录之，时自省览云尔。自有仁智夙愿者，总持幸甚。圉噩岁涂，黄林学者左锐识。

这与前引《中五说》中的话如出一辙。近似的文字在《仁树楼别录》开头的两段话中，同样可以找到。这足以说明，“黄林学者左锐”，也就是那位被人们称作“又錞”、“右錞”、“左錞”、“左右錞”、“藏一”、“宋山子”的人。

综上所述，对于左錞其人，字、号虽难辨识，但大体上已可获得一初步的印象：安徽桐城人；年岁与密之相当，甚至可能还稍长一些；早岁曾从游于王宣、方孔炤之门，对密之家学和师门相当熟悉；中年以后究心于性命之学，常与密之论学往还。由其诗句“自惭已齿希苦获，但得渔父声中传两濯”（《呈药地大师》）来看，他与密之的关系当在师友之间①。

鉴于二人的这种特别亲密关系（“青原有同心”），由左錞所辑的《黄林合录》（成于密之 47 岁，圉噩岁涂即顺治十四年），由左錞提问、郭方二人汇录的《仁树楼别录》（成于密之 54 岁前后。方文诗作于乙巳年，上推一年为康熙三年），皆可视作密之庐墓之后十数年的思想“实录”。凡考究密之中晚岁之思想变迁者，均不应漠视此二文也。

二

《晚节考》增订扩大版始由台湾允晨出版（1986 年），后重印于北京三联书店（2004 年）。两者除繁简转换外，内容无更动。故下面的正误皆以三联版为准。所据以校正的底本，取自齐鲁书社《四库全书存目丛书》史部第 245 册影印的《青原志略》十三卷（康熙八年刻本）。

（1）误：蜀、洛角争，我见为崇耳。（《晚节考》第 230

---

① 方中通《陪诗》卷三有“送父执左藏一归里”诗：“不能留父执，何以慰亲心。挥涕一为别，空余江水深。”中通为密之次子，他称左錞为密之好友，与左錞自谦的话稍有不同。

页）

正：蜀、洛角争，我见为祟耳。

说明：《晚节考》误“祟”为“崇”。《药地炮庄·总论中》引有此语，正作“祟”：“方先生大镇曰：洛、蜀相争，我见为祟耳。周谓无欲、程谓大公者，无我也。”

（2）误：三一参（吴观我公，中丞之岳）曰（第231页）

正：三一斋（吴观我公，中丞之岳）曰

说明：“三一斋”为方以智外祖吴应宾之别号。“斋”，康熙刻本为“垒”（斋的异体字），故极易误读为“参”也。

（3）误：止有一事实一切，究竟坚固，法住法位，何反不信耶！（第231页）

正：止有一事实，一切究竟坚固，法住法位，何反不信耶？

说明：“一切究竟坚固”，梵语首楞严的义译。济时《楞严经正见》卷一：“梵语首楞严，此云一切究竟坚固，谓在体上也究竟坚固，用上也究竟坚固，理上也究竟坚固，事上也究竟坚固。”

（4）误：尧舜知历数而授允中，孔子举枋闰而明大衍。（第231页）

正：尧舜知历数而授允中，孔子举扐闰而明大衍。

说明：“扐闰”，《易·系辞上》“归奇于扐以象闰”的省称也。

（5）误：定静格致，忘其动静，二见操履存养泯其键羡，二机一心，如是岂复有世间之人我得失龃龉乎？（第231页）

正：定静格致，忘其动静二见。操履存养，泯其键羡二机。一心如是，岂复有世间之人我得失龃龉乎？

说明：原文中“定静格至”与“操履存养”对，“动静二见”与“健羡二机”对。《晚节考》失读。

（6）误：层峦激湍，但以写其孤往，原非抹搬一切后，乃以为藏拙之伎乎。（第232页）

正：层峦激湍，但以写其孤往，原非抹杀一切后，乃以为藏拙之伎乎。

说明：“抹搬”无义。“杀”，康熙刻本作“摋”。下文“若执空亡之无，则或抹杀道理”（第234页），《晚节考》亦误作“抹搬”。

（7）误：胡安定教学分科，朱文公兼尊邵、蔡，正谓节度藏神，化薪火泯理事也。（第232页）

正：胡安定教学分科，朱文公兼尊邵、蔡，正谓节度藏神化、薪火泯理事也。

说明：“神化”与“理事”相对成文。张载《正蒙》云：“知虚空即气，则有无、隐显、神化、性命，通一无二。”密之《大宗师总炮》亦云：“元会朝夕，薪火并传。”

（8）误：《法界品偈》曰：具足智慧，无所碍，善达医方等诸论，书数、天文、地众相、及身休咎，无不了。（第233页）

正：《法界品》偈曰：具足智慧无所碍，善达医方等诸论。书数天文地众相，及身休咎无不了。

说明：此四句偈文选自《华严经·入法界品第三十九》（实叉难陀译），乃普贤菩萨所说。

（9）误：学悟道，法成性存存。火候熏感神不可知。（第234页）

正：学悟道法，成性存存。火候熏感，神不可知。

说明：“成性存存”出自《系辞上》：“成性存存，道义之门。”据密之前言“既耜之牛，无绳亦能转瞘。既络之马，虽逸而听圉人。梦魂得力，正在其醒时得力也。醯酱红麹，罨腐而变，人见腐则恶之，何知其后之香美耶?”此句大概是说，学道悟法为的是变化气质，但转变之火候和机缘，却是无法预估的。

(10) 误：山林晦夜，不见乃人。目不见而山林如故也。(第234页)

正：山林晦夜不见，乃人目不见，而山林如故也。

说明：此句是说山林之存在并不依赖于人眼之见不见，意在证明“理无断灭，但有显晦”。《晚节考》失读。

(11) 误：镜卜者信步出门，听言成識（识)，而事往往验。(第234页)

正：镜卜者信步出门，听言成谶，而事往往验。

说明：識（识)、讖形近。“听言成谶”，不幸而言中也。

(12) 误：体道于无，可以养神虚受；还事于有，便知物则咸宜火候。自适于两忘之无，所以调气践形而泯性情也。实务藏用于法位之有，所以随身安时，而无思虑也。(第234页)

正：体道于无，可以养神虚受；还事于有，便知物则咸宜。火候自适于两忘之无，所以调气践形而泯性情也；实务藏用于法位之有，所以随分安时而无思虑也。

说明：此句由两个对称句型构成。“体道于无”对“还事于有”，“火候自适”对“务实藏用”。《晚节考》失读。

(13) 误：若不善用者，食争执有，则德慧亦累于矜傲，而况声色货财乎?(第234页)

正：若不善用者，贪争执有，则德慧亦累于矜傲，而况声色货财乎?

说明：“食争执有”无义。《晚节考》因食、貪（贪)

形近而误。

（14）误：同此宇宙日月，同此身心性命，称谓有方，语正宜通，而互征之。（第235页）

正：同此宇宙日月，同此身心性命，称谓有方语，正宜通而互征之。

说明："方语"，方言也。方以智《通雅》卷十一"月魄谓之决鼻"条云："《乾凿度》曰：月八日成光，穴鼻始明。注：穴，决也。决鼻，兔也。纬书为汉人所造，则汉时方语必有以月魄为穴鼻者。"

（15）误：鄙愿茅塞，浮才苟偷，有杨宗黄帝，墨宗禹，犹芝草也。（第235页）

正：鄙愿茅塞，浮才苟偷，忽有杨宗黄帝、墨宗禹，犹芝草也。

说明：《晚节考》夺"忽"字。

（16）误：徐幹不忧异术，而疾恶，内关何待阳明激发乎？（第235页）

正：徐幹不忧异术而疾恶内关，何待阳明激发乎？

说明："不忧异术"、"疾恶内关"皆出自《中论·考伪》篇。"昔杨朱、墨翟、申不害、韩非、田骈、公孙龙，汩乱乎先王之道，诪张乎战国之世，然非人伦之大患也，何者？术异乎圣人者易辨，而从之者不多也"，不忧异术也。"假先王之遗训以缘饰之，文同而实违，貌合而情远，自谓得圣人之真也……斯术之于斯民也，犹内关之疾也，非有痛痒烦苛于身，情志慧然，不觉疾之已深也"，疾恶内关也。

（17）误：圆机之士分合皆可乘愿，补救正须互穷。（第235页）

正：圆机之士，分合皆可。乘愿补救，正须互穷。

说明：左锝《黄林合录》曾引莲池语："经世，《大学》足矣。言太高深，则诸法不成安立。出世自应穷高极深，乃能解脱。圆机之士，分合皆可。否则执分固非，强合更病。"

(18) 误：差别智为圣人茶饭，现有河洛秩序，为生感裁成之天符。(第235页)

正：差别智为圣人茶饭，现有河洛秩序，为生成裁成之天符。

说明："生成"，《晚节考》误为"生感"。

(19) 误：破相者逃玄，机欺者据物。(第235页)

正：破相者逃玄，核欺者据物。

说明：此句重出于《药地炮庄·齐物论》"庄周梦蝶"章的评论中，亦作"核欺"。"核欺"者，畏数逃玄、不达物理之谓也。《药地炮庄·天下》"惠施"章云："观黄缭问天地所以不坠不陷、风雨雷霆之故，此似商高之《周髀》，与太西之质测，核物究理，毫不可凿空者也，岂畏数逃玄，窃冒总者所能答乎?"

(20) 误：深几而言，为物不二而代明错行，尚不信欤?夫不得不两，不得不参，皆大一之所布濩也。愚故统征之，以易而藏天下于学。(第236页)

正：深几而言，为物不二而代明错行，尚不信欤?夫不得不两，不得不参，皆大一之所布濩也。愚故统征之以《易》，而藏天下于学。

说明：密之易学世家，大别《炮庄发凡》所谓"潜夫中丞公，会之于《易》"，左锝《中五说》所谓"中丞公潜夫先生，会之于《易》"，皆此意也。

(21) 误：混沌分阴阳，则为二；种性分五行无为，五种性从此析之。乌附热芩连寒，而寒热甘苦又各异也。又况灵蠢

资质之殊乎？（第 237 页）

正：混沌分阴阳则为二种性，分五行则为五种性。从此析之，乌附热，芩连寒，而寒热甘苦又各异也，又况灵蠢资质之殊乎？

说明：密之此句是要说明物性之千差万别，即所谓独性。混沌分阴阳，则有阴性和阳性。分五行，则有水性、土性、木性、火性、金性。以此类推，层层不尽。种性，不改之性分也。

（22）误：学问变化，礼乐熏陶，右手秉筋笔，水居能浮泅，潦之丸，昌之射，习伏众神，习即性也。（第 237 页）

正：学问变化，礼乐熏陶，右手秉筯笔，水居能浮泅，潦之丸，昌之射，习伏众神，习即性也。

说明：筋、筯形近。筯，筷也。此句以右手持筷运笔，喻习与性成也。

（23）误：高明得少畏数逃玄，正宜以实学欺不得者，沉潜之又得质建之正眼为万世鉴，若有此人，吾先下拜。（第 238 页）

正：高明得少畏数逃玄，正宜以实学欺不得者沉潜之，又得质建之正眼为万世鉴。若有此人，吾先下拜。

（24）误：直告不信，自须反复曰：不为生念所缚而生，即为死念所缚而死，将何道以免之？（第 239 页）

正：直告不信，自须反复。曰：不为生念所缚而生，即为死念所缚而死，将何道以免之？

说明：《晚节考》误合两段为一段。“直告不信，自须反复”是密之回答博约问题的结语。“曰”后云云，乃左錞等人的提问。

（25）误：不知其故，绳修版植，如隔日疟，不炼定力，

射不至集。先为所摇，将空指一无生死以为脱乎？莽荡不免矣。（第239页）

正：不知其故，绳修版植，如隔日疟；不炼定力，射不至矦，先为所摇。将空指一无生死以为脱乎？莽荡不免矣。

说明：此句对称成文，《晚节考》失读。

以庄继易：钱澄之的庄学观

清初，具有遗民倾向的学者纷纷注解《庄子》，以寄托其隐遁或解脱之志[①]。钱澄之（1612－1693）便是其中之一，他晚年成《庄子内七诂》（与《楚辞屈诂》合编，称《庄屈合诂》），专门发挥个人对庄子思想的理解。由于钱氏是文学大家，曾被尊为桐城派之先导，他的学术贡献反而常为文学成就所掩盖[②]。本文不揣孤陋，仅就钱氏《庄》解之内容，略陈己意，以就正于方家。

一、注《庄》之原则

钱氏之生平，《清史稿·遗逸传》有简略的记载：

---

① 著名者如王夫之有《庄子解》、《庄子通》，方以智有《药地炮庄》，释净挺有《漆园指通》等。

② 张舜徽先生论及钱氏经学成就时说："尊信《小序》，汇纳古今，则又与朱鹤龄治《诗》之法，若合符契。从知废《序》言《诗》之习，与夫固守一家之弊，至清初已渐见廓清。钱朱二家，桴鼓相应，皆于当时治经风气之转移，大有关系也。""澄之颇以经学自负。观其平生专力致精，足践所言。治经之功，似非顾氏所能逮。不知近人考论清初学术者，何以忽之？"（《清人文集别集》卷一，华中师范大学出版社，2004年，第18页）

钱澄之，字饮光，原名秉镫，桐城人。少以名节自励。……是时复社、几社始兴，比郡中主坛坫者，宣城沈寿民、池阳吴应箕、桐城钱澄之及方以智。又与陈子龙、夏允彝辈联云龙社，以接武东林。澄之体貌伟然，好饮酒，纵谈经世之略，尝思冒危难立功名。阮大铖既柄用，刊章捕治党人，澄之先避吴中。妻方赴水死，事具《明史》。于是亡命走浙闽、入粤，崎岖险绝，犹数从锋镝间，支持名义不少屈。黄道周荐诸唐王，授吉安府推官，改延平府。桂王时擢礼部主事，特试授翰林庶吉士，兼诰敕撰文，指陈皆切时弊。忌者众，乃乞假间道归里，结庐先人墓旁，环庐皆田也，自号曰田间，著《田间诗学》《易学》。澄之尝问《易》道周，依京房、邵雍说，究极数学，后乃兼求义理。其治《诗》，遵用《小序》首句，于名物训诂、山川地理尤详。自谓著《易》、《诗》成，思所以翊二经者而得庄周、屈原，乃复著《庄屈合诂》。盖澄之生值末季，离忧抑郁无所泄，一寓之于言，故以庄继《易》、以屈继《诗》也。

由此传，我们大体可以知道，澄之早年即有用世之志，积极参与党社活动。当清兵南下时，又奔走闽粤，从事抗清大业。及事不可为，乃返回乡里，隐居著述以终老。所需补充的是，钱氏发妻之死，并非由于党争，乃因清兵而亡，同时失去的还有一子一女[①]。他的返乡，也不是简单的“乞假间道归里”，而是与永历行朝失散后不得已的选择。一组六十四首的

① 钱澄之：《先妻方氏行略》，《田间文集》，黄山书社，1998年，第564页。

《行路难》细致地刻画了他返乡路上所经受的种种艰辛和凶险①。对澄之而言，满人所带来的，不仅是国仇，而且还有家恨，这当是他后来选择隐遁的最主要原因。

钱氏之著述，《田间易学》、《田间诗学》皆收入四库，《庄屈合诂》见于存目。《四库提要》对澄之的经学成就评价颇高，如称其易学："其说不废图书，而以邵子先天图及河、洛二图皆因《易》而生、非《易》果因此而作，图中奇偶之数乃揲蓍之法、非画卦之本，持论最为平允。故卷首图象虽繁，而不涉支离附会之弊。"称其诗学："持论颇为精核，而于名物训诂、山川地理，言之尤详。"

对《庄屈合诂》，《提要》则有如下的评论：

> 屈原之赋，固足以继风雅之踪。至于以老庄解《易》，则晋人附会之失。澄之经学笃实，断不沿其谬种。盖澄之丁明末造，发愤著书，以《离骚》寓其幽忧，而以《庄子》寓其解脱，不欲明言，托于翼经焉耳。

《提要》此说，影响甚大，《清史稿》小传即据此立论。就意识到《庄屈合诂》乃有为之作，四库馆臣实已触及钱氏之微意。从极力表彰屈子之气节，到大谈庄周之至性②，钱氏自己立身处世的态度尽在不言之中。但是，如果把该书完全看成是借题发挥，那就未免过于捕风捉影。姑毋论以老庄解《易》是

---

① 钱澄之：《藏山阁集》，黄山书社，2004年，第326页。

② 《庄屈合诂·自序》云："是故天下非至性之人，不可以悟道。非见道之人，亦不可以死节也。"

否纯属晋人之“附会”[1]，但从钱氏自己的言论看，他对借《庄子》发挥己见的做法也是颇有微辞的：

余少时好读《庄子》，见郭子玄注，苦不得其解。有示以林希逸《口义》者，览之略有端绪。友人曰：“此训诂之学也，读《庄子》岂宜作如是解？”于是益求所谓能为《庄子》之解者而究心焉。而为二氏之学者，皆谈《庄子》。禅家以其得宗门之旨趣，道家指为有丹经之秘言，其说皆近似之，而吾不敢信也。则又有谓三圣人之学本同，其解《庄》也，取三家语句之相似者，影响印合，又不深畅其旨，但略一拈提，使人自悟，是不过借《庄子》发摅己见，以自成其一家之言，于《庄子》实未解也[2]。

钱氏读《庄》初由郭象、林希逸入，后在友人建议下，乃泛滥于二氏之《庄》解。他既已发现，不论是参以佛理、丹道，还是用三教相互印合，都未能真正了解《庄子》，那么他自己注《庄》，断不会循此旧途。换句话说，钱氏之注，实乃相信庄子之意真当作如是解，决不仅仅是“寓其解脱”、“托于翼经”而已。用钱氏自己的话来讲，这就叫“要是释《庄》，非自立说也”[3]。

钱氏之书取名为“诂”，也是基于同样考虑：“吾之解《庄》者屡矣。晚年，少有所进，乃尽废前解，而为之诂。盖

---

① 钱氏并不反对以老庄解易，《田间易学》多处引用庄老言论解释易理，其说详下文。对王注孔疏，《田间易学·凡例》有云：“王辅嗣易注、韩康伯系辞注、孔仲达正义，其学具有源流。虽以辅嗣扫去象数，淆乱经传，为诸儒所辟，然宋人亦因注疏相传，得以益明其理，而粹然一归于正，则亦未可尽废也。”

② 钱澄之：《庄子内七诂自引》，《庄屈合诂》，黄山书社，1998年。

③ 同上。

真见世之所谓能为《庄子》之解者皆妄耳，故宁为训诂也。”[1]

必须提及的是，钱氏对“训诂”并无好感。他曾明告好友方以智：“吾人读书，观大义而已。……至于器数之末，诂释之烦，点画之细，世自有窜句博物之徒。”[2] 他批评“训诂之学”曰：“若惟言之是尊，毋敢略出己见，疑者缺之，未详者置之，惟通其章句而已，是训诂之学也，是以无我之弊流为训诂。”[3] 在解《庄》时，钱氏仍然“宁为训诂”，只能说明他对流行的肆意攀援之做法十分不满。

钱氏曾论及注书与著书的区别，最能代表他在这一问题上的立场：

> 甚矣，注书之难，难于著书也。著书者，欲自成一家言耳，其有言也己为政。注书者，己无心而一以作者之心为心，其有言也役焉而已。故曰：著书者无人，注书者无我。然自孔子《系辞》以来，如郭象之注《庄》，王辅嗣之注《易》，旁通发挥，往往出于古人意言之外，亦何尝不用我也？曰：非我也，古人之意之所在也。书不尽言，言不尽意，以意逆志，是为得之[4]。

著书立言，标准在己，故心中可以无人。注书则不同，注者服务于所注之书，自己无心而以作者之心为心，是谓无我。但是，无我并不意味着固守章句而已，还必须追寻作者的言外之意。就此而论，孔子之《系辞》、王郭之注解皆可称为无我

① 钱澄之：《庄子内七诂自引》。
② 钱澄之：《通雅序》，《田间文集》，黄山书社，1998 年，第 227 页。
③ 钱澄之：《重刻昌谷集注序》，《田间文集》，第 229 页。
④ 同上。

之作。

既不愿以己意进退古人，又不想落入虫鱼饾饤之途，只希望设身处地，以意逆志，由七篇之脉络上探庄生立言宗旨及言外之微意，这大概就是钱氏注《庄》之初衷。

二、“前人所未发”

《庄屈合诂》成书于康熙二十四年（1685），作者时年74岁。其中《庄子内七诂》只注内七篇，首列郭象及各家注，次及自家之“诂”，分章悉依焦竑《庄子翼》。每篇末尾有“总诂”，概述全篇之大意。此书完成之后，钱氏曾多方活动，希望能够刊行。直到五年之后，才由徐乾学赞助，与《田间易学》、《田间诗学》一同付梓。其间数年，钱氏与友朋通信，反复提到该书有“发前人所未发”之处：

弟不能闭户而能塞耳，于追呼啼号中，了得《庄屈合诂》一书，自谓能发前人所未发，因小儿久病，无人脱稿，未由寄览也，怅怅！（《与左霜鹤》）

《庄屈合诂》到家始能脱稿，颇觉发前人之所未发。（《与李屺瞻》）

今春了得《庄屈合诂》，此十数年盘纡胸中之物，幸已脱稿，颇觉发前人所未发。（《与某》）

弟于去冬穷愁之中，又了得《庄屈合诂》一书。此书属稿数年，今始卒业，自谓无复疑义。（《与徐方虎》）①

① 钱澄之：《藏山阁集》，第455—468页。

这些书信虽有推售之嫌[1]，但未尝没有个人的自负在内。钱氏自己并未说明创见何在，但综合全书（《庄子内七诂》）来看，其大要则在“《庄》本于《易》”一语：

> 自庄子以《诗》、《书》、《礼》、《乐》及《易》、《春秋》列为道术，后遂有“六经”之称。而其称《易》也，曰“易以道阴阳”，则一语已抉其奥矣。吾观其书，其言内圣外王之道，则一本于《易》。夫《易》之道，惟其时而已。庄子以自然为宗，而诋仁义，斥礼乐，訾毁先王之法者，此矫枉过正之言也。彼盖以遵其迹者，未能得其意；泥于古者，不适于今。名为治之，适以乱之。因其自然，惟变所适，而《易》之道在是矣[2]。

钱氏认为，易道之核心在“时”，庄子“因其自然、惟变所适”的主张恰恰就是重“时”的表现，所以归根结底，庄子之学只不过是易理的进一步发挥而已。

钱氏出身易学世家[3]，又曾问《易》于黄道周[4]。其在易理方面的造诣，颇受时人的推崇。方以智编订《周易时论》，

---

① 典型的例子如前揭《与徐方虎》，钱氏续称“向蒙司农（徐乾学）许为流布，至今未见施行。然岂司农一人责耶？先生宜与诸知己为分任之。”并云：“南来当事，各任一种，似亦非难。”

② 《庄屈合诂自序》。

③ 《田间易学·凡例》云：“吾家自融堂先生以来，家世学易。先君子究心五十余年，临没之年，乃有所得口授意指，命不孝为之诠次，录诸简端。不孝亦间有己见，为先君子所首肯者，亦并载之，名曰《见易》。”

④ 《田间易学·凡例》云：“南渡时，予罹党祸，变姓名，逃诸吴市。遇漳浦黄先生舟过吴门，遥识之，召使前，慰勉之余，教令学《易》。”

澄之与有功焉[①]。天界觉浪道盛则把易学方面的质询转送澄之作答[②]。钱氏六十岁时著成《田间易学》，以朱子《本义》为主，兼容义理和象数两方面。在这部书中，他对“易道惟时”曾有系统的发挥：

乾元统天，无终无始也。无始而万物资始，时至则然也。“大明终始”，明其终始皆时为之也[③]。

时至而事起，圣人因时以制器[④]

亢，岂惟伊尹之放桐、周公之负扆哉？孔子亦有时而亢，诛华士、却莱夷、堕三都，当其时，宁知有得丧存亡耶？盖责任不在己，当潜则潜；责任在己，当亢则亢。若当亢而思潜，将宋陈宜中之占城不返为高蹈乎？亢之时，一有知退知丧知亡之心，便失其正矣[⑤]。

“趋时”本为《易传》“爻位”说的一种，主要意思是，卦象之吉凶因所处时机而不同[⑥]。钱氏则把它推广开来，说明一切事物皆因时而动。他甚至认为，易道无超出于“时”者：

---

① 《田间易学·凡例》云：“时贤《易》论，有发前人所未发而大指不谬于《本义》者，悉加采录。……若《象正》则吾师漳浦黄先生所手授也，《订诂》则何玄子先生宦留都时出以相示、面相质问者也，《时论》则吾乡方中丞白鹿公所著，而吾佐密之参订而成者也，故三书引据尤多。”更详细的说明见《先公田间府君年谱》，《北京图书馆藏珍本年谱丛刊》第71册，北京图书馆出版社，1999年，第62页。

② 《先公田间府君年谱》载：“己亥年，四十八岁。觉浪和尚自杭州回天界，此后凡有以《易》解呈和尚者，皆令送府君看取，曰渠是作家。其著作喜府君为朗诵，自是晨夕往还。”《北京图书馆藏珍本年谱丛刊》第71册，第63页。

③ 钱澄之：《田间易学》卷一，文渊阁四库全书《经部·易类》。

④ 钱澄之：《田间易学》卷八。

⑤ 钱澄之：《田间易学》卷一。

⑥ 朱伯崑：《易学哲学史》上册，北京大学出版社，1986年，第55页。

“易之道尽于时”[1]。“时”如此重要，对人来说，知“时”便成为关键。当亢则亢，当潜则潜，否则极易失其正道。

“时”的基础在于“变”，没有“变”就无所谓“时”。所以，趋时必须明“变”。钱氏云：

惟变而后其道德和以顺，不变则反成乖戾也。惟变而义以理，不变则不能各得其宜也。穷理者，穷其变也。尽性者，尽其变也。至于命，则一任其自然，变而不知其所以变也[2]。

《易》者，变易之学。只有变易，才能实现道德和顺，万物各得其宜。因此，“穷理”也好，“尽性”也好，“以至于命”也好，说到底，不过是穷变、尽变并安于变而已。

“安于变”就叫做“因任自然”、“顺其自然”，而天地万物本来就是自然而然的：

乾本乎气之自然，故易。坤因乎乾之自然，故简[3]。

万物固已自然，圣人又何事焉！圣人犹为之领袖耳。虽然一切制作，不过顺其自然[4]。

“自然”本是道家之术语，由王弼引入《易》注，一方面借以说明天道之自然而然，另一方面也是为了提倡一种因循无为的人生观[5]。钱氏显然受到了王弼这种做法的影响。所不同

---

① 钱澄之：《庄屈合诂》，第5页。
② 钱澄之：《田间易学》卷九。
③ 钱澄之：《田间易学》卷七。
④ 钱澄之：《田间易学》卷一。
⑤ 朱伯崑：《易学哲学史》上册，第271页。

的是，钱氏并不以为“自然”得自于道家，而是易学本身就包含的内容。在这个前提下，他并不认为引证老、庄之言有什么不妥：

天下之理，非吾一人可以尽知尽能也。有不知而后无不知，有不能而后无不能。庄子曰：“万物固已自然，圣人又何事焉！”因其自然，又宁有不知不能者哉？易简之得，亦得其自然而已[1]。

老子云：“天地之道，其犹橐籥乎！虚而不屈，动而愈出。”此鼓万物之说也。吾尝有诗曰：“惟此中虚处，万化由之萌。橐籥空无有，鼓之风辄生。设有一物在，元化岂不停。”是知富有日新之德业，皆自无中出，故曰“生生之谓易”。生生者，无中生有也。有之以为生，则生有时而息矣[2]。

所可异者，钱氏竟以“无中生有”解释《易传》之“生生”。宋儒张载，攻驳老氏，正谓其虚气相隔，体用殊绝，不识有无混一之常[3]。小程子亦云：“体用一源，显微无间。”不知钱氏当何以自解？

要之，澄之对易理的了解，本有取于道家之学。虽然他自己未必意识到，或未必愿意承认，但这已经足以让他在《庄》书中发现大量与易道相通之处：

成即有毁，毁以为成。治极必乱，乱以开治。春夏之蕃孳，秋冬之凋落，相代实以相因。《易》“穷则变，变则通”、

① 钱澄之：《田间易学》卷七。
② 同上。
③ 张载：《正蒙·太和》，《张载集》，中华书局，1978年，第8页。

"通其变，使民不倦"，因之而已[①]。

这是解释《齐物论》"其分也，成也；其成也，毁也。凡物无成与毁，复通为一"章的。庄子之大意在说明"道通为一"，钱氏则注意到其中含有变化的观念，故以易道的变通说释之。

大易有四象，分阴分阳，而阴中有阳焉，阳中有阴焉，是谓阴阳老少。禅家本之为四料简，庄子于是中见非，非中见是，亦此四法[②]。

《齐论物》主齐是非，故曰"彼亦一是非，此亦一是非"。钱氏却从中看出《周易》四象的影子。阴中有阳，阳中有阴，正如是中有非，非中有是。阴阳之互涵酷似是非之无端。

太极即在阴阳中，离阴阳无太极也。儵忽时相遇于浑沌之地，舍儵忽无浑沌也。儵忽欲凿浑沌之窍，岂别有浑沌可凿乎？亦自凿耳[③]。

这是解释《应帝王》中"浑沌"寓言的。在庄书中，"浑沌"本代表着质朴和无为，钱氏则依照易理，更进一层。浑沌如太极，儵忽如阴阳。浑沌就在儵忽之中，离开儵忽别无所谓浑沌，正如太极即在阴阳之中，离开阴阳别无所谓太极。

类似的例子还有很多。但最关键的，还要算关于"时"的讨论：

---

① 钱澄之：《庄屈合诂》，第 30 页。
② 同上，第 28 页。
③ 同上，第 132 页。

《易》之道尽于时，《庄》之学尽于游。时者入世之事也，游者出世之事也。惟能出世，斯能入世。即使入世，仍是出世。……七篇以《逍遥游》始，以《应帝王》终。谓之“应”者，惟时至则然也。又曰：“应而不藏”。此其所以为游，此其所以逍遥欤[①]!

“时”者时机，“游”者无待。知时机者，方能进退有度。无所待者，方能超越世间是非利害。以无待之心，应时而动，即为逍遥之游。

天地之道，尽于六气。六气之辨甚微，当其时则谓之正。乘正以御，犹乾之“时乘六龙以御天”也，无往而不顺，故游无穷而亦无待也[②]。

引入“时”后，代表至人精神境界的“乘天地之正，御六气之辨”，就和乾卦的“时乘六龙以御天”一样，乃是“应时而动”的别称。

既有得于大宗师，则生可也，死可也，富可也，贫可也，匹夫可也，帝王可也，时至则起而应耳。庄子所谓“缘于不得已”也。其应帝王，亦不异其所以为匹夫者，内圣外王无二道也[③]。

---

① 钱澄之：《庄屈合诂》，第5页。
② 同上，第10页。
③ 同上，第132页。

“应时而动”，则一切皆自然而然、不得不然。时生即生，时死即死，时贫即安于贫，时富即安于富。该做匹夫时为匹夫，该当帝王时为帝王。如果生时求死，死时贪生，贫时羡富，富时爱贫，皆为不知时。钱氏特别指出，如果不知时，潜亢异用，那么不仅不足以知庄子，甚至还是“庄子之罪人”：

吾尝谓庄子深于《易》，《易》有潜有亢，惟其时也。当潜不宜有亢之事，犹当亢不宜存潜之心。而世以潜时明哲保身之道，用之于亢时，为全躯保妻子之计，皆庄子之罪人也。若庄子适当其潜者也，观其述仲尼、伯玉教臣子之至论，使为世用，吾知其必有致命、遂志之忠，为其于君亲义命之际所见极明耳①。

潜者隐遁，亢者用世。潜亢各有其时，该隐遁时即隐遁，该用世时既用世，是谓知时。具体到庄子来说，因为适当其潜，所以只好以藏为用。庄子并非不能用世，由《人间世》之致命遂志，可知庄子用世之道甚精，与儒家圣贤“致主泽民皆本之正心诚意之学，无以异也”②。相反，那些本当用世之时，却出于全躯保妻子之私心，而行明哲保身之道者，才是“庄子之罪人”。

不消说，当钱氏写下这段话时，心中定有无限的感慨。世道交丧、大厦已倾，不就是因为有太多本当有为时却选择了明哲保身之路的人吗？但是，回到注《庄》之主题，澄之此说却有替庄子辨“诬”的意思在。这一点其实也是他“《庄》本于

① 钱澄之：《庄屈合诂》，第75页。
② 同上，第74页。

《易》”说的内在要求。传统上，庄子多被看作不关心世事的高人隐士，要么“放荡而不法”①，要么“腾世而独游”②。但在钱氏看来，庄子并非不关心世事，亦非不想为世所用，而只是“生非其时，落得无所可用”而已③。《人间世》中社树所谓“余求无所可用久矣，几死，乃今得之，为余大用”，正是庄子一生学问的象征。因此，“无所可用”不仅不是逃避，而且还是庄子深于易道的表征。圣人不也有云“天下有道则见，无道则隐”吗？所以，“当战国之时，既好放言，又思免祸，使人知其言有可用，而祸不免矣，故庄子以大言藏身者也”④。

同一个“无所可用”，从“避世”到“知时”，随着解释角度的转换，意义发生根本的改变。原来的那位喜欢“剽剥儒墨”⑤、“叛圣人者也”⑥ 的庄周，一变而为“一旦而有臣子之事，其以义命自处也，审矣”⑦ 的至性之人。庄子与圣贤之学的距离亦因此而拉近：那些批评仁义礼乐的话，只不过是“矫枉过正之言”；相反，过去常被当作寓言对待的孔颜对话，却处处透显出庄子对圣人用世之道的赞赏：

正己之道，夫子语颜回心斋之义尽矣⑧。

颜回自博文约礼以来，无日不从事于仁义礼乐。而一旦尽

---

① 扬雄语，见王坦之《废庄论》，《晋书》卷七十五。

② 夏侯湛《庄周赞》：“迈迈庄周，腾世独游。遁时放言，齐物绝尤。垂钓一壑，取戒牺牛。望风寄心，托志清流。”载《艺文类聚》卷三十六。

③ 钱澄之：《庄屈合诂》，第 18 页。

④ 同上。

⑤ 司马谈：《论六家要旨》。

⑥ 《二程遗书》卷二十五：“庄子，叛圣人者也，而世之人皆曰矫时之弊。矫时之弊，固若是乎？”

⑦ 钱澄之：《庄屈合诂・自序》。

⑧ 钱澄之：《庄屈合诂》，第 74 页。

忘之，以至于坐忘，“离形去智，同于大通”。人尽而天见，是殆“以其知之所知，养其知之所不知”者，圣人之徒也[1]。

仲尼之徒，首推颜子，故于篇中再举之，尊颜子所以尊仲尼也[2]。

这里，孔子既不是被讽刺和调侃的对象，也不是暂且引重之人，而成了庄子心目中的圣贤。“心斋”、“坐忘”这些庄书中的核心概念，在儒学的意义系统下，也都获得了新的解释。

不仅如此。庄子既无悖于圣人，庄学既一本于易道，那么儒家的其他文献如《中庸》、《大学》、《孟子》，全都可以拿来与庄书相发明：

《大学》云：“毋自欺也”，此即随而师之之说也[3]。（注《齐物论》“夫随其成心而师之，谁独且无师乎?”）

庄子之《养生主》，即孟子之“顺受其正”，所谓“立命”是也[4]。

“无假”者，《中庸》所谓诚也。“命物之化”，即知天地之化育也。“守其宗”，即立天下之大本也[5]。（注《德充符》“审乎无假而不与物迁，命物之化而守其宗”）

圣人之治天下，未尝求之天下也，但治己而已。“致中和，天地位焉，万物育焉”，于礼乐刑政乎何有?“游心于谈，合气于漠，顺物自然而无容私”，即“致中和”之学也[6]。（注《应

① 钱澄之：《庄屈合诂》，第120页。
② 同上，第121页。
③ 同上，第27页。
④ 同上，第51页。
⑤ 同上，第80页。
⑥ 同上，第126页。

帝王》"汝游心于淡，合气于漠，顺物自然而无容私焉，而天下治矣")

"顺自然"变成了"致中和"，"守其宗"变成了"立大本"，"无假"即"存诚"，"养生"即"立命"，凡是庄子刻意强调的概念，在儒典中差不多都能找到相应的说法。

问题是，如果依照这样的思路来解释，那么庄子与儒家还有什么区别呢？钱氏不满前人以佛理、丹道解庄，他自己是否也堕入到另外一种肆意攀援呢？《田间文集》中的一封信，《与俍亭禅师论庄子书》①为我们透露了个中消息：

夫庄子言道德而訾仁义，毁礼乐，其言必称老子，庄子为老子嗣久矣。然其意中所尊服者，则惟一孔子。其言之涉于侮慢者，此诃佛骂祖之智也。尝以己说托为孔子而称之者，以为孔子必当有是说也。而又假托老子教孔子之说，以为孔老相见时，应作如是说也。一正一反，抑之扬之，以逼出孔子设教之所以然。若认作实语，便是痴人前说梦矣。

孔子于子夏"礼后"一语而深赏之，特不欲尽言之耳。庄子之源流实出子夏。子夏知其后而笃信谨守，不敢略其后焉，盖以非是后者无以治世也，此儒者之学也。庄子欲尽捐之，盖知当世之必不可以仁义礼乐治也。世不可治，而习其说者，徒以繁文长伪，而圣人之道不复见矣，固不如托诸老子，为天下无所可用之人，而徒存其大方，使万世而下庶几犹见圣人之

① 俍亭净挺系曹洞宗禅师，著有《漆园指通》，并问序于钱氏。钱氏婉拒，因有此信。中云："师以庄子开宗门之先，应踞祖位，尊其书，为之拈提偈颂，等之宗门语录，弟未敢以为然。"

道。杖人以为托孤于老子，岂不然乎[1]？

依照此信，钱氏对以下两点深信不疑：一，庄子立言之宗旨，全是为了“圣人之道”。批评的话，属于呵佛骂祖；假托的话，也是为了逼出孔子言说背后的根据。那些形形色色的对话，纯属庄子有意的设计，均服务于同样的目的。甚至，庄子言必称老子，也是一种不得已的“狡计”：当后世儒学渐失其传的时候，在老子的传统中尚能保留一些圣人的真髓。二，庄子出于子夏一脉，本来就根源于儒家。子夏与夫子论诗，因绘事后素而悟“礼后”（朱子以“忠信为礼之本”释之）。但子夏之所以仍然固守礼教，是因为他相信，没有仁义礼乐，社会就不可能得到治理。此属于儒家之正途。庄子则知道，战国乱世，仁义礼乐之教不可能实现，夫子立言设教之本反而容易为繁文所遮蔽，倒不如托身于无用，更能保存圣人之学的真精神。

有了这两点做保证，钱氏自不必担心“肆意攀援”的指责。庄子既属儒家之别派，庄子之志既在发圣学之真精神，那么，以《易》释《庄》、进而把《庄》书与《大学》、《中庸》、《孟子》会通起来，难道不是合情合理的事吗？

不过，这两点都不是钱氏的创见。前说出于澄之的师友觉浪道盛，后者则可以追溯到昌黎韩愈。它们一起构成了庄学史中一个绵延不断的传统。

---

① 钱澄之：《田间文集》，第71页。

三、嫡子还是孤儿？

自司马迁作庄子传，称“其要本归于老子之言”[1]，学者多老庄并称。其间虽有黄老、老庄之分，但大体上都同意老子和庄子属于同一个大的思想系统。魏晋时期，《道德经》和《庄子》书成玄谈之依据和素材，并被卷入当时的名教与自然之争。孔老优劣、庄圣之别成为话题。虽有激进者好老庄而薄周孔，但多数人仍奉孔子为圣人。王弼以“体无”定孔老高下，郭象《庄子序》以同一理由区别庄子和圣人：圣人“寂然不动，不得已而后起”，而庄子“虽未体之，言则至矣”[2]。表面上，庄圣有别，但与那些激进者相比，这种说法无疑拉近了庄子和孔子的距离。

至中唐时期，昌黎韩愈始提出，庄子源于孔门。其言曰：

> 吾常以为孔子之道，大而能博，门弟子不能遍观而尽识也，故学焉而皆得其性之所近。其后离散分处诸侯之国，又各以所能授弟子，原远而末益分。盖子夏之学，其后有田子方，子方之后，流而为庄周，故周之书喜称子方之为人[3]。

韩愈此文之主旨，并非想替庄子“正名”，而是要说明，唯有孟子才能代表儒家之道统。当他接着说“道于杨墨老庄佛之学，而欲之圣人之道，犹断港绝潢以望至于海也”时，源于子夏的庄周早被他当作害道的异端了。

---

① 司马迁：《史记·老子韩非列传》。
② 郭庆藩：《庄子集释》卷首，中华书局，1961年，第3页。
③ 韩愈：《送王秀才序》，《韩昌黎全集》，中国书店，1991年，第290页。

比较吊诡的是，韩愈的批评常被人忽略，庄子源于孔门的说法倒给人留下了很深的印象。苏轼作《庄子祠堂记》，批评司马迁只得庄之粗迹，未了庄之微意。他认为，庄子实际上是“助孔子者”，这叫“实予而文不予，阳挤而阴助之”。苏东坡的根据在《天下》篇，诸子数家，孔子不与，正说明孔子地位之尊。另外，苏东坡也注意到《庄子》的文风，即所谓“正言无几”。其实，这两点也正是后来会通庄儒者最喜欢罗列的理由。

与苏东坡同时的王安石亦有《庄周论》两篇畅发此意：

昔先王之泽至庄子之时竭矣，天下之俗谲诈大作，质朴并散，虽世之学士大夫，未有知贵己贱物之道者也，于是弃绝乎礼义之绪，夺攘乎利害之际，趋利而不以为辱，殒身而不以为怨，渐渍陷溺以至乎不可救已。庄子病之，思其说以矫天下之弊，而归之于正也。其心过虑，以为仁义礼乐皆不足以正之，故同是非、齐彼我、一利害，则以足乎心为得，此其所以矫天下之弊者也。既以其说矫弊矣，又惧来世之遂实吾说，而不见天地之纯、古人之大体也，于是又伤其心于卒篇以自解。故其篇曰：“《诗》以道志，《书》以道事，《礼》以道行，《乐》以道和，《易》以道阴阳，《春秋》以道名分。”由此而观之，庄子岂不知圣人者哉？又曰：“譬如耳目鼻口，皆有所明，不能相通，犹百家众技，皆有所长，时有所用”，用是以明圣人之道，其全在彼而不在此，而亦自列其书于宋钘慎到墨翟老聃之徒，俱为不该不遍一曲之士，盖欲明吾之言有为而作，非大道之全云耳。然则庄子岂非有意于天下之弊而存圣人之道乎[1]？

---

① 王安石：《庄周上》，《临川文集》卷六十八，《文渊阁四库全书·集部》。

与苏东坡相比，王安石此论显得更为细致而有理据。其最大特点在“矫弊”说，这样，庄子那些批评的话语，就可以转换为针对时弊而不是孔子。王氏同样从《天下》篇体会到庄子的自谦，所不同的是，在王安石眼中，庄子对儒家已不是“阴助”，而且“有意”地“存圣人之道”了。

苏、王的说法影响很大，后来的注《庄》者多不能忽视庄子和儒家的关系问题。在庄学史上，开始形成一种“以儒解庄”的传统。著名者如林希逸、杨升庵、朱得之、觉浪道盛、方以智、钱澄之、林云铭、宣颖以及晚近的刘鸿典、钟泰等等，可谓代不乏人①。诸家之说，各有千秋，其中，最富特色的当属道盛禅师的“托孤说”，此说对钱澄之和方以智的庄学作品产生了深远的影响：

死节易，立孤难。立孤者必先忘身避仇，使彼无隙肆害，乃能转徙深渺，托可倚之家，易其名，变其状，以扶植之成人。成后乃可复其宗，而昌大其后。予读《庄子》，乃深知为儒宗别传。夫既为儒宗矣，何又欲别传之乎？深痛战国名相功利之习，窃道术以杀夺，仁义裂于杨墨，无为坠于田彭。即有一、二真儒，亦未深究性命之极，冥才识而复其初。遂使后世不复有穷神知化之事，而天下脊脊，不能安性命之情，则所学皆滞迹耳。此嫡血之正脉，孤而不存，庄生于是有托孤之惧矣②。

---

① “以儒解《庄》”论，以明代中晚期为最盛。究其原因，或与阳明学之崛起、禅学之复兴有关。阳明学不拘守文字，重言外之意，有助于学者寻庄子之微言；禅学“诃佛骂祖”，正好为《庄子》书中那些嬉笑怒骂开出一种新的解释思路。

② 方以智：《药地炮庄》，台湾广文书局，1975年，第64页。

道盛是明末清初著名的禅僧，方以智之师，曾被誉为“江南三宝”之一[①]。道盛以禅师而好庄，著有《庄子提正》一书。他对庄子的看法可用“儒宗别传”四字来概括。“儒宗”是说庄子的真精神乃在儒学，“别传”是说庄子的外表却依托于老子。道盛把这种复杂关系比喻为：“非老聃之嫡嗣，乃尧孔之真孤。”

和王安石的说法相比，道盛此论更进一层。王安石称庄子意在“存圣人之道”，但同时又强调庄子知道自己“非大道之全”。可是，“托孤说”就不同了。“孤”乃仅存之血脉，唯此“孤”始能代表正统和真精神。说庄子为“尧孔真孤”，其意义不在于庄子之精神属于儒家，而在于儒家之正脉仅保存在《庄子》书中。这样一来，两千年的儒学史差不多被他一语推倒。无论如何，这一点大概是王安石所无法接受的。当然，这也是大多数“以儒释《庄》”者不可能走到的一步。道盛的说法显然受到了佛教内部判教论的启示。

对于尧孔之真髓、庄子之孤怀，道盛也有他的看法：

庄周隐战国，辞楚相，愤功利而别路救之，以神化移人心之天者也。世儒拘膠，不能知天立极。……内七篇已豁然矣，究不外于慎独致中和，而与人物冥声臭，归大宗师于孔颜，归应帝王于尧舜也。世人不知，以为诋毁圣人，孰知称赞尧舜孔颜，无有尚于庄生者乎[②]？

夫论大易之精微，天人之妙密，性命之中和，位育之自

---

① 另两宝为藏经和长干塔，见钱澄之《田间诗集》，黄山书社，1998年，第106页。

② 方以智：《药地炮庄》，第62页。

然，孰有过于庄生者乎？予之表系，不得不亟推之，正惧儒者之心印太孤也[①]。

世儒之不足既在“未深究性命之极”、“不能知天立极”，那么尧孔之真髓自然就是“天人性命”之学了。而庄子恰恰早把天人性命之学发挥到了极致，举凡《易》之精微、《中庸》之慎独中和等，庄书皆有之。因此，要想接续儒家日渐式微的“天人性命之学”，就必须到庄书中去寻找。惟有如此，儒者之“心印”才不会太孤。

道盛曾经透露过的，他何以提出看似如此怪诞的说法：

吾尝曰，道若不同，则不相为谋矣。是望人以道大同于天下，使天下之不同者，皆相谋于大同之道，必不使异端之终为异端也。即有谓予借庄子自托孤与自正孤，予又何辞[②]！

由这番表白可知，道盛所谓有“托孤说”其实也是有所托的，其“自托孤与自正孤”容有异解，但会通三教、破除正统异端之别的目的还是比较清楚的。道盛“会通三教”的志向在弟子方以智的著作中得到贯彻，其“托孤说”亦为钱澄之所继承。

方以智和钱澄之为同里好友。两人在明末同入党社，在岭南一起抗清，事败后又同被僧服，返还乡里。所不同的是，方以智投身于道盛门下，并积极传承曹洞法统，钱氏则恢复儒生本色，恪守儒释界限。很可能是因为以智的关系，钱氏与道盛过往密切，其情谊当在师友之间。

① 方以智：《药地炮庄》，第66页。
② 同上，第67页。

道盛曾“全标庄子并付竹关”①，十年后，方以智不负师托，著成《药地炮庄》。该书许多说法都属于对道盛宗旨的发挥：

游即息也，息即无息也。太极游于六十四，乾游于六龙，庄子之御六气，正抄此。（释“逍遥游”）

此篇发明慎独中节之学，以一善刀而藏，消尽善恶名刑，邵子最赏提刀四顾，有旨哉！（释“养生主”）

庄子虽称老子，而其学实不尽学老子，故此处特立一帽子自戴之。非芒昧也，何能滑疑？非滑疑也，何能稠适而上遂乎？万物皆罗，莫足以归，有捉败此老曼衍藏身处者否？（释《天下》篇）

以易道释逍遥，以中和解养生，以庄子不尽学老子，不过是把道盛的意思说得更具体而已。

钱澄之曾经评论《药地炮庄》说：“多禅语，而会通以《庄》、《易》之旨。”② 就会通《庄》、《易》之旨来讲，钱氏自己也是这样做的（详见上节）。他所不满的是“以禅解《庄》”，钱氏曾告诉俍亭禅师说，“释自释，儒自儒”，与其把庄子称为“释家教外别传”，不如把他看成“儒家教外别传”，因为释氏是“出世法”，而庄子则有“用世之学”。因此，钱氏可以接受道盛的托孤说，但不同意把三教会为一炉。这大概也正是钱氏虽有许多看法与道盛、以智相同或相近，但仍然自别于他们的原因所在。

---

① 任道斌：《方以智年谱》，安徽教育出版社，1983年，第187页。
② 钱澄之：《田间文集》，第227页。

四、小结

以上我们粗略地介绍了钱澄之对庄子的一些看法，以及这些看法与前人或时贤的关联。现在的问题是，我们究竟该如何判定钱氏在庄学史上的地位？

非常明显的是，“会通庄儒”并不是钱澄之的什么“孤明先发”，远的可以追溯到晋唐，近的可以联系到道盛。甚至，“以庄继《易》”也不是钱氏之专擅，其友方以智走的是同一条道路。在一些问题上，如庄子源于子夏，钱氏也只是因循旧说，并没有给我们提供什么新的像样的根据。

不过，钱氏之书仍有几点值得我们特别表彰：

第一，对庄学与易理关系之疏理。《易》之《经》成书虽早，但《传》却与《庄子》属于同一个时期的作品。除了庄书提到过《易》之外，双方还分享着一些共同的概念和问题，如阴阳、变易、时等等。庄子有否受到过《易经》的启示？庄书与《易传》是否有相互影响的痕迹？这都是早期思想史必须讨论的问题[①]。钱氏以易学家之素养，探讨两者之关联，无论其结论能否成立，都不能说不是一种有益的尝试。

第二，“以意逆志”之解释原则。个人觉得，钱氏对“注书”有一个极富启示意义的说法，那就是“旁通发挥”仍然可以属于“无我”。“注书”不能借题发挥，否则，那就变成了“著书”。但“注书”亦非“训诂”，否则就会变成窜句博物。以无已之心追寻古人言外之意，那才是“注书”之正途。考虑到《庄子》书的性质，钱氏此说更为重要。“寓言十九，卮言

① 陈鼓应《易传与道家思想》（三联书店，1996 年）对此有专题的探讨。

曼衍”，如果借题发挥，可以上天下地，无所不通。但另一方面，如果只据守章句，停留在字面意义，那又变成了食古不化。如何在两者之间保持平衡，实在是一件很困难的事儿。若说有一种接近的方法，“以意逆志”庶几得之。

第三，“辞达而止”的行文风格。《庄子》文理兼备，多“悠谬之词、诡橘之句”，读者经常“茫然不知所谓”。注《庄》者如果再益以玄解，那就是“以水益水，何解之有”。[①] 钱氏有此觉悟，所以在自己的庄诂中，决不故弄玄虚。他所不满于方以智的，也正在其《炮庄》充满禅机，句句让人不懂。在庄学史中，如钱氏这种风格者，实在不算多数。

① 钱澄之：《田间文集》，第229页。

从《东塾读书记》看陈澧的“汉宋调和”论

陈澧（1810—1882）是晚清著名的经学家，岭南学派的代表人物。除了在音韵、乐律、天文、地理等方面有许多重要贡献外，陈澧在当时还以鼓吹“汉宋调和”而著称。他后期的代表作《东塾读书记》就是这一立场指导下的产物。

对于陈氏的这种调和论调，传统上一直有两种截然相反的评价。批评者贬之为“附会”、“摭拾”，只不过是变相的抄袭而已[①]。誉之者则称其“用心至苦”、“成就亦卓”，实欲提倡一

① 章太炎《訄书重订本·清儒》这样评价陈澧：“晚有番禺陈澧，当惠、戴学衰，今文家又守章句，不调洽于他书，始勼合汉宋，为诸《通义》及《读书记》，以郑玄、朱熹遗说最多，放弃其大体绝异者，独取小小翕盍，以为比类。此犹揃豪于千马，必有其分釥色理同者。澧既善傅会，诸显贵务名者多张之。弟子稍尚记诵，以言谈剿说取人。仲长子曰：天下学士有三奸焉。实不知，详不言，一也；窃他人之说，以成己说，二也；受无名者，移知者，三也。”（《章太炎全集》第3卷，上海人民出版社，1984，第159页）刘师培亦云：“澧学钩通汉宋，以为汉儒不废义理，宋儒兼精考证；惟掇引类似之言，曲加附合，究其意旨，仍与摭拾之学相同。然抉择至精，便于学童。”（《南北学派不同论》，《中国现代学术经典·黄侃刘师培卷》，河北教育出版社，1996，第755页）

种新学风①。本文无意于介入这种争论，只是想通过《读书记》和其他一些相关文献，来分析陈澧心目中的汉学、宋学究竟是一个什么样子，他何以要提倡“汉宋调和”，以及“调和说”给他的经学研究带来了什么样的实际后果。本文想要得到的结论主要有两点：（1）陈澧的经学主张属于考证学传统的自我反省，他的例子刚好说明一个受到严格考据学训练的人要想从这种传统中走出来是多么不容易。（2）汉学和宋学是两种不同性质的学问，把宋学建立在汉学的基础之上只是一种一厢情愿的说法。

一、“关乎世事盛衰”之书

《东塾读书记》原名《学思录》，“学思”自然是取法于孔子的名言：“学而不思则罔，思而不学则殆。”（《论语·为政》）陈澧后来何以改变初衷，冠名为“读书记”，我们并不清楚②。考虑到该书反复论证“学”即读书③，这种改变似乎反映出陈澧对“思”有某种担忧。在“学”与“思”之间，他显然更偏爱前者。

---

① 钱穆在《中国近三百年学术史》中有专章讨论陈澧，对其针砭时弊、博学知服以及超越门户之见等做法“拳拳深致其向往之意”。

② 陈澧的弟子陈树镛在一封信中曾提到这个问题：“先师手批《近思录》，大有用处。即如《读书记》，旧名《学思录》，后改今名。何以改今名，仆深思之不得其解。今观此书，论《西铭》命名之义而得其意。而后叹吾师一字一语，皆有深意，皆有义理。”（汪宗衍：《陈东塾先生年谱》，《岭南学报》第4卷第1期）笔者未见陈氏手批《近思录》，故无法推测陈氏更换书名的意图。

③ 《东塾读书记》卷二：“学者何？读书也。朱子云：昔子路曰，有民人焉，有社稷焉，何必读书，然后为学，而夫子恶之。然则仕本于学，而学必读书，固孔门之遗法也。澧谓子夏言贤贤易色四事，而云‘虽曰未学，吾必谓之学矣’，此二‘学’字，亦必以读书解之乃通。犹云如此之人，虽曰未读书，吾必谓之读书也。”（见杨志刚编校《东塾读书记》，北京三联书店，1998年，第9页。下引该书，只注书名）

陈澧花在这部著作上的时间和精力都很多，从40余岁开始直到去世亦未能最终完成，他很重视这部书自是情理中的事。在与友朋的通信中，他多次提到自己正在从事的这项工作：

> 钱竹汀先生无经学书，仆竟似之。昔年亦有辩证注疏之作，欲钞为一篇题曰“碎义”。此二字出《汉书·艺文志》，所谓学之大患也，此不可刻，但择数篇入文集可矣。文集亦无好文章，不足传。且看《学思录》何如耳①。

与钱大昕并提，自然另有其意。但声称自己文集没有可以传世的好文章，“且看《学思录》何如耳”，足可看出陈氏对这部书寄寓的厚望。

关于这部书的写作宗旨，陈澧在给弟子胡伯蓟的一封信中曾自比《日知录》：

> 仆之为此书也，以拟《日知录》，足下所素知也。《日知录》上帙经学，中帙治法，下帙博闻。仆之书但论学术而已。仆之才万不及亭林，且明人学问寡陋，故亭林振之以博闻。近儒则博闻者固已多矣。至于治法，亦不敢妄谈。非无意于天下事也，以为政治由于人才，人才由于学术。吾之书专明学术，幸而传于世，庶几读书明理之人多，其出而从政者，必有济于天下。此其效在数十年之后者也②。

---

① 陈澧：《与赵子韶书六首》，《东塾集》（光绪壬辰菊坡精舍版）卷四。
② 陈澧：《与胡伯蓟书》，《东塾集》卷四。

就形式而言，《日知录》是札记体，《学思录》亦然。就内容来说，《日知录》寄托着顾亭林一生的理想和希望，《学思录》同样是作者“平生志业所在”。亭林盼望，“有王者起，将以见诸行事，以跻斯世于治古之隆，而未敢为今人道也”[①]。陈澧也说自己的书“幸而传于世，庶几读书明理之人多，其出而从政者，必有济于天下。此其效在数十年之后者也”，这些都是两者比较相像的地方。

不过，陈澧以《日知录》相期，还有一个更重要的理由，那就是他自己亦想创作一部拯救时弊、转变世风的作品。在这一点上，陈澧的视角和一般汉学家的确不同。亭林为汉学开山，《日知录》被尊为清代考证学的典范。大多数汉学家都为《日知录》考证方法之完善、考证内容之精博所折服，他们常常把这部书作为自己工作时仿效的模板。陈澧则不然，他所看重的主要不是《日知录》的具体内容，而是这部书的批判意义，即对明代空疏学风的针砭和纠正。就具体内容而言，陈澧的《学思录》和《日知录》差别相当大。陈澧声称自己不愿意效法《日知录》的三分法，他的书只讨论“经学”而不讲“治法”和“博闻”。不讲“治法”的原因是不敢妄谈，因为自己没有实际的政治经验[②]。不讲“博闻”则是因为清儒讲博闻已

① 顾炎武：《日知录·初刻自序》，见黄汝成《日知录集释》，岳麓书社，1994年，第1页。

② 对此，《与黄理压书》说得很明白：“读书三十年，颇有所得，见时事之日非，感愤无聊，则将竭其愚才，以著一书，或可有益于世。惟政治得失未尝身历其事，不欲为空论。至于学术衰坏，关系人心风俗，则粗知之矣。笔之于书，名曰《学思录》。”（《东塾集》卷四）

经讲得太多（事实上，博而无约正是陈澧在书中反复批评的内容[①]）。即便是“经学”部分，《学思录》与《日知录》也有明显的不同：《日知录》广征博引，详释经书中的各种典章制度、语词概念，《学思录》则只讲微言大义，不作一字一词之考订。这些都说明，陈澧并不打算把《学思录》也写成像《日知录》那样的考证之作，他所期望的只是这本书能够像《日知录》一样，改变当时的学风，并为后世开启新的法门。

陈澧的另外两段话正好可以替此作个注脚：

> 中年以前治经，每有疑义，则解之考之。其后幡然而改，以为解之不可胜解、考之不可胜考，乃寻求微言大义、经学源流正变得失所在，而后解之，考之，论赞之[②]。
>
> 《学思录》排名法而尊孟子者，欲去今世之弊，而以儒术治天下也。排王肃而尊郑君者，欲救近时新说之弊也。排陆王而尊朱子者，恐陆王之学将复作也。著此书非儒生之业也。惩今之弊，且防后人之弊也[③]。

前段话叙述自己思想的变化，对于我们了解陈氏经学研究的心路历程至关重要。早年，他一直处于考据学的传统之内，进行经典的解读、考证工作。中年时才“幡然而改”，发现经典的解读、考证是一项无穷无尽的工作，于是转向寻求大义、探究经学变迁的历史及其得失。这种转变直接导致他对汉、宋

---

① 《东塾读书记》郑玄卷有一条这样说：“《诗谱序》云：举一纲而万目张，解一卷而众篇明，于力则鲜，于思则寡，其诸君子亦有乐于是与？此郑君著书之法也。盖后人所赖有古人之书者，于力则鲜，于思则寡也。若穿凿以为深，诡秘以为奇，铺张以为博，徒眩学者之耳目，则非君子所乐矣！”

② 陈澧：《复刘叔俛书》，《东塾集》卷四。

③ 引自钱穆《中国近三百年学术史》，中华书局，1986 年，第 616 页。

学术的意义进行重新评估。后一段话讲到排名法、排王肃、排陆王等等，归结起来就是“惩今之弊，且防后人之弊”。“去弊”成为整部著作的核心任务。把两段话结合起来，我们不妨这样说，正是前段话所讲的那种治学方法的转变，直接导致了陈澧偏离由顾炎武所开创的经典考据传统，正是后段话所说的那种“去弊”追求，使陈澧仍然把顾氏认作自己可以效法的先驱与榜样。

最有趣的还是上揭文中的一句话：“著此书非儒生之业也。”陈氏许为平生志业所在的大书竟然不是儒生之业，这又该如何解释？

个人觉得，这正好更进一步说明了陈澧著述《学思录》的目的并不是想提供什么新“经解”，而是为了批判当时流行的学术传统。所谓“儒生之业”，核心当然是对儒家经典的解释、体会和实践。但是错误的方法足以把人引向歧途。批评这种错误的方法虽然未必算得上正宗的经典研究，但它的作用恐怕远比“儒生之业”更重要。至少，陈澧是这样认为的：

> 十年来著一子书，通论古今儒学得失，关乎世事盛衰。此平生志、业所在，但身世如此，成与不成，正不可知①。

“通论古今儒学得失”属于学术史的大问题，“关乎世事盛衰”更是涉及学术与社会、政治的关系，还有什么比这两者更重要的呢？

另外，值得提及的是，陈澧在这段话中明确地把《学思录》称为“子书”。众所周知，在儒家的传统中，“经”是神圣

① 陈澧：《与杨浦香书》，《东塾集》卷四。

的典籍，儒者的解经活动都是为了揭示经中所包含的真理。“子书”就不同了，它允许著者发表自己创造性的见解，有无“自得”常常是判断子书高下的依据。从《学思录》后来所刻成的15卷（以《东塾读书记》为书名）来看，除1卷讨论诸子学外，其余的都属于儒家十三经及经学史的内容。陈澧把这样一部本属甲部之作称作“子书”，似乎暗示我们，该书并非一般意义上的“经解”，而是表达他个人意见的一部“自得”之作。

这一点是我们阅读《东塾读书记》时应该时刻牢记于心的。

二、对“汉学”的反省

正如前面提到的，陈澧早先本属于考证学派，只是中年时期才“幡然而改”。所以对自己曾经献身的学术传统进行批评和反省构成了他后期著作的主要内容。这一点与稍早或同时批评汉学的人有着明显的不同。那些人或从史学出发如章学诚，或从宋学出发如桐城派诸子，皆属于不同的学术传统。从不同的学术传统出发进行批评，虽有所谓旁观者清的优点，但也容易陷入隔靴搔痒的窘境。相反，自我反省因为是现身说法，常常会获得一种特殊的感染力。且看陈澧下面的一段话：

韩非子曰：“言有纤察微难而非务也，论有迂深闳大非用也，行有拂难坚确非功也。”今之讲经学小学者，往往纤察微难而非务。余非不能考据繁琐也，《水道》、《声律》、《切韵》三书，可谓繁琐矣，特不欲效近人说经解字繁琐之习气耳。

这话大概就不是那些站在汉学传统外面、没有实际考证经验的人所敢说的。

让人失望的是，陈澧并非总是这样旗帜鲜明。也许是出于对门户之见的深深警惕，陈澧在正式著作中从不张扬己见。即便是对世风时弊的批评，他也总是讲得非常含蓄，以致读者很难把握他的意图[①]。

对于陈氏的这种做法，钱穆曾作过一个精彩的评论：

> 东塾论汉学流弊，本已见旨于《读书记》，然大率引而不发，婉约其辞，读者或不识。其意乃写之于未刊之遗稿。……盖深识之士，彼既有意于挽风气，砭流俗，而又往往不愿显为诤驳，以开门户意气无谓之争，而惟求自出其成学立业之大，与一世以共见，而祈收默运潜移之效。此在实斋、东塾靡不然[②]。

钱氏此论是否适合于章实斋，不无疑问，但的确符合陈澧的情况。有东塾的话可以作证：

> 自非圣人，孰无参错？前儒参错，赖后儒有以辨之。辨其未明者而明者愈明，辨其未合者而合者愈合，故足贵也。然辨其参错，不可没其多善。后儒不知此义，读古人书，辨其参错，而其多善则置之不论，既失博学知服之义，且开露才扬己

---

① 不徒后人为然，他的及门弟子已有这种感觉。前揭陈树镛之语，即为其例。另外，以读书广博而著称的李慈铭就曾经误会过《读书记》的意图，说什么“其意实不满宋学，而故为门面语，亦可不必”。直到五年后多次重读，李对该书才有比较准确的判断。参看由云龙辑：《越缦堂读书记》，辽宁教育出版社，2001，第689页。

② 钱穆：《中国近三百年学术史》，第601页。

之风。此学者之大病也，由失郑氏家法故也[1]。

陈澧认为前儒之错后儒有辨明的义务，但他坚决反对“露才扬己”、没人之善。他更愿意奉行“博学知服”、尊重前贤的原则。在《读书记》郑学卷中，他对郑康成尊师、尊先儒之法均再三致意，都是出于同一种考虑。

陈氏刻意提倡“博学知服”、尊重前人，还可以看作是对刚刚过去的一场争论的响应。这场争论正好发生在陈澧求学和生活的广州。这场争论的主角分别是出身于汉学传统的江藩和来自于桐城派的方东树，他们都曾经寄身于阮元的幕下。先是江藩作《国朝汉学师承记》、《国朝宋学师承记》二书，严分汉、宋并一褒一贬。方东树则站在宋学的立场上，作《汉学商兑》予以回击。由此引起两派纷争，势如水火。陈澧对这场争论当然非常熟悉，但他明显不赞成双方的这种论争态度，所以在《读书记》（性质与上列诸书相近，主旨都在讨论“经学源流正变得失”）中，一次也没有提到江藩和方东树的大名。

幸而陈澧还有许多读书笔记保存了下来[2]。钱穆早已指出，这些笔记“皆《读书记》之前身也。其中议论，虽《读书记》所未收，而实可说明东塾论学意趣，为《读书记》已刻诸卷之引论。且其畅言当时学风流弊，尤为考论乾嘉以下汉学所以穷而必变之绝好材料”[3]。

由于读书笔记属于私人性质，所以对人物、对时风的评论皆能直抒己见、无所顾忌。举两个最明显的例子：

---

① 陈澧：《东塾读书记》，第272页。

② 部分整理刊印于《岭南学报》第2卷第2、3期，题曰《陈兰甫先生澧遗稿》。

③ 钱穆：《中国近三百年学术史》，第601页。

《读书记》曾经评论到汉学大家惠定宇和王怀祖。对于惠定宇，陈氏这样说："孔子言《易》之兴，但揣度其世与事，而未明言文王所作也。孔子所未言，后儒当阙疑而已，何必纷竞乎？惠定宇必以为文王作，所撰《周易述》，用赵宾说而小变之，以箕子为其子。又据《禹贡》冀州治梁及岐、《尔雅》梁山晋望也，因谓岐山亦冀州之望；夏都冀州，王用亨于岐山者，为夏王。纡曲如此，更可不必矣。"① 对于高邮王氏，则云："王怀祖《广雅疏证》，尤精于声音训诂，然好执《广雅》以说经。"② 这两处陈澧表达的其实都是批评意见，但看上去却非常含蓄节制，一点没有针锋相对的意思。

但在《遗稿》中，情况就不同了。"救惠氏学之弊"、"救高邮王氏学之弊"赫然列为"学思录大指"。对"高邮王氏学之弊"，陈澧更是铺陈道："高邮王氏《述闻》之书善矣，学之者则有辨。如《十三经注疏》，卷卷读之，句句读之，不紊不漏，其无疑者熟而复之，有疑然后考之，考之而有误，然后驳之，然后自为说以易之。既自为说矣，而又思彼说果误，我果不误与？然后著于书，如是则善矣。若随手翻阅，搜求古人之误而驳之，而自为说，虽条条的确，弗善也。若乃古说不误，而自说误，则更不足言矣。"③ 话虽然说的是王氏的模仿者，但批判的矛头却直指王怀祖：至少王怀祖有这种"随手翻阅，搜求古人之误而驳之"学风始作俑者的嫌疑。

正因为《遗稿》和《读书记》有这种明显的区别，把两者结合起来考察，也许更容易让我们了解陈澧在正式著作中所表达的真实意图。

---

① 陈澧：《东塾读书记》，第63页。
② 同上，第222页。
③ 引自钱穆：《中国近三百年学术史》，第605页。

近有论者提到，陈澧虽然批评汉学，但却有“扬戴抑惠”的倾向，并暗示这种立场可能与取悦曾国藩有关[①]。陈氏是否有讨好曾国藩的嫌疑，这里不论。“扬戴抑惠”说则殊难成立。遍查《读书记》，陈氏对戴震比较客气自是实情，但也并非没有批评。《论语》卷提到理欲之辩，所谓“或疑如此，则《论语》无胜私欲、全天理之说。斯不然也”[②]，所批评的正是东原《孟子字义疏证》中的观点。陈氏批评惠定宇稍多，但也并非没有赞扬。《易》卷特别提到以十篇说经是“虞氏之最精善处，亦惠氏之最精善处”[③]。对于戴学一脉，《读书记》曾称段玉裁不知毛传之例[④]，曾讥王念孙以《广雅》说经。《遗稿》对于高邮王氏之学也曾大加针砭。因此似乎不能说陈澧有刻意抬高皖派的企图。对于惠栋一派，《读书记》特别批评江声“掩人之善”、“好改古书”的习惯，并称“江氏好改经字，乃惠定宇之派。虽云好古，而适足以为病也”[⑤]。这也算不上是诬蔑，因为学界有差不多共同的看法。个人觉得，陈澧对汉学的反省似乎并未有明确的学派意识，他的批评大多针对整个汉学传统而言。

大体上说，陈澧对汉学的批评集中在以下几点：

(1) 琐碎无实。汉学发展到嘉道年间，其弊端已经越来越明显。最突出的问题大概就是支离、琐碎，找不到发展的方向。梁启超曾经描述过这一现象：“其名物一科，考明堂，考

---

① 朱维铮：《求索真文明》，上海古籍出版社，1996年，第53页。

② 陈澧：《东塾读书记》，第30页。东原的说法如“六经孔孟之书，岂尝以理为如有物焉，外乎人之性之发为情欲者，而强制之也哉!”参见《戴震全书》第6册，黄山书社，1995年，第161页。

③ 陈澧：《东塾读书记》，第66页。

④ 同上，第103页。

⑤ 同上，第97、94页。

燕寝，考弁服，考车制，原物今既不存，聚讼终末由决。典章制度一科，言丧服，言禘祫，言封建，言井田，在古代本世有损益变迁，即群书亦末由折衷通会。夫清学所以能夺明学之席而与之代兴者，毋亦曰彼空而我实也？今纷纭于不可究诘之名物制度，则其为空也，与言心言性者相去几何？……要之，清学以提倡一实字而盛，以不能贯彻一实字而衰，自业自得，固其所矣。”[①] 陈澧身处汉学传统之中，亦深感“解之不可胜解，考之不可胜考”的无奈，他后来终于发现这种“纤察微难”式的研究根本不是急务，所以自己才不屑于追随这种繁琐习气。他曾这样批评当时的经学：

《汉书·艺文志》云：“后世经传既已乖离，学者又不思多闻缺疑之义，而务碎义难逃，便辞巧说，破坏形体，说五字之文至于二三万言。后进弥以驰逐，故幼童而守一艺，白首而后能言。安其所习，毁所不见，终以自蔽，此学者之大病也。”此一段竟似为近代经学言之，句句字字说着近儒之病。

这也未尝不可看作是对自己早年经历的一种反省。

（2）浮躁。汉学成为一种群趋的风气，自然也就容易成为搏取名利的工具。学术本身不再是目的，各种投机取巧应运而生。陈澧批评道：

近人治经，每有浮躁之病。随手翻阅，零碎解说，有号为经生，而未读一部注疏者。若限以断句读之，则不能浮躁。不

① 梁启超：《清代学术概论》，《梁启超论清学史二种》，复旦大学出版社，1985年，第58页。

独有益于读书，亦有益于治心矣。且浮躁者，其志非真欲治经，但欲为世俗所谓名士耳①。

经典考证兴盛几近百年，但陈澧却在此时提倡断句、“认真读一部注疏”，这真是绝大的讽刺！

（3）无用。考证学初起时本来怀抱着一种通经明道的理想，但后来的发展却是大多数汉学家忘记了“明道”，只知道“通经”。于是训释考证变成了一种专门的学问，大多数人都看不懂它那高深的内容，考证学丧失了它的经世功能。陈澧相信，这正是世道衰乱的最根本原因：

谓经学无关乎世道，则经学甚轻。谓有关于世道，则世道衰乱如此，讲经学者不得辞其责矣。盖百年以来讲经学者，训释甚精，考据甚博，而绝不发明义理以警觉世人；其所训释、考据，又皆世人所不能解。故经学之书汗牛充栋，而世人绝不闻经书义理。此世道所以衰乱也②。

“汉学无用”论通常是宋学家批评考证学派的利器，现在来自汉学阵营中人也提出了近似的说法，这不能不说考证学的问题已非常严重。

（4）本末倒置。只谈考证，不发明义理，本来就是一种本末倒置。可陈澧认为，当时流行的另一种本末倒置更加让人不可思议：

---

① 陈澧：《东塾读书记》，第171页。

② 《陈兰甫先生澧遗稿》，《岭南学报》第2卷第3期。

近人讲训诂者辄云：训诂明而后义理可明，此言是也。然诂者，古今异言，通之使人知也。读经传之言，固多古今不异，不必训诂而明者，何不先于此而求其义理乎？汉儒训诂精矣，唐人训诂虽不甚精，然亦岂尽不识训诂者，何不先于汉唐注疏训诂不误者而求其理义乎[1]？

经典需要训诂才能被理解，这是人人都知道的。但这并不意味着经典中的每一个字每一个词都需要进一步的解释。事实上，需要训诂的毕竟只是少数。那么汉学家们为什么不先在经典中"不必训诂而明"的地方寻求义理呢？

早在考证学初起时，戴东原曾经放言："诵《尧典》数行，至乃命羲和，不知恒星七政所以运行，则掩卷不能卒业。诵《周南》、《召南》，自《关雎》而往，不知古音，徒强以协韵，则龃龉失读"[2]，听者顿觉振聋发聩[3]，从此"训诂明而后义理可明"成为汉学家的金律。但未及百年，陈澧却已经在追问汉学家们为什么不懂得经典中还有许多"不必训诂而明"的内容，为什么不懂得先易后难的粗浅道理。这大概也就是东塾所谓"学术正变得失"之佳例吧！

陈澧对汉学的批评大体如此。在他看来，无论琐碎无实也好，浮躁无用也好，本末倒置也好，一言以蔽之，皆考证学家们蔑弃义理的恶果。因此，经学要想恢复生机，要想有益于"世道人心"，就必须重新摆正考据和义理、汉学和宋学的关

① 《陈兰甫先生澧遗稿》，《岭南学报》第2卷第3期。

② 戴震：《与是仲明论学书》，《戴震全集》第6册，黄山书社，1995年，第371页。

③ 章学诚：《与族孙汝楠论学书》，《文史通义新编》，上海古籍出版社，1993年，第672页。

系。《东塾读书记》想解决的主要就是这个问题。

三、“汉宋调和”说

陈澧调和汉、宋的最早尝试见于《汉儒通义》一书。这本书创始于咸丰四年（1854），陈澧时年45岁，四年后刻成。该书的序言称：

汉儒说经，释训诂、明义理，无所偏尚。宋儒讥汉儒讲训诂而不及义理，非也。近儒尊崇汉学，发明训诂，可谓盛矣。澧以为汉儒义理之说醇实精博，盖圣贤之微言大义往往而在，不可忽也，谨录其说以为一书。汉儒之书十不存一，今之所录，又其一隅，引申触类，存乎其人也。节录其文，隐者以显，繁者以简，类聚群分，义理自明，不必赘一辞也[①]。

由这篇序言就可知道，《通义》纯属纂辑之书，除了编纂原则之外，里面并未包含任何陈澧个人的东西。整本书要表达的就是这样一个观念：汉儒不仅训诂独步，而且义理也很“醇实精博”。

十几年后，陈澧回顾自己的学术活动，把这本书的编纂意图说得更清楚：

又著《汉儒通义》七卷，谓汉儒善言义理，无异于宋儒。宋儒轻蔑汉儒者，非也。近儒尊汉儒，而不讲义理，亦非也[②]。

---

① 陈澧：《汉儒通义·序》（番禺陈氏东塾丛书本）。
② 陈澧：《自述》，《东塾读书记》，第356页。

其中，“宋儒轻蔑汉儒”不对，前序已经提及。“近儒尊汉儒而不讲义理，亦非”则属新加。新加的内容似乎表明，陈澧晚年的注意力已从“宋儒之非”转向“近儒之病”，这应当与他多年来致力于反省汉学轻视义理之弊端有关。

与《汉儒通义》相比，《读书记》则属陈澧心血之作，里面自然包含不少个人的见解。不过在调和汉宋这个大原则方面，两书并无二致，只是《读书记》的论述更全面、更深入，表达也更有技巧而已。

《读书记》首《孝经》、论、孟，次五经、小学，最后四卷为诸子学、郑学、三国、朱子学。前面的内容属经部，后面的近于经学史。只有“诸子学”是个例外，陈澧之所以单列一卷，可能是出于“通论古今学术”的考虑，另外，荀学也是经学史必须考虑的内容。在这一卷中，陈澧的调和心态同样表现得淋漓尽致，在批判诸子的同时，仍然不忘逐条摘抄各家“可取”的内容。

在《读书记》中，陈澧主要通过三种方式贯彻其“汉、宋调和”的立场：一是借孔门四科论证考据、义理不能偏废；二是在经部的各卷中举例说明汉、宋经解皆有所长；三是分别选郑玄和朱熹作为汉宋之学的代表，说明汉儒也精义理、宋儒也善考据。

三种方式之中，以第一种说法显得最为通达：

德行、言语、政事、文学，皆圣人之学也。惟圣人能兼备之，诸贤则各为一科。……后世或讲道学，或擅辞章，或优干济，或通经史，即四科之学也。然而后世各立门户，相轻相诋，惟欲人之同乎己，而不知性各有所近，岂能同出于一途？徒费笔舌而已。若果同出一途，则四科有其一而亡其三矣，岂圣人之教乎？

这里，“德行”对应于“道学”，“文学”相当于“经史”（或“经学”）。前者为义理，后者即考据。陈澧认为，四科性质不同，不能互相代替。人们可以根据性之所近，选择一种去学，但不能只把自己所学才看成是真学问，别人所学就不是真的。言外之意是，德行与文学、义理与考据皆有其独立的价值。

比较奇怪的是，陈澧认为，四科之学不仅不能互相代替，而且也不可“妄谈”：

> 四科之学，非但不相抵，抑且不可妄谈。讲道学者谈辞章，办政事者论经学，皆多乖谬。辞章、经学两家亦然①。

陈澧举的“对子”是“道学”与“辞章”、“政事”与“经学”，考虑到当时桐城派与汉学家的交恶，他可能是有感而发。但问题是，四科之学也并不是完全无关的，陈澧自己就说过汉学家不讲义理是世道衰乱的原因，我们总不能把那些讲“义理”的汉学家全看成是“妄谈”吧？看看下面这句话就会知道，陈澧自己也没有把“不可妄谈”的说法贯彻到底：“言语、政事、文学，固断不可无德行，而德行、言语、政事，又断不能不由学而入。德行、文学，即宋学、汉学两派也。”②

相对于第一种方式来说，陈澧“调和汉宋”的第二种方法更偏重于对经学史上具体问题的分析。作为经典解释的两种最重要方式，汉学和宋学都有一个漫长的历史，涌现出许多杰出

---

① 陈澧：《自述》，《东塾读书记》，第16页。

② 陈澧：《与徐子远书》，《东塾读书记》，第342页。

的学者和著作。清代考证学兴起以后，尊汉而排宋，训诂考订成为潮流，义理之学受到轻忽。在这种背景下，陈澧借具体文献，分析各家之得失，并重新强调汉、宋经解皆有所长，这当然属不小的进步。后人因此而称陈澧"沟通汉宋，一时学风为之丕变"，虽涉夸张，但也说明陈澧的确抓住了他那个时代经学的大问题①。

不过，当我们深入到《读书记》的具体内容时，就会发现陈澧所强调的汉宋经解的"长处"与我们通常的理解并不一致。按照习惯，所谓"长处"当然是这种学术的最主要优点，因此，毫无疑问，汉学的长处在训诂，宋学的长处在义理，强调汉学的长处就应当表彰其在训诂考订方面的贡献，强调宋学的长处就应当表彰其在义理发挥方面的贡献。可是，陈澧并不这样认为，他要说明的是：汉儒之长不仅在"训诂考订"，而且也很善于讲"义理"；宋儒之长不仅在"义理"，而且也很善于从事"训诂考订"。

先看下面两个例子：

> 毛传简约，郑笺多纡曲。朱传解经，务使文从字顺。此经有毛传、郑笺，必当有朱传也②。
>
> 近儒说《尚书》，考索古籍，罕有道及蔡仲默《集传》者矣。然伪孔传不通处，蔡传易之，甚有精当者。江艮庭《集注》多与之同③。

前段话出自《诗》卷。毛传郑笺属汉学，朱传属宋学，陈澧强

---

① 文伟成：《清代朴学大师列传》，岳麓书社，1998年，第154页。
② 陈澧：《东塾读书记》，第117页。
③ 同上，第96页。

调，三者对于读诗来说，皆不可少。后段话出自《书》卷。蔡沈《书集传》，因为是宋人的作品，不受清代汉学家重视。陈澧指出，该书其实有很多精当处，江声的《尚书集注》亦不免与之雷同。众所周知，训释“五经”本是汉儒之胜场，陈澧于此特意表彰朱子、蔡沈，目的就是为了说明宋儒也善考证。

相反，在《孝经》、论、孟各卷，陈澧表彰的对象却换成了汉儒：

郑康成《六艺论》云：“孔子以六艺题目不同，指意殊别，恐道离散，后世莫知根源，故作《孝经》以总会之。”澧案：《六艺论》已佚，而幸存此数言，学者得以知《孝经》为道之根源，六艺之总会。此微言未绝，大义未乖者矣。

“人无有不善”。赵氏注曰：“人皆有善性。”……赵邠卿善读《孟子》，深明乎“皆有”之说也[①]。

前段话出自《孝经》卷，主要是称赞郑康成懂得孔子的“微言大义”。后段话出自《孟子》卷，主要是夸奖赵岐才真正明白孟子性善论的精义，远超出荀、扬之辈。按照陈澧的理解，微言大义、人性善恶当然都属义理的范畴，因此郑玄、赵岐不仅是训诂大家，而且对“义理之学”也有独到的体会。

对陈澧的这种做法，章太炎曾经讽刺说，这就像在一千匹马身上找根颜色长短都相同的毫毛，纯属弃大体、取小节。章氏的批评自然深中陈澧的要害，我们所关心的是，陈澧何以会选择从这样一个困难的角度来论证汉、宋之学皆有所长？

不能说陈澧没有意识到汉、宋各自的长处。在对考证学进

---

① 陈澧：《东塾读书记》，第36页。

行反省时，他曾经提到汉学家不讲“义理”的危害。在《遗稿》中，他更加明确地指出“汉宋各有独到之处”：“合数百年来学术之弊而细思之，若讲宋学而不讲汉学，则有如前明之空陋矣。若讲汉学而不讲宋学，则有如乾嘉以来之肤浅矣。况汉宋各有独到之处，欲偏废之而势有不能者，故余说郑学则发明汉学之善，说朱学则发明宋学之善，道并行而不相悖也。”① 可是，在具体论证这种观点时，他却常常不自觉地转换话题，“不能偏废”变成了两者皆有，“汉宋各有所长”变成了汉学有宋学的优点、宋学有汉学的长处。这样做的一个严重后果是，他的整个论说的意义发生了微妙的变化，原本是为了提倡兼取两家之长，表达出来却更像无谓的调和。

他为什么会如此？既然给自己著作设定的最终目标就是以“义理”救正“考证学”之弊，那么他为什么不愿意正面地肯定宋儒义理之学的价值？为什么要曲折地论证宋儒也会考据、汉儒亦讲义理？

个人觉得，这恐怕不仅仅是一种论证的策略，以便让汉学家们更容易接受。同样也不太像是思想混乱的结果，因为这根本不是什么玄妙的问题。最大的可能是，陈澧并没有真正从考证学传统中走出来，长期的汉学训练使他对宋儒的“义理”抱有一种习惯性的反感，这从他把“排陆王”作为《学思录》大旨之一即可看出。下节我们将会论证陈澧对“义理”的了解并没有超出考证学的传统，这是他整个主张呈现混乱色彩的症结所在。

陈澧贯彻“汉宋调和”论的第三种方式与第二种方式大同小异，只不过这次把讨论的范围缩小到了郑玄和朱熹两人。

---

① 《陈兰甫先生澧遗稿》，《岭南学报》第2卷第3期。

《读书记》单列两卷讨论两人的学说，可见陈澧对二人的重视程度。郑玄是汉学宗师，朱熹是理学的集大成者，以这两人作为汉、宋的代表，自然没有什么不合适。事实上，在陈氏之前，清代汉学家也有人倡导并尊郑、朱，例如吴派的惠栋就有“六经宗服郑，百行法程朱”的说法，皖派的江永也曾替朱子的《近思录》作过集注。这些人并尊郑、朱的理由虽不完全一样，但大体上都属于同一种类型，那就是既肯定郑玄在汉学上的成就，也承认朱熹在理学上的贡献。陈澧则不然，他在这两卷书中，试图说明的仍然是那个“汉儒精义理、宋学能考据”的中心论点。结果我们发现，郑玄论学的大旨，不在于“小小才艺”之事，而在于“圣人之道”①，程朱义理之学早已发端于汉儒②；朱熹除了知道居敬穷理之外，还重训诂、重注疏、重音读、知算学、明地理，即便与汉儒比，也不遑多让③。

就朱熹而言，陈澧的解释并不算错，只是没有抓住问题的关键。在理学家中，朱熹可能是最重视章句训诂之学的人，他一生孜孜不倦注经、解经，都是想把义理建立在可靠的文献基础之上。但理学就是理学，经解只是一种手段，一种工具，义理的最终获得必须建立在自得的基础上。正是在这个意义上，朱熹说：“读书乃学者第二事”、“学问，就自家身己上切要处理会方是。那读书底已是第二义”。陈澧显然无法理解这一点，当他辩驳说“第一事（穷理）必在乎第二事”、“第一义必在乎

① 陈澧：《东塾读书记》，第270页。

② 王鸣盛曾有近似的说法。陈澧于《郑学》卷引为知己，特加表彰：“王西庄云：学者若能识得康成深处，方知程朱义理之学，汉儒已见及。程朱研精义理，仍是汉儒意趣，两家本一家，如主伯亚旅，宜通力以治田，醯醢盐梅，必和剂以成味也。澧谓昔之道学家，罕有知汉儒见及义理之学者，更罕有知程朱即汉儒意趣者。近时经学家推尊康成，其识得康成深处如王西庄者，亦不多也。”（《东塾读书记》，第276页）

③ 参见陈澧：《东塾读书记》，第301—311页。

第二义”时，汉学和宋学的区别立刻暴露无遗[1]。

和有关朱熹的解释相比，陈澧对郑玄的“发明”倒显得更有说服力一些。虽然把“圣人之道”作为郑学之宗旨并不足以说明郑学之特色（因为汉、宋的区别本不在目的，而在于方法），虽然凭有限的几句话并不足以证明郑学真的“说心性最精”[2]，但陈澧毕竟对汉学更有体会，当他把郑氏家法概括为“有宗主，亦有不同”，并与何休之“墨守”、许慎之“异义”相互对照时，确能彰显汉儒各家之特色。从陈澧本人反对墨守和异义、特别推崇郑氏家法来看，“有宗主、有不同”似乎也是形成他的“汉宋调和”论的一个助缘。

总之，出于对汉学之弊的反省，陈澧提出了“汉宋调和”的主张。从多方面的材料看，陈澧曾经尝试把这种主张的宗旨表述为：汉、宋皆有其独特的价值。可是，他所提供的证据却是汉学和宋学互相兼有对方之长。正是这些证据本身的脆弱，使得陈澧难以自圆其说，并深受后来者的诟病。陈澧之所以陷入此种窘境，最根本的原因就是，他仍然身处考据的传统之内，对“义理”之学并没有形成一个恰当的认识。

四、“义理”之所以为“义理”

“义理”与“考据”的关系是清代学术的一个中心问题。尽管可以把该问题的源头一直追溯到宋代的“尊德性”与“道问学”，但这两对概念却是不能随便置换的。宋代的“尊德性”与“道问学”之争属于“义理之学”内部的事儿，双方的分歧

① 参见陈澧：《东塾读书记》，第 321 页。
② 同上，第 275 页。

最多只是程度的差别而已。号称最重“道问学”的朱熹仍然把读书看成“第二事”，就足以说明问题。清代则不同，“义理”与“考据”被当作两种性质完全不同的学问来对待，“义理”属于思想性的内容，“考据”则是对名物数度的训释。

对于这两者之间的关系，最极端的看法是：“义理”皆空谈，“考据”才是实学，因此不必耗精费神于“义理”。持这种观点的人大多对明代心学极端厌恶，并且乐意置程朱理学于不闻不问之列。第二种意见是：“义理”必须建立在“考据”的基础上，“训诂明而后义理可明”。这是最流行、影响也最大的一种说法，戴东原曾给予经典的表述[①]，钱大昕等积极附和[②]，焦循、阮元并且热心地去效法和实践。钱大昕对“义理”没什么兴趣，故只愿从事考证的工作；焦、阮则有“义理”的偏好，他们都试图通过训诂的方法解决经典中的义理问题。最后一种意见是：“义理”是一种自得之学，不必建立在“考据”之上。持这种观点的人通常是宋学家，考证学派中几乎找不到一个代表。晚年的戴震曾经提出“义理即考核、文章之源”、“治经先考字义，次通文理，志存闻道，必空所依傍”，在某种意义上可以看作是向这种观点的让步。

陈澧在反省汉学之弊时，曾意识到考证学把精力专注于文字名物的训释是舍本逐末，因此他批评汉学家不知道经典中还有许多不必训释的内容。这种说法与第二种意见相比已有松动，主要表现在：第一，至少承认经典中有些“义理”可以不

---

① 戴震《题惠定宇先生授经图》云：“故训明则古经明，古经明则贤人圣人之理义明，而我心之所同然者，乃因之而明。”（《戴震全集》第6册，第505页）

② 钱大昕《经籍籑诂·序》云：“有文字而后有训诂，有训诂而后有义理。训诂者，义理之所由出，非别有义理出乎训诂者也。”（《钱大昕全集》第9册，上海古籍出版社，第377页）

必借“训诂”而明。第二，把“义理”放在了比“训诂”更重要的地位。但是，仅此而已，在基本精神上，陈澧的说法与第二种意见没有任何实质的区别，那就是：“义理”全部保存在经典中，任何试图超越经典文本来寻求义理的做法都是不能接受的，通常所说的“自得”只不过是师心自用的另一种说法而已。

在《遗稿》中，陈澧曾这样表白自己：

余不讲理学，但欲读经而求其义理；不讲文章，但欲读经而咀其英华；不讲经济，但欲读经而知其所法戒耳①。

陈澧的意思并不是说自己不愿意讲理学，而是说不必要、也不能够超出经书去讲理学。“义理”全在经书中，只要认真去读经，义理自然可以到手。他借陆清献的话批评象山、阳明说：

然《大学》条目，亦何尝不可借？如象山、阳明辈，皆是借《大学》条目，作自己宗旨②。

象山、阳明之所以被批评，就是因为他们借经书讲自家宗旨。和大多数考证学者一样，陈澧相信这是导致明学“空疏”的根本原因，所以，他时时提醒说：

本朝诸儒考据训诂之学，断不可轻。若轻议之，恐后来从

① 《陈兰甫先生澧遗稿》，《岭南学报》第2卷第3期。
② 陈澧：《东塾读书记》，第8页。

而废弃之，则成明儒之荒陋矣[①]。

陈澧特别欣赏朱熹对“自得”的另一番解释：

大概读书，且因先儒之说，通其文义而玩味之，使之浃洽于心，自见意味可也。……且谓之自得，则是自然而得，岂可强求也哉！今人多是认作独自之自，故不安于他人之说，而必己出耳[②]。

按照这种解释，“自得”不是自己而得，而是自然而得。“自己而得”以我为主，“自然而得”则由学习得来。从哪里学习？当然是从儒家经书中学习，于是陈澧总结说：

必读经乃谓之经学。以疏解注，以注解经，既解之而读之、思之，此经学也。不以疏解注，是读疏非读注也；不以注解经，是读注非读经也。嗟乎，天下岂易有经学哉[③]！

为了纠正汉学之弊，陈澧曾搬出义理之学（宋学）的大旗。可是，出于对义理本身的极端不信任，陈澧又极力鼓吹读经，要求只从经书中“学习”义理。转了一个大圈，最后又回到了原点。

戴东原曾经概括过考证学的大纲领：“故训明则古经明，古经明则贤人圣人之理义明。”陈澧修订了第一句（古经的有些内容可以不借助“故训”而明），照搬了第二句。虽有小变，

---

① 《陈兰甫先生澧遗稿》，《岭南学报》第2卷第3期。

② 陈澧：《东塾读书记》，第320页。

③ 《陈兰甫先生澧遗稿》，《岭南学报》第2卷第3期。

但宗旨无别。看看《自述》中的话，就会知道陈澧在汉宋之间、义理考据之间的抉择：

又以为国朝考据之学盛矣，犹有未备者，宜补苴之[①]。

何为主、何为辅，这里说得实在清楚不过！至此，我们终于可以明白，陈澧强调义理只不过是为了“补苴”考据，提倡“宋学”主要是用来济“汉学”之穷。所谓“汉宋调和”，就陈澧的本来意愿来说，并不是简单的调停，而是有轻有重、有主有次的。换句话说，在陈澧那时，“汉”也许真的是“汉”，但“宋”却肯定不是真“宋”，最多也只是已经“汉”化的“宋”而已。

在这个问题上，虽然年辈稍晚、但却同样出身于汉学传统的章太炎就显得比陈澧高明许多：

说经之学，所谓疏证，惟是考其典章制度与其事迹而已。……今之经典，古之官书，其用在考迹异同，而不在寻求义理。……若诸子则不然。彼所学者，主观之学，要在寻求义理，不在考迹异同。既立一宗，则必自坚其说，一切载籍，可以供我之用[②]。

我们可以不必同意章氏的经、子之分，也不一定认可他对经学性质的断定，但却不能不承认他对“义理之学”的特征有精到的体会：“义理”之学属于主观之学，它一定要建立在自

① 陈澧：《东塾读书记》，第356页。
② 章太炎：《诸子学略说》，《章太炎政论选集》上册，中华书局，1977年，第284页。

得的基础之上。如果没有“自得”（自己而得），“义理”将失去价值，最好的情况也不过是人云亦云而已。

并不是说讲“义理”就可以不受任何限制，可以随意发挥。训诂考释可以帮助我们理解经典文本，这是任何人都否定不了的。但是，还有另外一个事实必须给予足够的重视，那就是大部分“义理”上的分歧都不是由于“训诂”的原因而产生。即便是经典中的每一个字每一个词，我们都掌握了它的含义，也不能说就真的理解了该书的内容。文本没有呈现出的东西永远比呈现出来的多，这就是为什么在训诂学上并不复杂的《论语》和《孟子》有那么多种不同解释的原因所在。

陈澧当然知道儒家经典有多种解释，并且他建议人们要首先了解“先儒诸家”谁是谁非，然后再从中选择一种作为自己读经时的指导思想：

> 所谓经学者，非谓解先儒所不解也。先儒所解，我知其说；先儒诸家所解不同，我知其是非；先儒诸家各有是、各有非，我择一家为主而辅以诸家。此之谓经学①。

问题是，凭什么来判定是非？凭什么去进行选择？“选择”、“判定是非”本身不就已经包含有读者自己的认识和体验吗？另外，先儒为什么会有不同的解释？难道全是由于客观的理由？就拿陈澧最爱读的《孟子》来说，何谓性善，后儒聚讼纷纭，总不能说所有这些人都不善于读书吧！

由“读书”寻求“义理”是对的，但把“义理”全部看成是“读书”所得则有疑问。主张经书已经穷尽了所有的“义

---

① 陈澧：《示沈生》，《东塾集》卷四。

理”，则更成问题。当陈澧这样说时：

微言大义，必从读书考古而得。《学思录》说微言大义，恐启后来不读书不考据之弊，不可不慎。必须句句说微言大义，句句读书考据，勿使稍堕一偏也①。

他实际上给自己设定了一个无法完成的任务。至少，从后人对这部书的反应来看，他的“微言大义”常常被“读书考据”部分遮蔽掉了。批评他抄袭、摭拾，自然只是个别人的看法，但大多数人所重视的都是这部书在经学史方面的一些见解，却也是不争的事实。他的“微言大义”、他调和汉宋的苦衷，反而常常被忽视或者忘记。

重提一下章太炎也许会给我们一点启发。章氏早年同样受过严格的考证学训练，他后来之所以能够认识到“义理”之学必须“直观自得”，完全是由于佛教唯识学的影响。换句话说，至少在这个问题上，章太炎已经从汉学的传统中走了出来。陈澧却没有。陈澧仍然在汉学之内，这注定了他和大多数的汉学家一样，不可能真正地了解“义理”之学的真谛。

① 《陈兰甫先生澧遗稿》，《岭南学报》第2卷第3期。

近代墨学的复兴及其原因

墨家本是先秦时期的显学，经过秦始皇的“焚书坑儒”和汉武帝的“罢黜百家，独尊儒术”，这个学派不但传承中断，而且学说也遭禁止。从西汉中期开始，一直到明清之际，将近1700年间，墨学再也没有复兴过。清初，傅山曾给《墨子·大取》篇作注，从而开启了清人治墨的先河。乾嘉年间，毕沅和汪中在诸子学兴起的背景下，又对《墨子》全书进行校勘，进一步引发了清人整理墨书的兴趣。鸦片战争以后，在西学的刺激下，《墨子》书中因包含光学、力学、几何学等内容而受到知识界更加广泛的注意，许多人都希望能在墨学中找到救国之路。辛亥革命以后，儒学独尊既成陈迹，墨学研究出现了空前的热潮，墨家这一沉埋千古的学说又一次扮演了反传统的角色。“墨学热”成为近代思想史中颇为引人注目的现象。

一、乾嘉时期

严格地讲，乾嘉时期并不属于近代的范畴，当时对《墨子》书的整理也还不足以称之为“墨学的复兴”。汉学家们之所以花费气力校注《墨子》一书，很大程度上是出于“援墨注儒”、“以子证经”的需要。不过，也多亏了汉学家们的这种细致的校注工作，后来墨学的真正复兴才得以建立在坚实的基础之上。

1. 诸子学的兴起

清代的学术风尚是考据学，《墨子》书的校勘、整理正是这种学术风尚的产物。从外在机缘讲，清代考据学的兴盛是清朝统治者高压的结果，这使得学者们根本不敢涉入与政治相关的敏感问题，更不敢有什么经世之想，只好埋首于书斋，从事没有风险的学术考证工作。从思想的内在理路来说，汉学的兴起亦是对明代心学空疏学风的反动，也就是说学者们已经厌倦了空洞的心性之论，而希望走上一条向实求真的路子。清初的几位大儒已经预示了这种学风的转变，顾炎武首先提出“经学即理学”的主张，称“凡文之不关于六经之旨、当世之务者，一切不为”[①]。黄宗羲也一改心学不读书的惯例，认为“学者必先穷经”、“读书不多无以证斯理之变化”。方以智的“藏理学于经学”和顾炎武的说法如出一辙。另外，顾炎武的《日知录》更为这种主张提供了典范性的著作，所以后来的汉学家们多沿袭顾氏的路子、尊顾氏为始祖也就不奇怪了。只不过，在顾炎武那里，“通经”的目的在于“致用”，学术的背后还怀抱着某种政治的目的，而到了后来的汉学家如乾嘉学派那里，这种致用的目的早已消亡殆尽，剩下的也就只是为考据而考据、为学术而学术了。

但是，考据也有自己的限制：考据的目的在于求真，求真就必须充分占有资料，可儒家的几部主要经书都是上古文献的

① 顾炎武：《与人书三》，《亭林文集》卷四，《四部丛刊》初编本。

遗存，内容既不连贯，错、讹、衍、脱之处亦所在多有，因此要想求得它们的真实面貌，除了对其内容进行细致的研究之外，还需要撇开学派的成见，深入到当时或稍后的诸子百家著作之中，寻求有用的资料。正是由于这个原因，乾嘉时期“诸子学”逐渐成为一种时尚，汉学家们于治经之余，对各种子书多所涉猎。梁启超的《中国近三百年学术史》详细罗列了清儒校治子学的总成绩，从中可以看出当时“诸子学”兴盛之一斑。而且，值得注意的是，一开始子书主要是用来证经的，但到后来，各种子书也就差不多成为一种独立的专门之学了。

在这种背景之下，《墨子》一书也开始受到许多学者的重视。汪中、毕沅、卢文弨、孙星衍、张惠言、王念孙等这些清代一流的学者均曾从事过《墨子》的校订或注解工作。在详细介绍他们的成绩之前，我们首先回顾一下另一个人的工作，正是这个人首先开启了清人治墨的先河——他就是清初著名的大儒傅山。

傅山是清初从实学的角度批判宋明理学的代表人物之一，同时也是清儒中率先开创子学研究的先行者。和顾炎武、黄宗羲、王夫之等人相比，傅山的特点是对中国传统的名辩学说有独到的体会。逻辑史家汪奠基曾这样评述道：“他（傅山）的子学思想，是唐代以来最能表现因明识相诸宗的影响和运用这些影响来发挥祖国名辩学说义蕴的一人。傅山能掌握这方面的认识，所以真能揭穿宋儒如何囫囵道佛以入理学的形而上学方法。”[1] 傅山用因明来解释中国传统名辩之学的作品主要便是《墨子大取篇释》和《公孙龙子坚白论释》。

《大取》是墨辩六篇中最难读的一篇，因为讹脱太甚，文

① 汪奠基：《中国逻辑思想史》，上海人民出版社，1979年，第377页。

义已不连贯，许多内容已无法索解。傅山选取《大取》篇作注，可算是给自己找到了一种理智和能力的挑战。他的注解多依文为训，尽量避免牵强附会之辞。如对《大取》中的“以形貌命者，必智是之某也，焉智某也；不可以形貌命者，惟不智是之某也，智某可也”一段话，傅山的解释是：

故物之以形貌命者，必知是物为某物，则尽其辞而名之曰“焉智某”也。若其不可以形貌命者，知之不真，不能确知是物为某物也，但智某之可也，不得尽其辞曰“焉智某”也。此焉如汉碑焉焉矣。终辞也，决辞也。又“智某”与上“是之某”也义有深浅，上文多一之字，下文去之字，上文是实指之词，下文是想象之词。

在《大取》篇中，“以形貌命者”指的是具体概念，根据事物形态和面貌而命名；“不可以形貌命者”指的是抽象概念，不能够指出其具体对象或形态是什么。傅山显然已经意识到了这两种概念间的区别，他把两者分别称之为“实指之词”和“想象之词”。“实指之词”知之真，能够根据形状确知是某物。“想象之词”知之不真，不能根据形状确知是某物，但这并不妨碍其为知，只不过和“实指之词”相比，义有深浅而已。傅山还发现，《大取》篇解释“以形貌命者”所用的“焉”字是一个“终辞”、“决辞”，表达的是一种断定。这和后来墨学家们以“乃”释“焉”完全一致。

又如，对《大取》篇中“有其异也，为其同也，为其同也异”一段话，傅山解释说：“因有异也，而欲同之，其为同之也，又不能浑同，而各有其私同者又异。《楞严》因彼所异，因异立同之语，可互明此指。”这是用《楞严经》来解释《大取》的例子。《大取》中该段话的意思是说同中有异，异中有同，同异之间是一种相互包含和相互渗透的关系。而《楞严经》"因彼所异，因异立同"，讲的同样是同异之间互为立破的关系。傅山用《楞严经》来解释《大取》，可以说基本上把握住了后期墨家同异观的内容。

傅山对《大取》篇的解释多与此类似。限于篇幅，我们这里就不再一一详举了。其实，从墨学史的角度看，傅山对墨学的贡献并不在于他的解释是否正确或有多大独创性，而在于他开了风气之先。由于缺乏足够的知识准备，傅山还无法理解和掌握墨辩中的逻辑学。

2. 汪中与毕沅

傅山之后，对《墨子》全书进行校注和整理的是汪中和毕沅二人。汪中是乾嘉时期一位著名的汉学家，出身贫寒，为人正直。做学问重视实事求是，不喜欢墨守成规。他率先对《墨子》全书进行了校订。根据其自序，汪中曾把《墨子》一书"定为内外二篇，又以其徒之所附著为杂篇，仿刘向校《晏子春秋》例，辄于篇末，述所以进退之意"；对于《墨子》书中的误字及文义昧晦处，则"以意粗为是正，阙所不知"；又"采古书之涉于墨子者，别为表微一卷"。由此推测，该书可观之处肯定不少。可惜汪氏此书不传，唯有该书的《序言》保留在他的另一部著作《述学》之内。正是从这篇序言中，我们才可以粗略地了解到汪氏的工作。至于说他究竟以什么标准定《墨子》为内外杂三篇，迄今为止仍然是一桩历史悬案。

除了校订之外，汪中大概还是清儒中第一个对墨子深表同情的人。其《墨子序》云：

儒之绌墨子者，孟氏荀氏。荀之礼论乐论，为王者治定功成，盛德之事，而墨之节葬非乐，所以救衰世之敝，其意相反而相成也。若夫兼爱，特墨之一端，然其所谓兼者，欲国家慎其封守，而无虐其邻之人民畜产也。虽昔先王，制为聘问吊恤之礼，以睦诸侯之邦交者，岂有异哉？彼且以兼爱，教天下之为人子者，使以孝其亲，而谓之无父，斯已枉矣。后之君子，日习孟子之说，而未睹墨子之本书，其以耳食，无足怪也。世莫不以其诬孔子，为墨子辠。虽然，自今日言之，孔子之尊，固生民以来所未有矣，自当日言之，则孔子鲁之大夫，而墨子宋之大夫也，其位相埒，其年又相近，其操术不同，而立言务以求胜，虽欲平情核实，其可得乎？是故墨子之诬孔子，犹孟子之诬墨子也，归于不相为谋而已矣[1]。

在这段话中，汪中很明白地指出，儒墨两家立说的目的都是为了救衰世之敝，因此意相反而实相成。从当时的情形看，孔子和墨子地位差不多，年代亦相近，他们的不同实际上是道不同，所以不相为谋而已。因此，儒墨之争是正常的学派之争，不值得大惊小怪。如果说墨家曾经诬蔑过孔子，那么孟子骂墨家“无父”也同样是诬蔑。从整段话的倾向来看，汪中的目的显然是想替墨家的主张辩护。他不但把孟子之批墨定为“诬”，而且公开承认儒墨相争的事实并把孔墨放在完全平等的位置来对待，这在当时真可谓石破天惊之论。唐代韩愈因为说了句“孔子必用墨子，墨子必用孔子”，就遭到宋儒几乎众口一词的批判，更何况在清朝文字狱最盛的乾嘉时代！汪氏秉承学术的良心，敢于公开承认自己的意见，这种勇气实在让人敬佩。

① 汪中：《墨子序》，见孙诒让《墨子间诂》附录。

其实，在当时，就已经有人开始攻击汪中为“名教之罪人”了，曾任太子洗马的翁方纲声称：

有生员汪中者，则公然为《墨子》撰序，自言能治《墨子》，且敢言孟子之言兼爱无父为诬墨子，此则名教之罪人，又无疑也。昔翰林蒋士铨掌教于扬州，汪中以女子之嫁往送之门是何门为问，蒋不能答，因衔之，言于学使者，欲置汪中劣等，吾尝笑蒋之不学也。今见汪中治《墨子》之言，则当时褫革其生员衣顶，固法所宜也。汪中者，昔尝与予论金石，颇该洽，犹是嗜学士也。其所撰他条尚无甚大舛戾，或今姑以此准折焉，不名之曰生员，以当褫革，第称曰“墨者汪中”，庶得其平也乎[①]？

翁氏本为汪中的朋友，只因汪中替墨子作序，就断然称之曰“名教之罪人”、“墨者汪中”，并威胁说应当褫革其生员衣顶，这足可反映出问题的严重性。根据孙星衍的《墨子后序》，这位翁洗马其实也是当时治墨者中的一员：“时则有仁和卢学士抱经，大兴翁洗马覃谿及星衍三人者，不谋同时共为其学，皆折衷于先生（指毕沅——引者注），或此学当显？”其中的翁洗马覃谿指的正是翁方纲。这倒也并不是暗示说翁氏的道德有多么败坏，品行有什么不好，它只不过反映了当时的文化氛围还没有为墨学提供足够的复苏条件而已。从翁氏的例子可以看出，当时的墨学研究尚存一种严格的限度即不能有损儒教。在这个度之内，校订也好、注释也好、批评也好，都是允许的，但若超出了这个度，如汪中一样，那就难免会沦落为“名教之

① 翁方纲：《书墨子》，载《复初斋文集》卷十五。

罪人"，甚而有"褫革其衣顶"的危险了。

汪中的《墨子注》校本写定于1780年（乾隆四十五年）。三年之后，毕沅的《墨子注》亦告竣工。和汪中相比，毕沅的做法就显得谨慎周全多了。他在《自序》中说：

> 非儒，则由墨氏弟子尊其师之过，其称孔子讳及诸毁词，是非翟之言也。案他篇亦称孔子，亦称仲尼，又以为孔子言亦当而不可易，是翟未尝非孔。孔子之言多见《论语》、《家语》，及他纬书传注，亦无斥墨词。
>
> 先秦之书，字少假借，后乃偏旁相益。若本书，源流之字作"原"，一又作"源"。金之溢为名之字作"益"，一又作"镒"。四竟之字作"竟"，一又作"境"。皆传写者乱之，非旧文。乃若贼百姓之为"杀"字古文，遂而不反，合于遂亡之训，关叔之即管叔，实足以证声音文字训诂之学，好古者幸存其旧云。

称孔子无斥墨词，实为失考，墨学后起，与孔子不相值，孔子当然不会有斥墨之词。但毕氏此论，用心却很良苦。把儒墨的对立化为弟子后学所为，这自然就替墨子洗刷掉了非儒的罪名。再说，《墨子》书中的古音古字"足以证声音文字训诂之学"，这同样有益于儒家经典的考校。从这两方面考虑，为《墨子》一书作注也就不能算是替异端张目的行为了。

对墨子的一些思想，毕沅亦能采取同情的立场。墨子曾告诫弟子入国必择务而从事，毕沅评论道："是亦通达经权，不可訾议。"对《备城门》以下诸篇，毕沅认为属古兵家言，有实用的价值。这些评论，较之翁方纲已有极大的进步。

由于汪氏之书不传，毕沅的《墨子注》成为乾嘉时期流传下来并影响后人的最重要的注《墨》著作。梁启超称“其功盖等于茂堂之注《说文》”[①] 虽然有点夸张，但其创始之功实不可没。后来孙诒让作《墨子间诂》，之所以用毕书作底本，原因就在于此。根据毕沅的自序：“先是仁和卢学士文弨、阳湖孙明经星衍，互校此书，略有端绪，沅始集其成”，可知卢文弨、孙星衍二人亦曾参与该书的校注，所以确切地说，该书实为三人合作的产物，这也许是它能够取得相当成绩的主要原因。

粗略地讲，毕氏的《墨子注》大致有两大贡献：(1) 以声音训诂之学证古字古音。此点从上面的一段引文即可看出，它同时也是毕氏颇引以自豪之处。清儒治学从顾炎武开始本来就是从音韵入手以通文字训诂，就此而论，毕氏可谓能严守家法。(2) 恢复《经上》篇旧本写法。墨书之中，《经》及《经说》四篇素号难读，鲁胜之后，更无人能解。毕氏根据《经上》篇的“读此书旁行”一语，在篇末别作新考，分该篇为上下两行横列，从而使这篇千古奇文得以初还旧观。后来的墨学家之所以能够在《墨经》四篇方面迭出新论，全赖毕氏的这一发端之功。不过，毕注也有许多缺点，如好以儒言附会、注文简略、鲜少发明等，这也许是发端之初在所难免的通病。

汪、毕诸人之外，当时及稍后治墨者还有张惠言、丁杰、许宗彦、王念孙等人。张、丁、许三人均专治《经》、《说》四篇，其中，丁、许之书不传，张氏的《墨子经说解》生前亦未尝刊布，直到 1907 年孙诒让始得校写本。据其书，张氏首先援用鲁胜“引说就经”之例，将《经》、《说》四篇逐条拆开，先列《经上》旁行为一篇，而后以《经说上》附《经上》为一

① 梁启超：《中国近三百年学术史》，《梁启超论清学史二种》，复旦大学出版社，1985 年，第 359 页。

篇，是为上卷；次列《经下》旁行为一篇，又以《经说下》附《经下》为一篇，是为下卷。两卷书使经文与说文互相对照，条分缕析，旁行之文，全复旧观，以致连孙诒让亦不得不赞叹说："余前补定《经下》篇句读，颇自矜为创获，不意张先生已先我得之；其善谈名理，虽校雠未案，不无望文生义之失；然顾有精论，足补余书之阙误者。"① 不过，从其序言中可以看出，张氏亦是对墨家抱有甚深成见的人，他把墨学之亡归于圣贤之功，他称孟子的"无父"、"禽兽"之骂为诛心之论并告诫后之读墨书者"览其义，则于孟子之道，犹引弦以知矩乎"②。所有这些，和汪中相比，其识见就未免不可以道里计了。

与张氏不同，稍后的王念孙则纯粹站在考据学的立场上整理《墨子》一书。在其名著《读书杂志》（1831）中，王氏专辟《读墨子杂志》6卷，对墨书摘条进行校注。由于王氏为清代考据学巨子，所以他的成就尤在毕、张诸人之上。近人陈柱称其书有四大特色：一曰改正错简；二曰发明古义；三曰因传写之伪以考见古字；四曰阐明同声通假之字③。这些均非溢美之言。其他不说，单是改正错简一条，王氏就更正了《尚贤下》等篇近十处，字数少则十余字，多则三百余字。而前此卢文弨所改者，仅《辞过》篇一条而已。由此就足以见出王氏学问之精卓了。

乾嘉年间是考据学鼎盛时期，有这么多著名的学者参与对《墨子》一书的考校，对墨学来说实是幸事。尽管墨家的思想仍然没有受到公正的对待（除了个别人外），尽管学者们的立场尚未脱出援墨注儒的樊篱，但和过去的沉埋终古相比，《墨

① 孙诒让：《墨子间诂·自序》。
② 张惠言：《茗柯文编》，上海古籍出版社，1984年，第22页。
③ 陈柱：《墨学十论》，商务印书馆，1934年，第178页。

子》一书总算有了差强人意的版本，语言文字得到了一定程度的梳理，历史上遗留下来的某些问题（如旁行句读）大致恢复了旧观，这为后来墨学的复兴奠定了基础。要是没有乾嘉时期这些汉学家们的努力，墨学能不能引起19世纪后半期知识界的广泛注意以及20世纪前半期的空前热潮，这都是令人十分怀疑的事。

二、同光时期

在近代墨学史上，同光时期是一个非常重要的时期。乾嘉年间汉学家们之所以从事《墨子》书的校注，主要是出于援墨注儒、以子证经的目的。到了同治、光绪年间，人们谈论或研究墨学，多是由于墨学本身的价值。这一时期，除了注解和研究《墨子》书的人越来越多之外，人们对墨学的评价日趋公允，墨家精神亦开始有人提倡。正是在这个意义上，我们说墨学在衰微之后近两千年才第一次实现了真正的复兴。

1. 墨学的复兴

同、光年间，墨学之所以能够重新引起思想界和学术界的广泛注意，大概有以下两个方面的原因：

第一，御侮自强的需要。1840年中英鸦片战争的爆发，标志着中国历史进入了一个新的时期。从此帝国主义的侵略和中国人民的反抗构成了历史发展的主旋律。由于列强的侵略，中国始终潜伏着亡国灭种的危险。如果说在第一次鸦片战争时期人们还没有充分意识到这一点的话，那么，进入19世纪60年代以后，许多知识分子和官僚都逐渐意识到了日渐逼近的危险。在这种危机意识的支配下，他们试图从传统中寻求有助于御侮自强的资源，而墨家在反抗侵略和舍身救世两个方面刚好可以满足人们的需求。在中国历史上，墨家是最具有献身精神的学派之一：摩顶放踵、利天下为之是墨者追求的目标，赴火蹈刃、死不旋踵则是墨者的行为准则。这种精神和风范在中国近代那种民族危亡时期是最最亟须的。另外，墨家崇尚非攻、自卫，也为近代知识分子提供了处理国际关系的根据。

第二，回应“西学”的需要。“西学”是随着西方的坚船利炮而来的，起初，“西学”的内涵比较狭窄，只是指西方的科学和一些实用技术，随着中西交往的逐步增多，“西学”的内涵扩展到包括宗教、文化、政治经济制度等十分广泛的内容。由于中西文化是两种完全不同的异质文化，人们对西学的理解需要有一个“格义”的过程，亦即借助自己原有的知识去比附和沟通它。而墨家，由于其重视科学、鼓吹无差别的爱等独特性格，成了近代知识分子理解西学的一个重要的参照系。当时广泛盛行的“西学墨源”说便是这种思路的产物，尽管这种说法在事实上是站不住脚的，但它却有助于引发人们对墨学的兴趣。

由于以上两种原因，近代思想界和学术界出现了一种相当奇特的现象，即无论是激进的改革家还是顽固的保守派，都几乎众口一词地推崇起墨学来了。这对推动墨学的复兴无疑是一种不小的助力。

纵观19世纪最后40年间的思想界，墨学的发展呈现出了许多不同于乾嘉时期的新动向：

第一，在儒墨关系上，评价趋于和缓。乾嘉时期的汪中因为替墨子辩护，竟被目为名教之罪人，而19世纪晚期的学者们大都能够承认墨家亦有儒学所不可替代的优点。如曾出使欧西的黎庶昌就认为：“墨道，夏道也。今泰西各国耶稣天主教盛行尊天明鬼兼爱尚同，其术碻然本诸墨子而立国且数千百年不败，以此见天地之道之大，非执儒之一涂所能尽。昌黎韩愈称孔墨相为用，孔必用墨，墨必用孔，岂虚语哉？”[①] 陈澧亦云：“墨翟兼爱非攻，人来攻则我坚守，何以为守？蓄其人民，积其货财，精其器械，而又志在必死，则可以守矣。此墨翟之长也。”[②] 晚清经学大师俞樾声称：“墨子则达于天人之理，熟于事物之情，又深察春秋战国百余年间时势之变，欲补弊扶偏，以复之于古，郑重其意，反复其言，以冀世主之一听，虽若有稍诡于正者，而实千古之有心人也。”[③] 而替孙诒让《墨子间诂》作序的黄绍箕则干脆抱怨说：“今西书，官私译润，研览日众，况于中国二千年绝学，强本节用，百家不能废之书，知言君子，其恶可过而废之乎？”由这些引文可以看出，当时的社会舆论正在朝有利于墨学的方向发展。

第二，治墨者的范围有所扩展。乾嘉时期，校注《墨子》者为清一色的古文经学家，到了同光时期，治墨者的阵营中就新增加了今文经学家、桐城派的传人以及许多其他不守家法的学者。这一时期治墨的学者中比较有名的是苏时学、俞樾、孙诒让、戴望、吴汝伦、王闿运等。其中，俞、孙二人为晚清古文经的大师，吴汝伦为桐城派方苞的传人，而戴望和王闿运则属今文经学派。治墨者范围的这种扩展表明墨学在晚清知识界的影响正在逐步扩大。

第三，墨经中的科学内容开始受到注意。乾嘉时期，《墨经》四篇旁行之文虽然初还旧观，但其中蕴涵的思想尚未得到挖掘。到了19世纪后半期，在西学的参照下，一些学者才发

---

① 黎庶昌：《拙尊园丛稿·读墨子》《续修四库全书》集部第1561册，上海古籍出版社，2002年，第328页。

② 陈澧：《东塾读书记》卷十二。

③ 俞樾：《墨子间诂·序》。

现《墨经》四篇中原来还包含着许多数学、光学和力学的内容。广东学者邹伯奇首先发现这个事实，邹氏云：

> 《墨子·经上》："圆，一中同长也。"即几何言圆面惟一心，圆界距心皆等之意。又云："同，重、体、合、类"、"异，二、(不)体、不合、不类"、"同异而俱之于一也"、"同异交得放有无"。此比例规更体更面之意了。又云："日中，正南也。"又《经下》云："景之大小，说在地。"亦即表度说测影之理也。此《墨子》俱西洋数学也。西人精于制器，其所恃以为巧者，数学之外有重学、视学。重学者能举重若轻，见邓玉函《奇器图说》及南怀仁所纂《灵台仪象图志》，说最详悉。然其大旨亦见《墨子·经说下》："招负衡木"一段，升重法也；"两轮高"一段，转重法也。视学者转微为著，视远为近，详汤若望《远镜说》，然其机要亦《墨子·经下》"临鉴而立"、"一小而易一大而正"数语，及《经说下》"景光"至"远近临正鉴"二段①。

邹氏把墨经中关于同异的分类解释为"比例规更体更面之意"，虽不无比附之嫌，但他总算揭示了《墨经》中有数学、力学和光学等科学内容这个事实，所以在他之后，从科学角度治墨亦成为墨学研究中的一条新路，较早的代表就有殷家俊、张自牧、王仁俊和冯涵初等人。

第四，"西学墨源"说广为流行。"西学中源"并非 19 世纪的产物，早在 17 世纪耶稣会士东来时，就有人认为西学只是中学的变种。到了近代，随着中西接触的增多，主张"西学

① 邹伯奇：《邹徵君遗书·学计一得卷下》，同治十二年刻本。

中源”的人越来越多。由于墨家的主张和精神与儒家传统差别比较大，与西学反而有一点表面上的相似，所以人们谈论最多的是“西学墨源”。谈“西学墨源”的人来自各个不同的阶层，有政治家，有外交官，也有学者和文人，有改革家，有洋务派，也有极端的保守分子。出身不同，政治立场不同，谈“西学墨源”的目的也就不同，激进的思想家声称“西学墨源”是为了替西学的传播张目，因为中国人笃信古已有之的教训，极端的保守分子爱说“西学墨源”则是为了寻求对抗西学的工具。

最早提出西学墨源说的人依旧是那位发现《墨经》内包含有科学内容的邹特夫。在简单罗列了《墨经》中的算学、光学和重学之后，邹氏接着说：

> 至若泰西之奉上帝、佛氏之明因果，则尊天明鬼之旨同源异流耳。《墨子·经上》云：“此书旁行，正无非”。西国书皆旁行，亦祖其遗法，故谓西学源于墨子可也①。

从科学到宗教再到书写规则，西学与墨子有那么多相同之处，所以西学自然是源于墨子了。这种逻辑听上去非常“奇妙”，但在当时却有许多人深信不疑：王闿运的《墨子校注序》曾记载：“颇闻同时注《墨子》者数学，而吾友曹耀湘尤神解深通，及殷家俊等并言《经说》中有光重诸法，悉泰西所本。目为巨子者，矩子，十字架也。所谓南方之墨由南洋而通诸岛，为制器之先师。顾竟未见诸家成书。”而王氏本人亦认为：“十世之后，九州之外，释迦耶稣皆无位而奉为圣师，本墨家

① 邹伯奇：《邹徵君遗书·学计一得卷下》。

也。……墨尤工制器，西海传其学，去其节用明鬼不便己者。……同治以来，西学盛行，徒袭墨之粗迹，不知其出于墨。”① 其他像黎庶昌认为：“泰西各国耶稣天主教盛行尊天、明鬼、兼爱、尚同，其术碻然本诸《墨子》”，宋育仁认为“墨氏之教，秦以后微于中邦，而流于西土”等等类似言论不一而足。甚至连维新派人士黄遵宪亦坚持认为：“泰西之学，其源流皆出于《墨子》。其谓人有自主之权，则《墨子》之尚同也；其谓爱邻如己，则《墨子》之尊天明鬼也。至于机器之精，攻守之能，则《墨子》备攻备突、削鸢能飞之绪余也。而格致之学，无不引其端于《墨子》经上下篇。”②

从思想史的角度看，“西学墨源”说是知识贫乏的产物，随着对西方了解的逐步增加，这种说法也就渐渐失去了市场，到 20 世纪初期它就基本上不再见于学者之口。但在当时，“西学墨源”说的确有助于公正地对待墨、西两学。既然墨学西传导致了西方的繁荣，那么墨学在本国自然也应当受到重视；同样，既然西学本来源于中国，那么学习西学也就不存在什么华夷的界限了。

第五，墨家精神得到提倡。在这方面，有两个人值得特别提出来：一个是曾国藩，一个是谭嗣同。曾氏是清朝的“中兴名臣”，镇压过太平天国运动，主持过洋务运动；谭嗣同则是激进的思想家，戊戌变法的参与者之一，并为维新变法献出了年轻的生命。曾、谭二人均极赞赏墨家精神，只不过，曾国藩看中的是墨家的勤俭、节约和务实，谭嗣同喜爱的则是墨家的大公无私、勇敢侠义和献身精神。

---

① 王闿运：《湘绮楼文集》卷三，光绪三十四年刻本。

② 黄遵宪：《日本国志·学术志》，《续修四库全书》史部第 745 册，上海古籍出版社，2002 年，第 324 页。

在1861年的日记中，曾国藩写道："吾学以老庄为体，以禹墨为用"，这里所谓"禹墨"大概就是指上面所说的勤俭、节约和务实精神。按照《庄子·天下》的记载，墨子继承的是"禹道"，而"禹道"的标准是："日夜不休，自苦为极"、"生勤死薄，沐雨栉风"。所以后人多用"禹墨"来指代一种自我约束极严而又富于献身精神的行为风范。曾国藩之所以用"禹墨"精神相标榜，大概与他当时的处境有关。为了镇压太平天国运动，曾国藩呕尽心血，但却经常陷于四面楚歌的境地。在这种困顿危急的情况下，曾国藩自然不得不励精图治，摒弃虚华，从实入手，这当是他欣赏墨子的主要原因。另外，在曾氏的幕府中，先后有过好几位治墨的学者，如俞樾、王闿运、吴汝伦、戴望和曹耀湘等。曾氏之喜爱墨子，也可能受到这些幕僚的影响。

谭嗣同欣赏墨子，其着眼点和曾国藩大不相同。据谭自己说，他对墨学的兴趣集中在两方面，一为格致之学，一为任侠思想[①]。考虑到谭氏个人的性格特征，可以说后一方面才是他最钟情之处："吾自少至壮，遍遭纲伦之厄，涵泳其苦，殆非生人所能忍受，濒死累矣，而卒不死，由是益轻其生命，以为块然躯壳，除利人之外，复何足惜，深念高望，私怀墨子摩顶放踵之志矣。"[②] 另外，在《仁学》中，谭嗣同曾把孔子的仁、大乘佛学的慈悲和西方的博爱融合到一起，而其中，墨家的兼爱就占有相当重要的地位。粗略地讲，谭嗣同实际上是通过墨家的兼爱来理解西方之博爱的，所以他才会发挥墨家的兼爱一语以攻击旧礼。就此而言，谭氏实际上已经开启了20世纪初

---

① 谭嗣同：《仁学·自序》，《谭嗣同全集》，中华书局，1981年。

② 《谭嗣同全集》，中华书局，1981年，第289—290页。

知识分子以墨批儒的先声。

以上五点是19世纪后半期墨学研究不同于乾嘉时期的新动向。它们处处反映了社会评价标准向墨学的倾斜——并且这种倾斜最终导致了20世纪初的墨学热潮。

2. 孙诒让的贡献

在近代墨学史上，孙诒让是一位承先启后的关键人物。他的贡献主要体现在两个方面：一是继承了乾嘉诸老的精神，熟练地运用汉学的研究方法，对《墨子》全书进行了系统的考辨和校释；二是以同情的态度赞扬墨家的主张，为后来公正地评价墨学奠定了基础。

在孙氏之前，治墨者虽众，但除毕沅之外，大都或是专解经说诸篇，或是摘条进行校注，所以多不成系统。只有到了孙诒让手中，才广泛搜求诸家的见解，录入《墨子》本文之下，然后根据自己精湛的考据功夫予以辨正补阙，著成《墨子间诂》一书。这本书成了当时最完备的《墨子》读本，对20世纪初的墨学热产生了巨大的影响。

根据其自序，孙氏之所以用"间诂"二字作书名，意在模仿许慎：

> 昔许叔重注淮南王书，题曰鸿烈间诂。间者发其疑牾，诂者正其训释。今于字义多遵许学，故遂用题署。亦以两汉经儒，本说经家法，笺释诸子，固后学所睎慕，而不能逮者也。

许慎为东汉古文经大师，孙氏模仿许慎，说明他对墨书的注解主要集中在对字义的校勘、训诂上。但是，墨家久成绝学，《墨子》书因长期无人过问，错简讹字极多，整理起来非常困难。为了著成《间诂》一书，孙诒让真正是做到了心力交瘁、费时良多的地步：

研核有年，用思略尽，谨依经谊字例，为之诠释。至于订补经说上下篇旁行句读，正兵法诸篇之伪文错简，尤私心所窃自喜以为不谬者，辄就毕本，更为增定，用遗来学[①]。

《间诂》最初写定于1892～1893年之间，1895年以聚珍版发行。但孙氏自己并不以此为满足，除了反复续勘之外，还继续搜求有关墨学的著作以相考校，到1907年又完成了《间诂》定本。前后算起来，孙氏仅在墨子的考证一项上就用了二十余年。另外，孙氏治墨还有一条别人不具备的优势，就是他可以借《周礼》来疏证《墨子》。从经学史的角度看，孙诒让的最卓越成就是《周礼正义》，而《周礼》这部书的成书年代和《墨子》差不多，所以两相比勘，许多难题就会涣然冰释。

对于孙氏在《墨子》一书校勘训诂方面的成就，时人给予极高的评价。俞樾曾经这样写道："于是瑞安孙诒让仲容乃集诸说之大成，著《墨子间诂》。凡诸家之说，是者从之，非者正之，阙略者补之。至《经》、《说》及《备城门》以下诸篇，尤不易读。整纷剔蠹，脉摘无疑。旁行之文，尽还旧观。讹夺之处，咸秩无紊。盖自有《墨子》以来，未有此书也。"[②] 替孙氏作传的章太炎亦云："《墨子》书多古字古言，《经》上下尤难读。《备城门》以下诸篇，非审屈勿能治。始南海邹伯奇比次重差、旁要诸术，转相发明，文义犹诘诎不驯。诒让集众说，下以己意，神旨迥明，文可讽诵。自墨学废二千岁，儒术

① 孙诒让：《墨子间诂·自序》。
② 俞樾：《墨子间诂·序》。

孤行，至是较著。”① 而梁启超对《间诂》一书更是无限地推崇：“大抵毕注仅据善本雠正，略释古训；苏氏始大胆刊正错简；仲容则诸法并用，识胆两皆绝伦，故能成此不朽之作。然非承卢、孙、王、苏、俞之后，恐亦未易得此也。仲容于《修身》、《亲士》、《当染》诸篇，能辨其伪，则眼光远出诸家上了。其《附录》及《后语》，考订流别，精密闳括，尤为向来读子书者所未有。盖自此书后，然后《墨子》人人可读。现代墨学复活，全由此书导之。古今注《墨子》固莫能过此书，而仲容一生著述，亦此书为第一也。”②

值得注意的是，俞、梁诸人对孙著虽如此推崇，但在后来的墨学家们看来却一点也不过分。方授楚说：“俞氏虽誉之如此，盖非溢美。”③ 陈柱亦云：“俞氏之说，诚非溢美之辞。”④ 从这些话来看，孙书在考据学上的价值也就不言自明了。

除了考据之外，孙氏对墨学的评价也有许多新的见解：

（墨子）身丁战国之初，感悕于犷暴淫侈之政，故其言谆复深切，务陈古以剀今，亦喜称道《诗》、《书》及孔子所不修百国《春秋》；惟于礼则右夏左周。欲变文而反之质，《乐》则竟摒绝之，此其与儒家四术六艺必不合者耳。至其接世务为和同，而自处绝艰苦，持之太过，或流于偏激，而非儒尤乖戾。然周季道术分裂，诸子舛驰，荀卿为齐鲁大师，而其书《非十二子》篇于游夏孟子诸大贤，皆深相排笮，洙泗龂龂，儒家已

① 章太炎：《孙诒让传》，《章太炎全集》第4册，上海人民出版社，1985年，第213页。

② 《梁启超论清学史二种》，第360页。

③ 方授楚：《墨学源流》，中华书局，1934年，第217页。

④ 陈柱：《墨学十论》，商务印书馆，1934年，第187页。

然，墨儒异方，跬武千里，其相非，宁足异乎？综览厥书，释其纰驳，甄其纯实，可取者盖十六七，其用心笃厚，勇于振世救敝，殆非韩吕诸子之伦比也[①]。

孙氏根据儒家内部亦有相互攻击的现象来解释儒墨相非的事实，已与汪中之说无异。他称赞墨子"用心笃厚，勇于振世救敝，殆非韩吕诸子之伦比也"，可见他对墨子的评价之高。观其后文，一则曰："墨子立身应世，具有本末，自非孟荀大儒不宜轻相排笮"，再则曰："彼勤生薄死，以赴天下之急，而姓名澌灭，与草木同尽者，殆不知凡几。呜呼悕已！"孙氏之爱墨之心溢于言表。章太炎在传记中说他"行亦大类墨氏"，足可看出墨学对他的影响之深。

从传记中可知，孙氏亦是具有维新思想的人物，生前曾亲手创办或领导创办多所学校，晚年并主温州师范学校，担任浙江教育会长。尽管在政治上他不赞成激进的革命，但从学术上他还是曲折地表达了自己对变革的向往，他推崇墨子无形中构成了对儒学独尊的冲击，其中某些言论足可称作是维新革命的舆论先导。

值得一提的还有孙氏求知的热情和奖掖后进的高尚情怀。在《与梁卓如论墨子书》中，孙氏曾这样写道：

曩读《墨子》书，深爱其撢精道术，操行艰苦，以佛氏等慈之旨，综西土通艺之学，九流汇海，斯为巨脉。徒以《非儒》之论，蒙世大诟，心窃悕之。研校十年，略识旨要，遂就毕本，补缀成注。然经说诸篇，闳谊眇旨，所未窥者尚多。尝

① 孙诒让：《墨子间诂·自序》。

谓墨经揭举精理，引而不发，为周名家言之宗；窃疑其必有微言大义，如欧士亚里士得勒之演绎法、培根之归纳法，及佛氏之因明论者。惜今书伪缺，不能尽得其条理。……拙著印成后，间用近译西书，复事审校，似有足相证明者。……以执事研综中西，当代魁士，又夙服膺墨学，辄剌一二奉质，觊博一哂耳。……贵乡先达兰甫、特夫两先生，始用天算光重诸学，发挥其旨，惜所论不多。……倘得执事赓续陈邹两先生之绪论，宣究其说，以饷学子，斯亦旷代盛业，非第不佞所望尘拥彗，翘盼无已者也。

《与梁卓如论墨学书》作于1897年，此时孙诒让早已是德高望重的经学大师了，他却还能虚心地学习“近译西书”，并与墨书相互印证，这种求知热情实在不能不令人敬佩。他所提出的《墨经》中有与西方逻辑、印度因明相近的“微言大义”，实际上首开了三种逻辑相互比较的先河。在具体论证上，后来虽然变得更加精密了，但我们却不能不佩服孙氏眼光之独到。在与梁启超的关系上，孙氏作为一位长者，也显得极为谦逊，这自然会引起梁启超的感激和奋发。梁氏后来追述道：“此书初用活字版印成，承仲容先生寄我一部，我才二十三岁耳。我生平治墨学及读周秦子书之兴味，皆由此书导之。”[①] 事实证明，梁启超后来确实不负孙氏的厚望，当他开始用他那常带感情的笔锋，为墨学摇唇鼓舌并最终引起了一场墨学热潮时，人们又一次不得不佩服孙诒让识见之卓越了。

① 《梁启超论清学史二种》，第360页。

三、民国时期

经过同光时期学者们的努力，墨学逐渐获得公允的评价，很少有人再以异端目之；《墨子》书有了比较完善的版本，人们可以根据原著来把握墨家学说的精髓了，不必再信从什么耳食之言；墨家精神亦得到提倡，一些富有献身精神和救世情怀的志士常常以墨子作为其人格的榜样。所有这些，都为墨学的进一步繁荣奠定了基础。所以，到了民国时期，思想界和学术界终于出现了盛极一时的“墨学热”。

1. *梁启超和胡适*

墨学研究至孙诒让而达到一个高峰。栾调甫曾说：“自孙仲容总集清儒校注为《墨子间诂》，全书伪谬疑滞已去泰半。”[①]作为晚清古文经学的殿军，孙氏的研究完全笼罩在汉学的传统之下，汉学为他规定了解决问题的程序和基本的价值取向，那就是从音韵入手以通文字训诂，并进而求得经典或本文的真实意涵。按照经学史家周予同的意见，孙氏比较独特之处是能够从文字演变史实中推求文字源流[②]。但这只不过是从“由音求义”到“由形求义”的扩展而已，因此并未超出考据学的传统。真正值得人们惊奇的是，孙氏对汉学方法的应用是如此的娴熟以及他个人的识见是如此的卓越，以至于在对《墨子》一书的研究中，他解决了大部分的与文字音韵有关的训诂问题。其结果，在这同一条研究道路上，孙氏留给后人的只不过是拾遗补缺而已。

---

① 栾调甫：《墨子研究论文集》，人民出版社，1957年，第143页。

② 朱维铮编《周予同经学史论文集》，上海人民出版社，1983年，第773页。

但是，在研究过程中，孙诒让也并非没有遇到难题。从邹特夫、陈澧的著作中，他了解到《墨经》四篇中包含有天算光重诸学，从与外来名学著作的对勘中，他朦胧地感觉到这几篇中还可能有与西方逻辑、印度因明相似的“微言大义”，但由于缺乏现代科学和逻辑学等知识的限制，他却无法给这些问题以恰当的说明。由发生在孙氏身上的这种现象可以看出，墨学研究已经到了不得不发生“革命”以便树立一种新的研究传统的时期。树立新的研究传统这个历史性的任务便落到了梁启超和胡适身上。

另外，世纪之交的思想界状况亦为墨学的这种“革命”提供了良好的环境：西学的传播越来越深入，人们已经有可能利用西方的科学方法来整理中国古代的典籍了；科学的声誉日渐提高，科学主义开始成为一种不可忽视的潮流；逻辑和方法得到了前所未有的强调。在这种情况下，包含有科学和逻辑内容的《墨子》一书自然会受到人们越来越广泛的重视。所以，当梁启超和胡适开始用西方的科学方法来重新整理和研究《墨子》一书时，学术界竟会出现一呼百应的现象也就不值得大惊小怪了。

根据其自述，梁启超幼而好墨，在万木草堂跟随康有为读书时就“好《墨子》，诵说其兼爱、非攻诸论”，年轻时又得到孙诒让的鼓励，从而开启了他治墨及先秦子书之兴趣。戊戌变法失败后，梁启超流亡日本，接触了一些西方的社会政治学说，眼界逐渐开阔。与此同时，他也开始认真地研究《墨子》一书。1904 年，梁启超在《新民丛报》上连载《子墨子学说》和《墨子之论理学》，后合为《墨学微》出版。这是我国第一部系统地研究墨子思想的著作，它标志着近代墨学研究进入了一个新阶段。其后，梁氏在同一课题上继续钻研，并于 20 年代初先后出版了《墨子学案》、《墨经校释》两书，前者在《子墨子学说》的基础上对某些问题进行了更深的挖掘，后者则利用现代逻辑和科学专门诠释经说四篇。其他像单篇散论涉及墨子者更多，这里不必一一缕指。

前后算起来，梁氏研读《墨子》垂二十年，出版专著三本，尤可称道的是，梁氏的研究已经远远超出了汉学传统的制约，开始用西方近代社会科学方法来阐释墨学，并最先把孙诒让无力进行的中西学术比较付诸实践，这使得梁启超本人亦成为一种新的研究传统的树立者。在梁氏之前，治墨者虽众，但他们大都局限于校勘训诂方面，即使有人希望对墨子思想有所评论，那也只好在短短的序言中略提一二。这既限制了思想的发挥，同样也不利于墨子学说的传播。到了梁启超手里，墨子学说被分解为宗教思想、经济思想、逻辑和科学思想，每一方面都得到了专门的叙述和解释。这样做极大地便利了人们对墨子思想的整体把握，所以，后来论述墨学的人也就大都仿效了梁氏从西方社会科学借鉴来的这种分类模式。与此相联系，梁启超的墨学研究特重比较方法的运用：有中国古代各种哲学流派之间的比较，有中西比较，亦有中印比较。中印比较、中国内部各流派之间的比较且不说，单就中西比较而言，就有各个时期、各个侧面的不同，譬如，在论及墨子的宗教、伦理思想时，梁启超就拿基督教、苏格拉底、康德等做参照："墨子之天志，乃景教的而非达尔文的也"、"道德和幸福相调和，此墨学之特色也，与泰西之苏格拉底、康德，其学说同一基础者也"①。在论及墨子的经济思想时，梁启超想到的是当时西方盛

① 梁启超：《子墨子学说》，《饮冰室专集》之三十七，中华书局，1936年，第6、10页。

行的社会主义思潮："墨子之生计学，以劳力为生产独一无二之要素，其根本观念，与今世社会主义所持殆全合"①、"墨子是个小基督，从别的方面说，墨子又是个大马克思。马克思的共产主义，是在'唯物观'的基础上建设出来，墨子的'唯物观'比马克思还要极端"②。在论及墨子的政治思想时，梁启超则把它和西方近代的契约论相提并论："墨子之政术，民约论派之政术也。泰西民约主义起于霍布士，盛于陆克，而大成于卢梭。墨子之说，则视霍布士为优，而精密不逮陆卢二氏。"③类似的言论还有很多，这些言论在当时不但使人耳目一新，而且还能提起人们研究之兴味。后来之治墨者喜欢选择比较一途，可以说多赖梁氏的这一发端之功。

不过，由于西学并非梁氏的特长，所以他的墨西比较就难免有粗疏之嫌：说墨子和康德在伦理问题上有"同一基础"已经失据（墨子主要是一位效果论者，康德则信仰一种坚定的义务论），再把墨子和马克思的唯物史观相提并论更属戏论。至于说墨子思想和西方近代契约论的关系，梁氏的说法和事实刚好相反，从墨子的尚同政治中找不到任何民选的痕迹。梁氏的这些缺点很大程度上是由于知识不足的缘故，这一点到胡适的手中就发生了极大的改观。

和梁启超相比，胡适对西学的了解就深刻多了。留学美国时，胡适曾经师从实用主义大师之一杜威博士，受到了系统的西洋哲学训练。从杜威那里，他学会了用进化、发展的眼光看

---

① 梁启超：《子墨子学说》，《饮冰室专集》之三十七，中华书局，1936年，第22页。

② 梁启超：《墨子学案》，《饮冰室专集》之三十九，中华书局，1936年，第37页。

③ 梁启超：《子墨子学说》，《饮冰室专集》之三十七，中华书局，1936年，第37页。

问题。他并且发现，实用主义主要是一种研究方法，而学术的进步很大程度上正是基于方法论的完善情况。因此，胡适刻意挖掘中国古典哲学中的逻辑和方法，以便寻求与西方哲学和科学相嫁接的合适土壤。这样，《墨经》诸篇理所当然地成了他关注的焦点。在他的博士论文《先秦名学史》和稍后的《中国哲学史大纲》中，有关墨经的内容都占了相当大的篇幅，这些均足以弥补梁启超的不足。从传记中知道，胡适本来也是一个关心政治并对西方民主政体有深刻理解的人，但在讨论墨子的政治思想时，他却不像梁启超那样滥用比较的特权。这很可能是出于以下两个原因：第一，他切实地意识到了墨子政治思想与西方民主政体的天壤之别；第二，他太偏爱方法了，以至于方法占据了他墨学研究的主要注意力。综观胡适的墨学研究，至少在以下几个方面做出了自己独特的贡献：

首先，第一次用发展的眼光把墨家的思想描述成一个不断进步和完善的过程。在胡适之前虽然汪中、孙诒让已经怀疑《墨子》书中掺杂有后学的内容，但果断地把《墨经》诸篇确定为战国晚期名辨思潮正盛时墨家后学作品的却是胡适。尽管胡适用宗教和科学来区分前后期墨家太过夸张，把惠施、公孙龙称为“别墨”混淆了学派间的基本限制，但他能够敏锐地意识到墨家前后期在思想倾向上的差异，意识到墨家后学与名家代表人物之间有相互呼应的痕迹，这已经是不小的成就了。后来由冯友兰提出的受到学术界普遍赞成的前后期之分说到底也只是对胡适意见的进一步完善而已。

其次，利用西方逻辑、哲学和近代自然科学知识对《墨经》诸篇所包含的逻辑思想进行了系统的发掘和评述。前此，章太炎在《原名》中曾就墨西比较略作比勘，梁启超亦作有《墨子之论理学》一文，但章、梁二人于西方逻辑本非内行，故所论或失之太简，或竟谬之千里，如梁启超就曾把墨子三表法中的前两表都分解为演绎、归纳两类，以为第一表中的“考之于天鬼之志”、第二表中的“征以先王之书”属演绎派，第一表中的“本之于先圣大王之事”、第二表中的“下察诸众人耳目之情实”属归纳派。但实际上，墨子的三表法从性质上讲纯粹是一种经验主义的归纳方法，与演绎理论了无干涉。到了胡适，情况就不同了。胡对西方逻辑和知识论有比较深刻的理解，所以在讲墨子的思想时才能把他的哲学方法（应用主义）和具体的论辩方法（三表法）分开，讲别墨时才能把知识论、演绎法、归纳法分类讨论。在胡适的笔下，《经上》篇一开头那几条看似重复的对“知”字的讨论成了别墨建立精密知识论的标志，因为他们相当科学地区分了知识中的理智、知觉和理解等因素；《小取》篇中令人困惑的几个范畴，如“效”、“辟”、“侔”、“援”、“推”实际上概举了五种推理方法，其中，“效”属演绎法，其他则属归纳法。这种分析较之于梁启超对三表法的解释，就显得贴切和准确多了。

最后，以平等的眼光对待先秦诸子，开创了20世纪初广泛盛行的“以墨批儒”思潮。胡适之前，虽然也有人如汪中等就认为墨子和孔子在地位或身份上是平等的，但却没有人敢于把批判的矛头指向孔子和儒家，即使在19世纪60年代西学中源说盛行以后，学者们对墨家也大多只能选取有补圣教的立场。梁启超可能算是最激进的了，在《子墨子学说》一开头，他就高呼：“今举中国皆杨也。有儒其言而杨其行者，有杨其言而杨其行者，亦有不知儒不知杨其行于无意识之间者。呜呼，杨学遂亡中国！杨学遂亡中国！今欲救之，厥惟墨学，惟无学别墨而学真墨。”[①] 他也只能痛骂同是异端的杨学，而对儒学的原则却极少异辞，所以当他后来写《先秦政治思想史》时突然改变一贯崇墨之立场，转而赞成孟子“兼爱无父”之断案也就不值得大惊小怪了。胡适不同，作为新文化运动的主要领导人之一，胡适很早就意识到，中国哲学的将来，有赖于从儒学的道德伦理的枷锁中得到解放，有赖于那些伟大的非儒学派的恢复，因为在这些学派中可望找到移植西方哲学和科学最佳成果的合适土壤。胡适认为：“如为反对独断主义和唯理主义而强调经验，在各方面的研究中充分地发展科学的方法，用历史的或者发展的观点看真理和道德，我认为这些都是西方现代哲学的最重要的贡献，都能在公元前五、四、三世纪中那些伟大的非儒学派中找到遥远而高度发展了的先驱。”[②] 当说这话的时候，胡适心目中所意指的显然主要是墨家。所以，在胡适那里，墨家实际上扮演了一种与 20 世纪后半叶完全不同的角色，开始承担起批判儒学、接合中西的崭新功能。这种功能在此后的一二十年间成了墨学研究的主旋律。

2. “墨学热”的形成

梁启超是晚清言论界之骄子，胡适则是民初新文化运动的领袖，两人同时推崇和宣传墨学，这对思想界的影响自然很大，所以在他两人之后，治墨者急遽增加，各种研究、评论性的著作文章大量问世，墨学研究呈现空前繁荣的局面。栾调甫于 30 年代曾经回顾说：“顾自《大纲》、《学案》一出，谈墨述

---

① 梁启超：《子墨子学说》，《饮冰室专集》之三十七，中华书局，1936 年，第 1 页。

② 胡适：《先秦名学史》，《胡适学术文集·中国哲学史》下册，中华书局，1992 年，第 774 页。

哲之作，遂纷至而沓来。”① 据初步统计，整个民国时期注墨释墨的著作多达数十种，论文百余篇。这些著作大体上可以分为三类：一类是校注《墨子》全书的；一类是专门校注《墨经》或《墨辩》诸篇的；另外一类则是研究墨家思想学说的。为了对这种热潮有一点具体的认识，我把各类有代表性的著作列举如下：

第一，校注《墨子》全书的有：尹桐阳《墨子新释》、刘师培《墨子拾补》、陶鸿庆《读墨子札记》、张纯一《墨子集解》、刘昶《续墨子间诂》、陈柱《定本墨子间诂补正》、吴毓江《墨子校注》等。

第二，校释《墨辩》诸篇的有：梁启超《墨经校释》、胡适《墨子小取篇新诂》、张之锐《墨子大取篇释义》、伍非百《墨辩解故》、邓高镜《墨经新释》、谭戒甫《墨经易解》、范耕研《墨辩疏证》、鲁大东《墨辩新注》等。

第三，研究墨家思想的有：梁启超《墨学微》、《墨子学案》、胡适《先秦名学史》、《中国哲学史大纲》上卷、陈顾远《墨子政治哲学》、张纯一《墨子分科》、陈柱《墨学十论》、钱穆《墨子》、伍非百《墨子大义述》、方授楚《墨学源流》等。

三类之中，第一类所走的大致还是孙诒让的汉学路子，主要从事的是文字语言的考订校勘，因而可以说是对孙氏《间诂》的补充。第二、第三类则主要沿袭梁胡二人所开创的方向：校注《墨经》或《墨辩》的，多借助西方古典逻辑学和近代科学；研究墨家思想与学说的，则多喜与西方近代哲学、宗教与政治学说相互比附。除了个别人外，这两类的研究者们亦和梁启超胡适一样多对墨学抱有好感，在遇到和儒学相冲突之

① 栾调甫：《墨子研究论文集》，人民出版社，1957 年，第 142 页。

时，经常会右墨而左儒。

除了这种专门的学术圈子之外，墨学亦更加频繁地出现在政治家、思想家和激进的青年口中，成为批判儒家传统、传播西方文化的一种重要工具。孙中山认为中国古代最讲爱的莫过于墨子[①]，他声称墨子的兼爱理想实际上就等于社会主义。章太炎对墨子的道德大加赞赏，认为连孔、老也不能及："墨子之学，诚有不逮孔、老者，其道德则非孔、老所敢窥视也。"陈独秀在批判孔教的同时，鼓励青年要以孔、墨为榜样，培养一种积极进取的人生观："人之生也，应战胜恶社会，而不可为恶社会所征服；应超出恶社会，进冒险苦斗之兵，而不可逃遁恶社会，作退避安闲之想。鸣呼！欧罗巴铁骑，入汝室矣；将高卧白云何处也？吾愿青年之为孔、墨，而不愿其为巢、由。"[②] 反孔健将吴虞则著文专门辨孟子辟杨、墨之错误："观孟子之斥杨、墨，至于无君无父，其词严矣。然推其说之所由来，不过曰杨子为我、墨子兼爱而已，别无佐证也。鸣呼！吾有以知孟子之攻击杨、墨，特以门户意气之私见，而实未窥杨、墨之学说。……夫墨子之学说，岂惟兼爱而已，兵革不息则倡非攻，各国竞立则倡兼爱，法夏禹则倡节用主义，效管仲则倡经济主义，矫儒之虚而持节葬，御输之巧而坚墨守，其他算学、重学、光学、机器学、工程学皆发明最早。……《备城门》以下诸篇，亦略见兵家之遗法。由此观之，墨子非徒谨守一节之人，乃通权达识之人也；非止修词坐论之人，乃实践笃行之人也。……且杨、墨之学，靡惟光大于当时，于太西诸大哲之学说亦多暗合。如墨子之兼爱，即耶稣之博爱平等也；墨

① 参见吴毓江：《墨子校注》附录四，中华书局，1993年。

② 陈独秀：《独秀文存》，安徽人民出版社，1987年，第6页。

子之明鬼，即苏格拉底之信重鬼神也；墨之节用，即谙墀笛狃斯之削除情欲也；墨之修身，即柏拉图之智德同一也；墨之《大取》《小取》，即弥勒之名学也；墨之非攻，即俄皇弭兵之旨也；墨之以利为善之实质，即达克之功利主义也。”① 许啸天认为墨子的思想是对治现实的一剂良药：“墨家同情心的深厚，义务观念的坚强，牺牲精神的伟大，实在值得吾人的崇拜，值得吾人的研究，更其是值得整理的，——尤其是现在的人心时局，墨子思想却是一剂对症的良药，如何可不快快的整理快快的宣传以求挽回人心于万一。”② 胡适认为墨子可能是中国有史以来最伟大的思想家：“那反对墨家的最厉害的孟轲道，‘墨子兼爱，摩顶放踵利天下，为之。’这话本有责备墨子之意，其实是极恭维他的话。试问中国历史上，可曾有第二个‘摩顶放踵利天下为之’的人么?”③ 而易白沙干脆宣称墨子是先秦诸子中唯一“可益于国人而无余毒者”：“周秦诸子之学，差可益于国人而无余毒者，殆莫如于墨子矣。其学勇于救国，赴汤蹈火，死不旋踵，精于制器，善于治守，以寡少之众，保弱小之邦，虽大国莫能破焉。”④ 在后文中，易白沙甚至替墨子的宗教学说辩护，认为天志明鬼之说亦像兼爱非攻一样不可缓。这种说法直接与新文化运动的主导思想相乖违，因而难逃有意溢美之嫌疑。但在《新青年》杂志中竟会出现这种言论，亦足看出时人对墨学厚爱之一斑了。

与这种热潮相联系，20 世纪的墨学研究也生出两种反动：

---

① 吴虞：《辨孟子辟杨、墨之显而易非》，《辛亥革命前十年间时论选集》第 3 册，北京三联书店，1977 年，第 737—739 页。

② 许啸天：《墨学的大概》，《国故学讨论集》第 2 集，上海书店，1991 年影印版，第 317 页。

③ 胡适：《中国哲学史大纲》卷上，商务印书馆，1919 年，第 150 页。

④ 易白沙：《述墨》，《新青年》第 1 卷第 2 号。

一种是在崇墨正盛的情况下反持批墨的立场。持这种立场的主要代表有柳诒徵、郭沫若。在《读墨微言》中，柳诒徵攻击当时治墨者曰："今人多好讲墨学，以墨学为中国第一反对儒家之人；又其说多近于耶教，扬之可以迎合世人好高骛新之心理，而又易得昌明古学之名。故讲国学者莫不右墨而左孔，且痛诋孟子距墨之非。然世界自有公理，非任少数人舞文弄墨，便可颠倒古今之是非也。墨子之道，本自不能通行，自战国以来，墨学久绝者，初非举数千年若千万人，皆为孟子所愚，实由墨子之说，拂天性而悖人情，自有以致之耳。"柳氏雄辩地指出墨学之亡主要基于自身理论上的缺陷，这对那些盲目崇拜墨子的人来说无疑是一副清醒剂，因此说来，柳氏亦可谓当世治墨者之诤友了。郭沫若则不同。郭是用马克思主义的立场和方法研究墨学的拓荒者，但他对墨学却抱有一种本能的反感。在《青铜时代》中，郭沫若这样写道："墨子始终是一位宗教家，他的思想充分地带有反动性——不科学，不民主，反人性，名虽兼爱而实偏爱，名虽非攻而实美攻。像他那样满嘴的王公大人，一脑袋的鬼神上帝，极端专制，极端保守的宗教思想家，我真不知道何以竟成了'工农革命的代表'。"① 为了证成自己的观点，郭沫若不但把《墨经》诸篇说成是造字的当时说发现了的"粗浅常识"，而且故意曲解墨子各种主张的基本意思。尽管他自己言之凿凿，声称无所偏好，但这无异于不打自招，终难逃脱有意溢恶之嫌疑。

另一种反动是因尊墨太过而宣称墨子非中国人。随着墨书的整理不断完善，墨家思想与学说的真实面目也越来越清楚，一些学者震惊于墨家逻辑和科学之先进以及墨家精神之高远，

① 郭沫若：《青铜时代》，新文艺出版社，1951年，第165页。

开始不相信这些东西能够属于东土之所产。再加上墨子之生地一直无法确断，这也为各种附会留下了余地。最早怀疑墨子非中国人的为胡怀琛。他根据“翟”与“狄”音近、兼爱非攻等与佛学相似、墨者之名多怪僻等理由，认定墨子为印度佛教徒。稍后卫聚贤替墨子作传，据“肤黑”、“秃头”、“赤足”及“墨书之引文不类中国文体”等理由，亦怀疑墨子为印度人或阿拉伯人。金祖同则作有《墨子为回教徒考》，认为墨子或即为印度回教徒。针对以上各种说法，方授楚曾经有过详细的驳辩。从思想史的角度看，这些说法只不过是民族虚无主义的表现，随着追求新奇之风一过，它们自然也就不值一提了，至多只能算是近代墨学热潮中的一段小小插曲而已。

三、在复兴背后

如果从傅山的《墨子大取篇注》算起，到 20 世纪 40 年代止，前后大约有两百年之久。在这两百年间，中绝了近两千年的墨学又重新经历了由小到大、由微而著的过程。经过好几代人的共同努力，《墨子》书得到了系统的整理，墨家思想得到了不断的挖掘，墨家精神亦受到广泛的提倡并最终出现了 20 世纪上半叶的“墨学热”。这两百年成了墨学史上的第二个黄金时代。

把这两百年和战国时期的两百年相比，可以看出两者有许多相同之处：第一，这两个时期都是社会发生急剧变革、新旧秩序不断更替时期。战国时期，奴隶制日趋崩溃，封建制开始逐步形成；近代则是在外来文明冲击下，由封建制向资本主义的变迁。第二，这两个时期都是战乱频仍、灾荒满地的年代。战国之所以被称为战国，正因为各诸侯国之间常年征战不休，而近代，自鸦片战争以后，中国也一直处于被列强蹂躏、侵略甚至即将瓜分的境地，侵略和反侵略构成了近代史发展的主线。第三，这两个时期都是思想非常活跃、新旧冲突非常剧烈的时代。战国时期，由于政治气氛的宽松，思想界出现了百家争鸣的繁荣局面。近代，由于西学的冲击，古今中外各种观念、各种学说也变得更加容易交汇和冲突。所有这些大概都是战国时期墨学得以产生和近代墨学得以复兴的基本条件。

不过，两个时期也有一些不同。战国时期，墨学的产生可以说就是受当时环境和现实影响的结果，墨子本人的各种主张一开始就主要是为了治世的。到了近代，墨学的重新兴起似乎更多的是受了外来势力的影响。战国时期，墨家作为诸子之一和儒家并立，墨之批儒只是因为学术路向或社会理想的不同。到了近代，"以墨批儒"则更多的是出于反传统的考虑。这两点对我们正确认识近代墨学的复兴来说是至关重要的。首先，由于近代的"墨学热"很大程度上是受到西学传播的影响，人们研究墨学或是出于对抗西学的目的，或是为了寻求移植西方文明的合适土壤。对抗西学者的典型说法是"西学墨源"说，接引西学者则更多地把墨学看成和西学一样或一致的东西。这两种说法的共同之处是：都停留在墨学和西学的表面上的相似之处，而忽略了两者之间的深层区别，结果极容易夸大墨学的价值和作用。其次，由于近代墨学复兴的一个重要原因是为了反传统、反儒家，人们提出或研究墨家是为了能找到一些与儒家教条不同的内容，所以研究者多注重揭示和发挥墨学中的积极内容，至于墨学本身的内在限制却常常被有意无意地忽略了。随着认识的深入，人们一旦发现墨学理论上的问题，狂热的情绪就会平复下去，墨学也就会重新陷入消沉的境地。

其实，在近代，一开始墨学并未被寄予过太多的希望。乾嘉时期除汪中、毕沅外，余者多不问墨家思想本身的价值，仅埋头于文字的训释、音韵的考订等，只是到了19世纪60年代以后，在西方的冲击下，一些学者才走向了“墨学救国”的路子，先是《备城门》以下诸篇的军事技术，然后是《墨经》中的科学，再后是墨子见义勇为、大公无私的牺牲精神，末了则是墨子的非攻、兼爱和节用主张，一步步地升级，墨子的形象也被抬到惊人的高度。从一个方面讲，这种夸饰极有利于形成一种气氛和热潮，民国初年人人言墨的局面即可为证；但从另一方面看，它却常常成为思想或学说本身发展的一种阻力，民国以后谈墨者极多，但却极少有人能从理论上给予更加完善的论证或发展。倒是儒家在经受了新文化运动的打击之后，却还能够在少数有创见的思想家那里获得相当大的进展。这足以证明：一种学说是否有强大的生命力，关键在于它的理论完善程度，而不在于是否有人刻意提倡。

经、子之别与“国故”问题

——章太炎、胡适关于治学方法的论争

章太炎和胡适是近代学术史上两位极重要的人物。他们不但在许多领域取得了丰硕的成果，而且对清末民初学术风气的转变影响至深。像经学的解体、诸子学的复兴以及西学的传播都与两人有脱不开的干系。详细地展示二人巨大的学术成就远远超出了本文作者的能力，本文的目的只在于，通过发生于新文化运动晚期“整理国故”声浪中的一场小小的争论，考察一下两人学术路向的差异以及造成这种差异的思想和文化背景。文章的最后将讨论这两种学术路向对我们今天可能有的意义。

一

与近代史上层出不穷的各种论战相比，章、胡之间 1923 年 11 月所进行的那场争论并不复杂：

先是章士钊在《新闻报》上著文讨论墨学，在极力表彰章太炎治墨言论之精审的同时，还特别表达了对胡适的不满。章士钊认为，胡适在墨学问题上，至少犯有两种错误：一是源流

不明。最典型的表现是，认惠施、公孙龙为“别墨”，从而混淆了学派的性质，使问题变得更加缴绕。二是过于武断。章士钊举例说：

《经》曰：“辩，争彼也。”争彼一义，墨学之骨干，而亦吾名学全部之骨干也。……适之独谓彼为误字，以《广韵》引《论语》子西佊哉为例，佊误作彼，而佊与驳通，争佊犹言争驳。试思《墨经》一义何等矜贵，以此种语赘归之，岂非陷全经于无意义[①]？

“争彼”是墨家对“辩”下的定义，但“彼”字如何解释，历来众说纷纭。在《中国哲学史大纲》中，胡适认为“彼”是讹字，正确的写法应当是“佊”。因为“佊”与“驳”相通，所以“争佊”就是现在辩驳的意思。胡适的这种解释颇为曲折，而且极易给人造成误解，好像“争”“佊”是两个同义词。所以，章士钊才批评他把“争彼”解释成了赘语。

章士钊的批评很快便得到了章太炎的赞许。在一封公开发表的信中，章太炎除了重申名墨宗旨不同外，更进一步指出胡适的错误不仅在于武断，而且还存在着基本学养的缺陷，即“未知说诸子之法与说经有异”：

至适之以“争彼”为“争佊”，徒成辞费，此未知说诸子之法与说经有异（《说文》诐字本训辩论。假令以训诂说经，则云辩争诐也，自可成义。然《墨经》非《尔雅》之流专明训

① 有关这次论争的往来信函，由胡适以《论墨学》为题收入《胡适文存二集》第1卷。此处原文引自姜义华主编《胡适哲学文集·中国哲学史卷》，中华书局，1991年，第719页。

诂者比。以此为说，乃成骇语尔），盖所失非独武断而已[①]。

章太炎对胡适的治学方法早有微辞。他对胡适那部备受誉扬的哲学史著作这样评论："接到《中国哲学史大纲》，尽有见解。但诸子学术，本不容易了解，总要看他宗旨所在，才得不错；如但看一句两句好处，这都是断章取义的所为，不尽关系他的本意。"[②] 在《致柳翼谋书》中，章太炎讲得更加严厉："胡适所说《周礼》为伪作，本于汉世今文诸师；《尚书》非信史，取于日本人；六籍皆儒家托古，则直窃康长素之唾余。此种议论，但可哗世，本无实征。……长素之为是说，本以成立孔教；胡适之为是说，则在抹杀历史。"[③] 虽然这些批评均出于私下场合，但也足以体察到章太炎胸中的不满之情。这一次，章氏终于逮着了公开批评胡适的机会。

此时的胡适一方面正忙于构思他所谓"科学的人生观"的模型，另一方面也不忘四处宣传用科学方法"整理国故"的必要性。按照胡适的经验，不管研究对象的性质如何，方法只要是科学的，就无不适用。在这种观念的支配下，他自然无法接受章太炎的批评：

> 我只晓得经与子同为古书，治之之法只有一途，即是用校勘学与训诂学的方法，以求本子的订正与古义的考定。此意在高邮王氏父子及俞曲园、孙仲容诸老辈的书中，都很明白[④]。

---

① 《胡适哲学文集·中国哲学史卷》，第722页。

② 章太炎：《与胡适论庄子书》，参见傅杰编《章太炎学术史论集》，中国社会科学出版社，1997年，第255页。

③ 汤志均编《章太炎政论选集》下册，中华书局，1977年，第763页。

④ 《胡适哲学文集·中国哲学史卷》，第722页。

胡适一贯认为，清代考证学派富科学精神、懂科学方法，特别是在校勘和训诂学领域表现得最为明显。他发现，王氏父子的《读书杂志》与《经义述闻》、俞曲园的《诸子平议》与《群经平议》，虽然一治经，一治子，但是所用的方法并没有什么不同。因此，胡适撇开“争彼”这一具体问题，反过来追问章太炎“说诸子之法”与“说经”究竟有什么不同？

胡适坚称这是“治学方法上的根本问题，故不敢轻易放过”，迫使章太炎不得不给予更详细的解释。这一次，两人学术取向上的差别更加明显。章太炎的看法主要体现在下面一段话中：

按校勘训诂，以治经治诸子，特最初门径然也。经多陈事实，诸子多明义理（此就大略言之，经中《周易》亦明义理，诸子中管、荀亦陈事实，然诸子专言事实，不及义理者绝少）。治此二部书者，自校勘训诂而后，即不得不各有所主。此其术有不得同者。故贾马不能理诸子，而郭象、张湛不能治经。若王、俞两先生，则暂为初步而已耳①。

按照章氏的理解，六经陈“事实”，诸子明“义理”，两者性质不同，因此治经治子的方法当然不一样。校勘训诂对治经治子来说，固然重要，但它们只是一种非常基础的准备工作。校勘训诂之后，还有一个“各有所主”的问题。正是在这种意义上说，王氏父子、俞、孙诸人的著作也仅仅“暂为初步而已”。胡适搬出章太炎在学术上极为尊重的王、俞等人来替自己辩护，不想连他们的著作也被说成“暂为初步”，这一点恐

① 《胡适哲学文集·中国哲学史卷》，第723页。

怕是胡适所始料不及的。

对于“各有所主”，章太炎十几年前就已经解释得非常明白：

说经之学，所谓疏证，惟是考其典章制度与其事迹而已。……今之经典，古之官书，其用在考迹异同，而不在寻求义理。……其学惟为客观之学。……若诸子则不然。彼所学者，主观之学，要在寻求义理，不在考迹异同。既立一宗，则必自坚其说，一切载籍，可以供我之用①。

争论发生的前一年，章氏所作“国学演讲”中也有一个近似的说明。按照章氏的说法，治经的要求是“比类知原”，即“把经看作古代的历史，用以参考后世种种的变迁，于其中看明古今变迁的中心”。治哲学则必须做到“直观自得”：“要知哲理非但求之训诂为无用，即一理为人人所共明而未证之于心，也还没有用处的。必须直观自得，才是真正的功夫。”②

胡适显然并不了解章太炎“各有所主”的意思。从他随后的答辩看，表面上好像有所让步，但骨子里却依旧：

至于治古书之法，无论治经治子，要皆当以校勘训诂之法为初步。校勘已审，然后本子可读；本子可读，然后训诂可明；训诂明，然后义理可定。但做校勘训诂的工夫，而不求义理学说之贯通，此太炎先生所以讥王、俞诸先生“暂为初步而已”。然义理不根据于校勘训诂，亦正宋明治经之儒所以见讥

① 章太炎：《诸子学略说》，《章太炎政论选集》上册，第284页。
② 章太炎：《国学概论》，上海古籍出版社，1997年，第67—70页。

于清代经师。两者之失正同[1]。

这段话声称，校勘训诂和义理贯通二者不可偏废，似乎相当公允。但看看下面这句话，就会明白胡适并不在意经、子之间的区别，相反，它们都是史家治史的材料而已：

其实经中明义理者，何止《周易》一部？而诸子所明义理，亦何一非史家所谓事实？盖某一学派持何种义理，此正是一种极重要的事实[2]。

“义理”也是历史事实，同样需借助校勘训诂才能确定。这与前面所谓“经与子同为古书，治之之法只有一途”的说法如出一辙。胡适前后立场并未有任何的改变。

总之，通过这场论争，两人治学方法上的差别暴露无遗：章太炎主张，不同性质的学问，必须对应不同的治学方法，不能张冠李戴；胡适则强调，存在一种普适的方法，不管学问的性质如何，均可以由它进行科学的处理。

使这场争论显得有点吊诡的是：胡适本以哲学为专业，却偏偏由他来提倡章太炎再熟悉不过的校勘、训诂方法；章太炎是清代朴学的正宗传人，却不得不由他出面告诉胡适，考据之外还有建立在“直观自得”之上的义理之学。

显然，这种明显的“错位”必须借助于他们各自的个性、学术训练以及思想文化背景来理解。

① 《胡适哲学文集·中国哲学史卷》，第725页。
② 同上，第724页。

二

从师承上看，章太炎属于清代古文学派的阵营。但他的思想和学术显然非古文经学所能笼罩。

章氏早年追随俞樾，就读于杭州诂经精舍，专门究心于小学和古文经典，朴学根底极为扎实。他对戴、段、二王一脉相传下来的治学风格，如审名实、重佐证、戒妄牵、守凡例、断情感、汰华辞等，终生服膺。章氏认为，治学之路必从小学始。这种说法明显得自于他的早年训练。直到晚年，章氏还坚持说："清时之言汉学，明故训，甄制度，使三礼辨秩，群经文曲得大通，为功固不细。"[①]

但是，章太炎对清代古文经学的短处也有清醒的认识。他说：

> 大氐清世经儒，自今文而外，大体与汉儒绝异。不以经术明治乱，故短于风议；不以阴阳断人事，故长于求是[②]。
>
> 尝意百年以往，诸公多谓经史而外，非有学问。其于诸子佛典，独有采其雅训，摭其逸事，于名理则深惎焉。平时浏览，宁窥短书杂事，不窥魏晋玄言也[③]。

前段话是说，古文经学家仅知道追求实事求是之学，却忘掉了

---

① 章太炎：《汉学论上》，《章太炎全集》第5册，上海人民出版社，1985年，第20页。

② 章太炎：《訄书重订本》，《章太炎全集》第3册，上海人民出版社，1984年，第158页。

③ 章太炎：《自述学术次第》，参见傅杰编《章太炎学术史论集》，中国社会科学出版社，1997年，第396页。

一位儒者所应具备的经世之志。后段话进一步指责他们正统观念太重，对六经之外的诸子、佛典缺乏最基本的同情和了解。这两点不但制约了古文经学的发展，同时还极易给自身招致各种无实无用的批评。

章太炎晚年曾自负地说，由于他个人的努力，古文经学派终于可以一扫“迂腐无用”的恶名：“乃若昔人所诮，专志精微，反致陆沈，穷研训诂，遂成无用者，余虽无腆，固足以雪斯耻。”[①] 但这无异于承认，清代古文经学确实犯了“专志精微，反致陆沉，穷研训诂，遂成无用”的毛病。

章氏的自负不是没有道理。他把六经当作古史、用国粹来激励种姓，使古文经学在晚清终于有机会实践一次它的经世功能。他对诸子、佛典的精湛研究，在经典考据之外开出了一片新天地。这两者使太炎与乾嘉学统有着实质性的区别。从这两点出发，我们不但可以更准确地了解章氏在学术上的独到之处，而且也会明白他何以坚持在“治经”和“治子”之间作出区别。

清代经儒不讲经世，实始于乾嘉时期，并非一开始就如此。吴、皖两派共尊为开山的顾炎武正是讲“经世致用”的急先驱。顾氏自称他的著述是为了“明学术，正人心，拨乱世以兴太平之事”[②]。他告诫学者不但要“博学于文”，而且更要“行己有耻”。在他的考据学背后始终有一个民族主义信念在支撑着。乾嘉学者继承了顾氏的治学方法，却回避了他的致用要求。章太炎既深不满于清世经儒的不讲经世，他就干脆越过近世诸儒，以直接继承顾炎武为己任：

① 章太炎：《蓟汉微言》，《章太炎政论选集》下册，第736页。

② 顾炎武：《日知录初刻自序》，《日知录集释》，岳麓书社，1994年，第1页。

原此考证六经之学，始自明末儒先，深隐蒿莱，不求闻达。其所治乃与康熙诸臣绝异。若顾宁人者，甄明音韵，纤悉寻求，而金石遗文，帝王陵寝，亦靡不殚精考索，惟惧不究。其用在兴起幽情，感怀前德。吾辈言民族主义者犹食其赐。且持论多求根据，不欲以空言义理以诬后人，斯乃所谓存诚之学①。

章太炎的民族主义思想当然不仅来自于顾宁人，外祖父的熏陶和《东华录》、《明季稗史》的刺激以及王夫之等人的著作对他均有影响。他对经史的看法也曾取法于浙东史学包括黄宗羲、章学诚等人的观念。但是，把考索六经的目的定位在“兴起幽情，感怀前德”，顾炎武的影响决不能低估。

把六经等同于古史，能够产生许多革命性的观念。如，“经”不再是载“道”的工具，它的作用只限于考察历史的变迁。又如，“经”的记载是可以怀疑的，再也不需要唯经是从了。还有，更关键的是，“经”与政治可以脱开干系，不会再出现两者相互依赖的局面。这些对传统经学以及它所依附的政治权力均可构成致命的冲击。

但是，所有这一切都不是章太炎的初衷。他之所以把六经等同为古史，还有一个更现实的目的，那就是用来培养人们的民族主义情感。从早期的排满到后来的反帝，章太炎都有一种强烈的焦虑感，那就是担心汉种的存亡。正像他晚年表达的：

在昔异族文化，低于吾华，故其入主中原，渐为吾化；今则封豕长蛇之逞其毒者，乃千百倍于往日，如我学人，废经不

① 章太炎：《答梦庵》，《章太炎政论选集》上册，第398页。

习，忘民族之大闲，则必沦胥以尽，终为奴虏而已矣[1]。

章太炎认为，唯今之计，只要有助于保国存种，什么手段都值得提倡。他发现，历史便是最能激发人们民族主义情感的工具：

故仆以为民族主义如稼穑然，要以史籍所载人物制度、地理风俗之类为之灌溉，则蔚然以兴矣。不然，徒知主义之可贵，而不知民族之可爱，吾恐其渐就萎黄也[2]。

章氏一生思想多变，但在重视历史方面却始终如一。他认为历史与民族兴亡密切相关。一国与他国区别的根本就在历史。只要历史还在，国亡还可以再兴；但是历史没有了，国家则必不可复。章氏一生的许多言论如保国粹、反西化甚至提倡尊孔读经等，都与他对历史的这种看法有关。

章太炎认为，历史之所以重要，并不在于它有什么理论，而在于它记载了各种活生生的事实。正是通过这些事实，人们读史时才会“兴起幽情，感怀前德”，以至于“就是全无心肝的人，那爱国爱种的心，必定风发泉涌，不可遏抑的”[3]。

章太炎所说的“历史”远比现在的涵义为宽泛，它包括语言文字、典章制度、人物事迹等等。在这种放大了的历史观念里，六经皆是它的组成部分。从《诗经》的歌谣到《周礼》的制度，无不是先民生活的记载。

① 章太炎：《论读经有利而无弊》，《章太炎政论选集》下册，第863页。
② 《章太炎全集》第4册，中华书局，1985年，第371页。
③ 章太炎：《东京留学生欢迎会演说词》，《章太炎政论选集》上册，第276页。

“经”一旦变成了“史”，它的作用也就不同了：“经”不再是“道”的载体，而只是“记事之书”。从经典之中，我们所能读到的，不再是各种“圣训”，而是民族自豪感：《诗》、《书》年代的古老刚好可以证明民族历史之久远，《春秋》的夷夏之防则培育了中国人的爱国爱种之心，等等。转换了功能的六经，其重要性其实一点儿也没有减轻。

清楚了这一点，我们即可明白，当章太炎告诉胡适“经多陈事实”时，他所谓的“事实”决不只是冷冰冰的事实而已。

由于“经”记载的是事实，从经中求义理顿成绝路。义理之学只能求之于六经之外。

章太炎对义理之学有浓厚的兴趣，这是他迥异于一般古文经学家的又一特征。章氏予诸子、佛典以极高的评价，主要与他的这种爱好有关。

在《菿言微言》中，章太炎曾经这样描述他个人研治诸子和佛学的经历：

少时治经，谨守朴学，所疏通证明者，在文字器数之间。虽尝博观诸子，略识微言，亦随顺旧义耳。遭世衰微，不忘经国，寻求政术，历览前史，独于荀卿、韩非所说，谓不可易。……及囚系上海，三岁不觌，专修慈氏、世亲之书……乃达大乘深趣。私谓释伽玄言，出过晚周诸子不可计数；程朱以下尤不足论。……后为诸生说《庄子》，间以郭义敷释，多不惬心，旦夕比度，遂有所得。端居深观而释《齐物》，乃与《瑜伽》、《华严》相会。所谓摩尼见光，随见异色，因陀帝网，摄入无碍，独有庄生明之，而今始探其妙，千载之秘，睹于一曙。次及荀卿、墨翟，莫不抽其微言，以为仲尼之功，贤于尧舜，其玄远终不敢望老庄矣。癸甲之际，厄于龙泉，始玩爻象，重籀《论语》，明作《易》之忧患。……又以庄证孔，而耳顺绝四之指，居然可明[1]。

从这段话可以看出，章氏前后思想变化颇大。其中，佛学的影响最为关键。从前期推尊以政术见长的荀、韩，到后来专门发明以玄远著称的老、庄，这中间经过了一个“专修慈氏、世亲之书”的时期。正是唯识学“以分析名相始，以排遣名相终”，使他得以走出纯粹考据的传统，突入到名理玄言的领域。他诠释名家、庄子的著作均与佛学有关。

诸子之中，章太炎对庄子的评价最高。他说：“若夫九流繁会，各于其党，命世哲人，莫若庄氏。消摇任万物之各适，齐物得彼是之环枢，以视孔墨，犹尘垢也；又况九渊、守仁之流，牵一理以宰万类者哉。”[2] 章氏曾专门作《齐物论释》以发挥庄子的思想。对于这部会通佛、庄的大著，章太炎自许极高。在与人书中，他称：“所著数种，独《齐物论释》、《文始》，千六百年未有等匹。”[3]

根据他的弟子记载，章太炎民国初年就曾慨叹，自己的经史小学均有传者，唯独诸子哲理后继乏人：

先师尝言：经史小学，传者有人，光昌之期，庶几可待。文章各有造诣，无待传薪，惟示之格律，免入歧途可矣。惟诸子哲理，恐将成广陵散矣[4]。

---

① 章太炎：《菿汉微言》，《章太炎政论选集》下册，第734页。

② 章太炎：《〈庄子解故〉前记》，《章太炎学术史论集》，中国社会科学出版社，1997年，第254页。

③ 章太炎：《与龚未生书》，《章太炎政论选集》下册，第702页。

④ 朱希祖：《致潘承弼书》，见汤志均编《章太炎年谱长编》上册，中华书局，1979年，第474页。

这固然反映了章氏于发明诸子哲理处的自负，但也未始不与诸子学说的性质有关。正如太炎所常说，诸子之学是一种“主观之学”，它寻求的是义理而不是史实的异同。讲义理就必须靠“直观自得”。因此，它并不像经史小学那样有辙迹可寻。章太炎自己就承认，治子远比治经为难。所以，当他称“说诸子之法与说经有异”时，这恐怕并不是一句泛泛之论，其中实在饱含着他个人治学的种种心得与甘苦。

章太炎的诸子学研究影响很大。无论是抬高荀、韩还是特别表彰老、庄，在当时都起到了平视各家、解放思想的作用。他对墨家和荀子的名学思想的发掘开创了中国逻辑史研究的先河。他诠释诸子思想的作品如《原名》、《明见》、《齐物论释》等受到梁启超、胡适等人的交口称赞。可以说，晚清诸子学的复兴与章太炎的努力密不可分。

必须指出的是，章太炎之所以表彰诸子，不仅仅是基于个人对义理之学的偏爱，也不仅仅是出于反孔批儒的政治需要(有一个时期，他的确如此)。他认为，研究周秦诸子，还有两种更根本的作用：一是可以追求真理：“盖学问以语言为本质，故音韵训诂其管籥也；以真理为归宿，故周秦诸子其堂奥也。”[①] 二是可以振兴民德和改造国性：“若夫周秦诸子，趣以张皇幽眇，明效物情，民德所以振起，国性所以高尚。”[②] 前者是治学的归宿，后者则关乎民族国家的前途。

把研究周秦诸子看成是振起民德、高尚国性的工具，说明即使在纯粹追求真理的“主观之学”领域里，章太炎仍然无法

① 章太炎：《致国粹学报社书》，《章太炎政论选集》上册，第497页。

② 章太炎：《与钟正楙论学书》，《章太炎学术史论集》，第68页。

忘怀他的民族主义理想。

三

胡适的治学道路与章太炎完全不同。胡适受的是新式教育，走的是留学路线，修的是哲学专业，信奉的是实验主义，与章太炎的经学出身、小学训练几乎找不到任何相似之处。可是，由于某种特殊的缘故，两人在学术上还是扯上了意想不到的关联。

这得从胡适对"方法论"的偏爱说起。

在20世纪中国学术史上，胡适也许是最喜欢讲方法的大学者。他认为，研究对象是死的，但研究方法可以很灵活。具体主张的应用是有限的，但方法的作用却可以无穷。因此，他非常热衷于宣传"科学方法"。他甚至声称，他的许多作品都可以当作"方法论"去阅读：

> 我这几年的言论文字，只是这一种实验主义的态度在各方面的应用。我的唯一目的就是提倡一种新的思想方法，要提倡一种注重事实，服从证验的思想方法。古文学的推翻，白话文学的提倡，哲学史的研究，《水浒》、《红楼梦》的考证，一个"了"字或"们"字的历史，都只是这一个目的①。

胡适曾把自己所理解的"科学方法"概括为十个字："大胆的假设，小心的求证。"这十个字也成了他一切学术活动的

---

① 胡适：《我的歧路》，《胡适哲学思想资料选》上册，华东师范大学出版社，1981年，第217页。

指导思想。

胡适承认，他对科学方法的认识主要来自于西方。有两个人对他的影响最大，它们分别是赫胥黎和杜威。赫胥黎教他怎样怀疑，教他不信任一切没有充分证据的东西。杜威教他怎样思想，教他把一切学说理想都看作待证假设，教他处处顾到思想的结果。并且胡适还特别指出，他所掌握的这种圆满的科学方法论，是欧洲科学发达二三百年之后才逐渐形成的。

不过，当把目光转回到中国时，他却获得了一个惊人的发现，就是清代学者特别是考据学派同样掌握了这种方法的精神，并已经应用到他们的研究实践中去。胡适为此而非常高兴，直到许多年后，他还自豪地说："很少人曾想到现代的科学法则和我国古代的考据学、考证学，在方法上有其相通之处。我是第一个说这句话的人。"①

胡适所发现的考据学派的"科学方法"主要体现在文字、训诂、校勘和考订等领域。在这些与经典考校有关的学科内，材料的归纳、通则的确定及史实的订正都是最基本的研究手段。胡适认为，这几项已足以证明，清代学者会怀疑、懂归纳并且知道验证的重要性。这正是"科学方法"的表现。

一提到考据学派，自然少不了"能为正统派大张其军"的章太炎。在《中国哲学史大纲》的导言里，胡适曾特别指出章太炎与其他考据学家的不同：

> 清代的汉学家，最精校勘训诂，但多不肯做贯通的工夫，故流于支离碎琐。……到了章太炎方才于校勘训诂的诸子学

---

① 胡适：《胡适的自传》，《胡适哲学思想资料选》下册，华东师范大学出版社，1981年，第109页。

外，别出一种有条理系统的诸子学。太炎的《原道》、《原名》、《明见》、《原墨》、《订孔》、《原法》、《齐物论释》都属于贯通的一类。《原名》、《明见》、《齐物论释》更为空前的著作①。

这种评价真是高极了。“贯通”是指把每一部书的内容融会贯穿，寻出一个脉络条理，组成一种有头绪的学说，大体相当于胡适常说的“系统的整理”。胡适认为，宋儒的特点是重贯通，但由于不明校勘训诂，所以流于空疏和臆说；清代汉学家的特点是精于校勘训诂，可又不做贯通的工夫，故陷于支离琐碎；只有到了章太炎才把这两者融会起来。按照胡适的标准，既然清代的汉学家都已掌握了成熟的“科学方法”，那么善做贯通工夫的章太炎就更不在话下了。

在《大纲》自序里，胡适再一次提到章太炎：

我做这部书，对于过去的学者我最感谢的是：王怀祖、王伯申、俞荫甫、孙仲容四个人。对于近人，我最感谢章太炎先生②。

从这些话里，足可看出胡适对章太炎的推尊程度。

问题是，章太炎未必会接受胡适的这种好意。从章氏自己的学术理路看，“贯通”根本算不得什么像样的评价。能做贯通工夫即使不属于校勘、训诂的要求，它也至多只能归到“考迹异同”的客观之学。把《齐物论释》这部章氏自许为会通“华梵圣哲之义谛、东西学人之所说”的“直观自得”之作归

① 《胡适哲学文集·中国哲学史卷》，第27页。
② 同上，第3页。

到“贯通”一类，简直就是在贬章太炎的身价！

胡适对章氏著作的这种明显的“误读”，足以说明两人在治学道路上有着实质性的不同：

首先，两人的学术兴趣迥异。章太炎虽然受的是朴学训练，擅长于考证经史，但由于佛典的影响，他对义理之学有同情的了解。而胡适虽以哲学为专业，但却更钟情于历史，特别是其中的考证学。胡适自称是有“考据癖”的人，他可以花二十年时间去做一件有关《水经注》的辨伪工作而乐此不疲，全靠这种对历史考证的浓厚兴趣。事实上，胡适在学术史上的贡献主要就集中在历史领域，如哲学史、小说史、禅宗史等等。

其次，对“方法”的认识不同。章太炎虽然也有关于治学的种种心得，但并不像胡适那样“方法”先行。他所总结出来的一些看法，如“说经之法”与“说诸子之法”的不同，都是根源于他治经治子的经验。相反，胡适对“方法”的执著则来源于一种哲学思潮。正如他自己所指出：

> 杜威对有系统思想的分析帮助了我对一般科学研究基本步骤的了解。他也帮助了我对我国近千年来——尤其是近三百年来——古典学术和史学家治学的方法的，诸如考据学、考证学等等的认识①。

胡适相信，只要掌握了这种“科学研究的基本步骤”，那么无论应用到什么地方，都可以获得大量的发现或知识的进步。西方近代文明把这种“科学方法”应用到了自然界，所以

---

① 《胡适的自传》，《胡适哲学思想资料选》下册，华东师范大学出版社，1981听，第109页。

有科学的突飞猛进，造就了一个日新月异的现代文明。中国人把这种“科学方法”应用到了书本、文献的考证上，出现了清代考证学的勃兴。这些均说明“方法”可以超出研究对象之外，具有独立的价值。正是基于这种信念，胡适才把自己一生的学术活动差不多全部奉献给了这种“科学方法”的实践。

最后，治学的态度有别。章太炎无论是考证经史还是发明诸子，都与他独特的经世观分不开。在他那艰涩难懂的文字背后，永远都包含着现实的内容。但也正因为过分重视学术与现实的联系，使他的治学难免会受到个人好恶的干扰。胡适则不然。胡接受的是现代学术训练，更容易自觉地信守客观的原则。这一点从他下面一段话可以看得很清楚：

做学问的人当看自己性之所近，拣选所要做的学问，拣定之后，当存一个“为真理而求真理”的态度。研究学术史的人更当用“为真理而求真现”的标准去批评各家的学术。学问是平等的，发明一个字的古义，与发现一颗恒星，都是一大功绩①。

胡适对传统批判得很激烈，但在考史方面，他从不以个人的好恶歪曲事实，就是明证。胡适会为一种版本、一条材料的发现而惊喜，可一旦结果出来，考据的任务就完成了，他决不愿意再由此引申或比附一些与学术无关的结论。对胡适而言，考证的目的只能是，证明一件史实，或者，再一次验证他的“科学方法”的有效性而已。

① 胡适：《论国故学》，《国故学讨论集》上册，上海书店，1991 年影印版，第 133 页。

章、胡二人治学立场上的这种不同直接影响到他们对“国故”问题的看法。

四

新文化运动后期，在如何对待文化遗产问题上，知识界发生争执。对立的观点主要有两派，一派主张“保存国粹”，一派主张“整理国故”。后一派视胡适的言论为圭臬，前一派则多以章太炎的主张为依据。如果把这场争论看成是章太炎和胡适的较量，那似乎也并不能算太过分。

甚至，两人关于如何治经和治子的讨论，其实也可以归到这同一个问题下。

章太炎这样解释“保存国粹”的必要性：

为甚提倡国粹？不是要人尊信孔教，只是要人爱惜我们汉种的历史[①]。

尝谓治乱相寻，本无足患，浸假至于亡国，而学术不息，菁英斯存，辟之于身，支干灰灭，灵爽固不随以俱澌，若并此而夭伐之、摧弃之，又从而燔其枯槁，践其萌蘖，国粹沦亡，国于何有[②]？

说到底还是那个亡国亡种问题！前段话讲于 1906 年，后段话说于 1923 年。这期间正是近代社会最动荡的十几年，章太炎对“国粹”的看法并没有发生什么明显的变化。胡适曾指出：

---

① 章太炎：《东京留学生欢迎会演说辞》，《章太炎政论选集》上册，第 276 页。

② 章太炎：《华国月刊发刊辞》，《章太炎政论选集》下册，第 780 页。

"国故这两字，是章太炎先生提出，比以前用的国粹好多了，其意义即中国过去的历史文化，包括一切。"① 但这种说法并未缩小两人之间的距离。事实上，章太炎根本无意于在"国粹"和"国故"之间作出区别。

胡适就不担心亡国亡种问题。作为一名忠实的世界主义者，胡适并不为自己传统的失落而担忧，相反他认为，凡是合乎现代文明（西方文明）的东西，就没有理由担心会失掉；而那些与现代文明相背离的，即使淘汰掉也不值得可惜。在这种信念支配下，胡适认为，目前的任务根本就不是如何去"保护国粹"，而是先用科学方法和科学精神对"国故"进行一番整理：

> 我们对于旧有的学术思想，积极的只有一个主张，——就是"整理国故"。整理就是从乱七八糟里面寻出一个条理脉络来；从无头无脑里面寻出一个前因后果来；从胡说谬解里面寻出一个真意义来；从武断迷信里面寻出一个真价值来②。

必须指出的是，胡适在"整理国故"问题上，表现得相当矛盾。现代学术的训练，使他意识到无论对什么问题都应尽量保持理性和客观，但两种文化的反差又使他对自己的传统从心理上感到厌恶。当他攻击自己的民族是一个"又愚又懒"、"一分像人九分像鬼"的不长进的民族时，当他说"故纸堆"里有无数的老鬼能吃人能迷人时，这种厌恶之情表现得至为明显。甚至，他竭力表彰乾嘉朴学的方法，某种程度上也是出于心理

---

① 胡适：《再谈整理国故》，《国故学讨论集》上册，上海书店，1991年，第22页。

② 胡适：《新思潮的意义》，《胡适选集》，天津人民出版社，1991年，第112页。

补偿的需要。

胡适曾经告诫自己的学生，用科学的方法整理国故，应当坚持的是“为真理而真理”的态度，不应当先存一个“有用”“无用”的观念[①]。这种慎重的言辞表明，胡适在对待传统这个敏感的问题上，也曾试图尽量保持一种理性的立场。

可是，这样的例子并不多。更常见的情况是，他把“整理国故”看成了评判历史、重估价值的一种手段：

> 用精密的方法，考出古文化的真象，用明白晓畅的文字报告出来，叫有眼的都可以看见，有脑筋的都可以明白。这是化黑暗为光明，化神奇为臭腐，化玄妙为平常，化神圣为凡庸，这才是重新估定一切价值。他的功用可以解放人心，可以保护人们不受鬼怪迷惑[②]。

用“保护人们不受鬼怪迷惑”来说明“整理国故”的功用，很难说是什么客观的态度。由发生在胡适身上的这种矛盾可以看出，在涉及文化传统这个个人情感最易介入的领域，要想保持一种比较理性的态度是多么困难。

总之，民族主义的情结使章太炎对本国文化充满敬意，他始终相信，本民族特有的东西是最可宝贵的财富。普世主义的信念使胡适更多地看到自己传统的不足，他总想把本国的文化溶入到世界的潮流中去。这两种态度实际上也正是文化冲突中最常见的两种情形。只要文化冲突尚存，发生在章太炎和胡适身上的这种情况就可能会一再重复。

---

① 胡适：《论国故学》，《国故学讨论集》上册，第133页。

② 胡适：《整理国故与“打鬼”》，参见《胡适哲学文集·中国哲学史卷》总序，第9页。

五

回顾20世纪的中国学术史，人们总爱从章太炎和胡适讲起[①]。这不仅是由于他们在世纪初学术界的核心地位，而且更关乎延续至今的学术发展走向。考量历史，其实更多的是为了反省现实。

个人认为，对章太炎和胡适最好分开对待。无论是为了考量历史，还是反省现实。

就历史而言，章太炎影响到“五四一代”，胡适影响到“后五四一代”，这本是自然常情。但常情中也有不寻常之处。章太炎出于传统，入于传统，一生反复多端，可他给“五四一代”的启示，肯定破坏大于建设。鲁迅的估计并没有错：“我以为先生的业绩，留在革命史上的，实在比学术史上还要大。”[②] 正是靠反清、诋孔、与梁启超、康有为等斗争的那些言论，使当时的激进青年热血沸腾。“有学问的革命家”这个称号本身就很有趣，“学问”变成了“革命”的修饰语，个中因由不就很值得我们认真回味吗？在某些专门的领域，如音韵、训诂，章氏的影响犹在，但他大量的经世文章早已成为历史的陈迹。把学术与政治勾连起来，无论是借发挥微言大义还是考证经史，都是属于经学时代的做法。章太炎终究是一位经学家。他亲手埋葬了他竭力加以维护的传统。

胡适的不同处在于，在摧毁一种传统的同时，又积极参与

---

① 陈平原《中国现代学术之建立》（北京大学出版社，1998年）一书的副标题就是“以章太炎、胡适之为中心”。

② 鲁迅：《关于太炎先生二三事》，《章太炎生平与学术》，三联书店，1988年，第8页。

创建一种新传统。无论胡适反对旧传统的言论在年轻一代中的影响有多大，但从学术史的角度看，他的贡献却在于对“后五四一代”的示范作用。他是一位开风气的人物，他那几种“半部”著作都有助于树立一种新范式，尽管未必都是优范式。胡适所代表的这种新传统来自西方，是现代文明的产物。它以理性为指导，着重客观、科学，坚持价值上的中立，并且有一套形式上的规范等等。经过胡适的宣传和实践，经过“后五四一代”的努力，这套规范主宰了中国学术界，至今依然如此。从开新的角度看，胡适在20世纪学术史上的地位远比章太炎重要。

问题还有另外一面。正像任何一种传统一样，新的总会变成旧的。每一种传统都有它的局限。建立在现代文明之上的新传统，有一些基本的假定正面临着越来越多的挑战：科学理性适用的范围是否有限定？客观性如何在人文学科中体现？现代化是否一定要斩断历史？民族性能否在现代学术中加以体现？所有这一切都需要加以重新检讨。

从这个意义上讲，章太炎就会重新回到我们的视野。清除掉种族主义的痕迹之后，对民族特性的重视、对民族传统的珍爱，也许可以重新被现代学术所容纳。陈寅恪的那段著名的话——“其真能于思想上自成系统，有所创获者，必须一方面吸收输入外来之学说，一方面不忘本来民族之地位”① ——近年来一直为人们所乐道，已经足以说明问题。另外，章太炎对“主观之学”重视、对“直观自得”的强调同样值得我们回味。在那些与个人内在体验相关的领域内，只有不再以客观性相约制，像《齐物论释》这样的深造自得之作才会重新出现。

---

① 陈寅恪：《冯友兰中国哲学史下册审查报告》，《金明馆丛稿二编》，上海古籍出版社，1980年，第252页。

逻辑分析及其限制

——略论张申府、冯友兰和金岳霖思想方法的异同

20世纪三四十年代，思想界掀起了一股重建中国哲学的热潮。就重建的形式而言，经过了新文化运动的批判和西学的广泛传播，人们大体上取得了一致的意见，那就是走一条东西方智慧互补、融合的道路。陈寅恪所谓“其真能于思想上自成系统、有所创获者，必须一方面吸收输入外来学说，一方面不忘本来民族之地位”的说法[①]，恰当地表达了当时思想界许多人士的这种共识。但是，西学内部既学派林立，中国传统哲学亦有各家各派之别，互补融合到底应当选择哪家哪派或哪种主义，这倒是一个见仁见智的问题。在吸收输入外来学说方面，有的人选择了实用主义，有的人服膺唯意志论，有的人则热衷于唯物辩证法；在立足于本来民族之地位方面，有的人接续程朱，有的人重提陆王，有的人则试图使佛家的唯识学重光。一时间，思想界倒也显得异彩纷呈，热闹非凡。

在这场重建中国哲学的热潮中，张申府、冯友兰和金岳霖

① 《陈寅恪史学论文选集》，上海古籍出版社，1992年，第512页。

是思想倾向比较接近且颇富建设性成果的几位。他们共同追随英美分析哲学的传统，盛赞逻辑分析法的好处，并试图把它和中国古典哲学相嫁接，以创制新型的方法和系统。从继承传统的角度看，他们三人并不一致：张申府对原始儒家倾注了较大的热情，冯友兰声称他是接着程朱理学讲的，金岳霖则更喜欢道家的庄子。但在吸收外来学说方面，三人却一致推崇逻辑分析法。张申府最先把分析哲学和逻辑解析法介绍过来，然后在此基础上提出了他自己的“大客观法”和“具体相对论”，冯友兰试图用逻辑分析法重新阐释中国哲学的范畴，金岳霖则把逻辑分析转化为自己的具体实践，逻辑分析成了张、冯、金三人的纲领或实践。冯友兰和金岳霖并且依之建构了自己的哲学体系，成为抗战时期最富创造性的哲学家。

不过，由于思想背景的差异和侧重点的不同，他们三人对逻辑分析法的理解并不完全相同。这种不同对他们各自的思想和体系产生了深远的影响。探讨这些不同不但有助于把握他们各自的思想和体系的特点，而且也有助于我们了解逻辑分析法的作用和局限。

一、崇尚方法

众所周知，中国哲学历来偏重于笼统的直觉和整体的把握，形式上缺乏严密的推理和周详的论证；同时二千年一贯的“我注六经，六经注我”的研究方法，使得创造性的思想内容常常淹没在卷帙浩瀚的注疏、语录和书信中，其中的内在关联隐而不彰，显得非常模糊、芜杂和隐晦。这种方式也许具有某种诗意的优点，但从总体上说，它毕竟不再适合现代哲学的专业化研究了，特别是在中西文化交通以后，思想领域的深层接触展示了一个全新的理智系统，使传统哲学的缺陷和不足更加彰明。这种对比的结果是一方面对传统的粗疏和零乱产生极端的厌恶，一方面对外来思想方法唤起极大的热情。一时间，方法成了思想界关注的焦点。戊戌变法的思想家似乎已经意识到中国哲学缺乏形式化训练的缺憾，康有为和谭嗣同都企图把他们的著作用数学形式条理化；严复着手向国人介绍西方古典逻辑学和科学方法论，意图从根本处用力；新文化运动时期，对方法的崇尚达到极点：蔡元培勉励他的学生要学到西方点石成金的“手指头”（即方法），胡适之宣称实用主义主要是一种研究方法，并用来整理史料，梁漱溟崇尚直觉，在柏格森那里找到了儒家传统早已“拥有”的智慧，而许多思想家甚至把科学本身也当作一种万能的方法，用来解决包括宇宙人生在内的一切问题。

在这种背景下，英美哲学界盛行的逻辑分析方法也被介绍过来。于此，张申府大有功焉。张最先发现罗素，他为后者明晰的语言、精细的方法及伟大的人格所深深地折服，称之为他平生最佩服的哲学家，此后他一直致力于向国人介绍罗素的思想和学说，特别是罗素所盛倡的逻辑分析法。张认为，作为新实在论潮流中的一个最有力量的大师的罗素当然是讲逻辑分析的翘楚，而逻辑解析是当时世界哲学里两个最有生气的主潮之一，“在理想上，将来的世界哲学实应是一种解析的辩证唯物论”[①]。张申府并且坦率地承认构成他自己思想之中心的所谓“大客观法”、“具体相对论”的最直接来源就是罗素的类型论和逻辑解析法[②]。冯友兰更是自觉地意识到，“就我所能看出的

① 《张申府学术论文集》，齐鲁书社，1985年，第67页。
② 同上，第128页。

而论，西方哲学对中国哲学的永久性贡献，是逻辑分析法”。他还以能应用这种方法进行哲学创作而感到自豪：“我已经在《新理学》中能够演绎出中国哲学的形上学观念，把它们结合成为一个清楚而有系统的整体。”① 而金岳霖虽然没有详细地论述何谓逻辑分析方法，但由于他对数理逻辑的介绍和对知识论的研究，使他本人也被看作近代思想家中在方法论上有所建树的第一人：“中国近代思想方法虽有大的贡献，但不是古代方法之整理，就是西洋方法之介绍，能融会各种方法系统，别立一新的方法系统，在中国近代恐怕只有金岳霖一人。”②

二、什么是分析

但是，除了共同服膺逻辑分析法这一点外，以上三位对究竟什么是分析的理解和侧重点并不一致。张申府除推崇罗素外，他对维特根斯坦、逻辑经验主义和唯物辩证法都有兴趣，这使他对分析的理解既能着重形式化的一面又有全面性的好处。而冯友兰虽然是从史的研究转入哲学创作的，他对形式化的一面似乎有更浓厚的兴趣，他的《新理学》中充满了类似罗素用形式逻辑的句法分析日常语言结构的做法，譬如，他用逻辑上蕴涵关系从实际的事物推导出有一个真际的世界，又如，他利用数理逻辑中的量化概念，把哲学中许多命题转换成形式化的命题，以避免来自实际科学的批评等。金岳霖虽然是职业逻辑学家，并且深受罗素的影响，在他后期的《知识论》中却把这种纯逻辑的推导保持在适当的限度，对日常语言中的概念

① 冯友兰：《中国哲学简史》，北京大学出版社，1982年，第378、385页。
② 郭湛波：《近五十年中国思想史》，山东人民出版社，1997年，第201页。

和句子反而倾注了更大的精力和耐心，力求全面地揭示它们的内涵和意义。他们三人这种倾向上差别的一个主要原因可能就在于他们思想来源上的不同。正如前面提到的，张申府的思想背景是多方面的；冯友兰主要深受美国新实在论的影响，而且他对维也纳学派的工作比较熟悉，这两者都对建构一种理想的人工语言抱有浓厚的兴趣；而金岳霖在剑桥大学的游学经历可能使他受到了摩尔对日常语言进行分析的方法的影响。在详细叙述他们的观点之前，我们首先介绍一下有关的西方哲学家对分析的看法，因为即使在西方，在什么是分析，分析的对象和内容是什么等问题上，哲学家们也并没有获得一致的意见。

美国新实在论者认为，分析并不是指某一门知识所特有的方法，而是指一般精确知识的共同方法。分析本身是非常复杂的，它本身的性质只有通过精细的分析才能揭示出来，求助于大致的了解，可以说分析就是发现一个实体在某种意义下是由部分组成的。分析包括整体和部分的关系，它有两大类型，形式的和实质的。实质的分析如对化学化合物的分析，能够实质上将物分割开；形式的分析是对典型整体的分析，如时间的连续，部分是区别了、分析了，但整体仍是完整的。因此，尽管美国新实在论者强调用词谨严，定义清楚等等，他们所谓分析仍是传统意义上的：分析的对象是实体和观念，分析主要处理的是整体和部分的关系①。

逻辑经验主义者就不同了。他们认为，并不是所有的分析都是把复杂的东西化归为简单的要素，有一些分析是对某个句子的语言形式的改造，这本质上是一种释义的工作。现代逻辑的一个显著特征是它所处理的是句子或命题而非单个的词或概

① 霍尔特等：《新实在论》，商务印书馆，1980 年，第 158—165 页。

念，是关系而非个别的项，哲学的任务就是通过对句子的语言形式的改造，把它所表达的命题之逻辑联系揭示出来，从而把一些不明白、容易产生误解的形式翻译成清楚明白、不会产生误解的形式。卡尔纳普认为，如果评论什么陈述，只要它有所断言，就具有经验性质，就属于事实科学，那么留给哲学的就既不是陈述，也不是理论的体系，而只是一种方法，即逻辑分析法。这种方法的消极应用是“用以消除无意义的词，无意义的假陈述；在积极的应用方面，它用以澄清有意义的概念和命题，为事实科学和数学奠定逻辑基础”[1]。一句话，哲学就是对语言的逻辑分析。

逻辑经验主义的主要目的在于建立一套精确的人工语言，从而为科学奠定基础。而对乔治·摩尔来说，对日常语言的分析更应当成为哲学关注的中心，许多无意义的问题都是由于我们对日常语言的误用而引起的，当把问题弄清楚后，很可能出奇地简单，他认为：“在伦理学上，正像在一切哲学学科上一样，充满其历史的困难和争论主要是由于一个十分简单的原因，即由于不首先去精确发现你所希望回答的是什么问题，就试图作答。”[2] 情况常常是这样，哲学家们头脑里想的不是一个而是几个问题；他们总是不断力求证明“是”或者“不”可以解答问题，但对这类问题来说，这两种答案都不是正确的，因为其中有的答案是“是”而另一些可能为“不”。因此摩尔满足于对日常语言如善、实在等作外科手术式的治疗，耐心地然而也常常艰苦地澄清它们的意义。由后期维特根斯坦开创的日常语言学派在某种意义上可以说继承了摩尔的工作。

---

① 洪谦主编《逻辑经验主义》，商务印书馆，1989年，第13页。

② 摩尔：《伦理学原理》，商务印书馆，1983年，第1页。

张申府由于在哲学上的广泛兴趣，使他对上述三种说法都有同情的理解：他既能同意美国新实在论者的观点，认为哲学分析的目的是事中求理；又能同意摩尔的说法，因为只有把思想、言辞弄清楚后才可借以见出客观的实在；当然最主要的是他更赞成罗素的观点，认为“现代专门哲学解析就是逻辑解析。它的对象本有三种，一是字或名词，二是句子或命题，三还有学问的系统。以字为对象的，目的在得出字的解析的界说。以句子为对象的，目的在找出句子的切实意谓。以学问系统为对象的，日的在组成逻辑的系统，显明其所据”[①]。不仅如此，张申府还希望把所有这些观点融会起来，建立起一种全面的方法论原则。他前期提出了“大客观法”，主张跳出主客体的限制，扩大客观的范围，坚持伦理的中立，因此按事实的本来面貌认识实在，接近于罗素和美国新实在论者的立场；后期则发展为“具体相对论”，强调“一个道理的是非总和要先看它的种种色色的关联，也要看它是在什么范围或就哪方面说，就是要把界限划个明明白白，同时要把意思弄个清清楚楚”[②]，从而把摩尔的主张和唯物辩证法全部包容进来。惜乎张申府并没有把这种主张发挥成系统的理论。

冯友兰由于深受美国新实在论者的影响，他也就基本上同意后者的观点，认为“分析是把一物化为构成它之原素”[③]。他同样把分析区分为两种，一种是物质的，一种是理智的。物质的分析如科学家在实验室中对物的分析，将物实际拆开，由此而得到的原素和观念是属于科学的；理智的分析如哲学中对某物的区分，它不需要将被分析者实际拆开，只在思维中进行，

① 《张申府学术论文集》，第 82 页。

② 同上，第 130 页。

③ 冯友兰：《三松堂全集》第 4 卷，河南人民出版社，1986 年，第 24 页。

由此而得的原素和观念是属于哲学的，如将“这”分析而知其有方性并不需要把“方性”从“这”中拆开，也不可能拆开，这种在思想中进行分解的方法即所谓理智的分析，就是逻辑分析法。但冯友兰也有一点和美国新实在论者不同，他认为，科学的命题是不能用逻辑分析法得到的，形式的分析也不能用经验加以证实，而在美国新实在论者那里，分析是一切严密科学共同的方法，哲学和科学的方法并没有实质的区别。冯友兰也并不完全反对逻辑经验主义对逻辑分析的界定，他只是认为，如卡尔纳普把逻辑分析完全等同于对语言形式的逻辑转换或释义太片面，“照我们的看法，逻辑分析法就是辨名析理的方法。……我们以为析理必表示辨名，而辨名必归于析理；维也纳学派则以为只有名可辨，而无理可析”[①]。关于分析的对象，这里有一个根本的区别，卡尔纳普认为，分析处理的是问题、句子，分析从事的是语言的澄清工作；冯友兰则认为，分析不但是对语言的澄清即辨名，而且更重要的是处理句子所表达的思想和观念即析理，辨名实则是为了析理，承认有理可析是冯友兰同维也纳学派的根本不同。

金岳霖没有系统地论述什么是分析方法，对他来说这也许是不言而喻的，因为他的著作完整地体现了这种方法的实质和精髓。因此和冯友兰不一样，分析对他不是一种纲领，而是一种实践，一种活动。大致地说，金岳霖可以同意冯友兰的说法，即分析不仅是辨名而且要析理，因为在承认有一个条理井然的共相世界上他们是相同的，而知识无非就是对这一世界的认识和了解。他晚期批评罗素时曾经提到：“分析就是把整体

---

① 冯友兰：《三松堂全集》第5卷，河南人民出版社，1986年，第233页。

分解成它的组成因素。”① 这可以看作他对分析的一贯看法。但金岳霖和冯友兰有一个明显的不同，即对日常语言非常重视，冯友兰在数理逻辑中发现精确的形式化方法给思想带来的极大便利，因此他一直致力于建构演绎的系统，从简单的命题演绎出中国哲学中全部形上学观念而自豪；金岳霖则从罗素的《数学原理》中懂得："哲理之为哲理不一定要靠大题目，就是日常生活中所用的概念也可以有很精深的分析，而此精深的分析也就是哲学。”② 在金岳霖的著作中，我们可以见到大量的对日常语言的细密分析，对每一个问题，每一个概念，他总是沉潜其中，反复把玩，力求消除迷惑和混乱。他会为了一个普通的概念“心”而列专节讨论，罗列它的常识用法四：你的我的心、意识或意志之心、生理上具体的心（或心脏或大脑）、良心的心，哲学用法三：万有皆心的心、上帝的心、超心的心，然后说这些说法与他的知识论不相干，最接近要求是思想之官的心，但由于“心”字的用法太容易导致混乱，他宁可用“思想”一词来代替它。郭湛波在评论金岳霖思想时说了一段非常精彩的话，最足以概括他思想方法的特色：“他首先研究各种论理学及各派的认识论，他在这研究的过程中，锻炼出一副严谨的心灵，琢磨出一套分析的方法，这便是金先生研究哲学的两种无坚不摧的工具。他对任何哲学问题都要使用这两种工具，都要由小处入手。他把哲学问题分析了又分，以至于不可再分，然后由不可分之处，把握哲学问题之真相，用以权衡各派之解说之是非和得失。这种方法，颇富传染性，凡受过金氏之教者，多以头脑清晰见称，而金氏之学派，遂以成立。”③ 金

① 金岳霖：《罗素哲学》，上海人民出版社，1988年，第43页。
② 金岳霖：《论道》，商务印书馆，1987年，第4页。
③ 郭湛波：《近五十年中国思想史》，山东人民出版社，1997年，第201页。

岳霖的这种风格使人很容易联想到摩尔的工作。

三、分析的局限性

毫无疑问，无论使用逻辑分析还是日常语言分析，对澄清思想，消除一些无意义的词和问题，像维特根斯坦所说的那样，作为一种“治疗术”，都具有非常重要的作用，而且也早已显示出了它们的巨大威力。但如果哲学不仅仅停留在一种语言分析的层面，哲学还需要参与到认识世界的各种各样的活动中去，那么单纯的分析就远远不够了。张申府发现，分析是有限度的，而哲学的目的是追求通观，因此分析不过是达到“通”的门路，而“通”又恰好构成分析的补救，只有把分析和通结合起来才能形成一种完整的认识①。逻辑解析不免要有所分，而辩证唯物则侧重于全、变和事象的关联，因此，张申府认为，“在理想上，将来的世界哲学实应是一种解析的辩证唯物论”②，也就是说，只有把唯物辩证法和逻辑分析法融合起来，才能补偏救弊，发挥它们各自的认识功能。冯友兰也发现，如果要重建形而上学，仅有单纯的逻辑分析法（也叫“正的方法”）是不够的，因为这种分析的结果常常是无法用语言表达的，譬如，我们从通常的经验出发，对某物进行逐层的分析剥落，最终会发现它有两种成分，一为形式即理，一为质料即气，其中气就是不可言说的，如果用语言表达，它已经是有某性的“东西”，因而不足以作为一切事物构成的共同质料。形而上学中的另外两个主要观念道体和大全也有类似情形，道

① 张申府：《所思》，生活·读书·新知三联书店，1986年，第2页。
② 《张申府学术论文集》，第67页。

体是一切的流行，大全是一切的有，言说思议中的道体和大全就不再是道体和大全，一用语言表达，就失去了其原来的完整性。因此，正的方法必需要由负的方法来补充，在最终结果上，逻辑分析要由直觉的领悟来代替，二者相互为用，才能建立起完整的形而上学。所谓负的方法，即直觉的方法，它是从负面讲形而上学不能讲，但讲形而上学不能讲，亦是一种讲的方法，这犹之于画家的“烘云托月”，在画面上只烘云而不直接画月，剩下的一圆空白即月，形而上学对它的对象也并不直说什么，只是有所表显，这种表显就是用负的方法讲形而上学。冯友兰认为，中国哲学史中先秦的道家、魏晋的玄学、唐代的禅宗恰好构成了这一用负的方法讲形而上学的传统，在西方哲学史中，却没有这种传统，而他的新理学既然利用现代逻辑分析方法成功地推到这一终点，那么通过一次转折，下一句“转语”，就有可能把中西哲学的独特方法结合起来。建立一种崭新的形而上学。很明显，冯友兰这里已经不再局限于单纯的应用，他尝试着如何结合的大问题，以便兼取众长，开一条新路。

金岳霖同样意识到分析的局限性，他通过划界的办法，把知识论和玄学（即形而上学）限定在各自的范围之内。在知识领域，也就是在理智所行领域，研究者可以站在研究对象之外，以冷静的态度去对待它；而在玄学领域，难免会有情感的投入，这里有一个不但在研究对象上求理智的了解，而且在研究结果上求情感的满足的问题：“知识论底裁判者是理智，而元学的裁判者是整个的人。”[1] 知识论可以是无观的，可以不从任何一种官觉者立场出发，但在玄学上，我们不能忘记“天地

① 金岳霖：《论道》，第 17 页。

与我并生，万物与我为一”的自然一体关系。金岳霖认为，正是在这里，东西文化的分野明显地表现出来，西方文化是十足的理智文化，“这种文化的理智特色表现在发展各种观念，把这些观念冷漠无情地搬到种种崇高伟大的事业上，或者搬到荒诞不经的事情上去”它的好处是思想惊人地明确，有着严密的思想系统和模式，但也常常被引入死胡同，或被一些思维手段推向系统思辨的云霄。中国哲学“没有打扮出理智的款式，也没有这种款式的累赘和闷气”譬如庄子哲学，“用诗意盎然的散文写出，充满赏心悦目的寓言，颂扬一种崇高的人生理想，与任何西方哲学不相上下”。这并不是说理智的款式要不得，如果真是这样，金岳霖也就不必大谈中国哲学那种叫做逻辑学和知识论的意识不发达并致力于现代逻辑的介绍了。他只是要求，在学习西方理智方法的同时，不要忘了我们传统哲学的长处。理智的方法最终会使哲学和哲学家相分离，成为一种远离生活的职业，这对哲学家本人来说并不总是有益的，“哲学家与哲学的分离已经改变了哲学的价值，使世界失去绚丽的色彩”，而在中国哲学家那里，哲学和生活本来是统一的，“哲学从来不单是一个提供人们理解的观念模式，它同时是哲学家内心的一个信条体系”①。这似乎应当给现代哲学的研究提供某种启示：单纯的理智分析已经使哲学的意义失落了，要想改变这种状况，哲学家必须关心人类生存的意义和价值。

总的来说，张、冯、金三人都从逻辑分析入手，在思想进行过程中，发现单纯分析的局限性，并尝试以中国传统哲学的方法来补足，以便创造出一种新的哲学和新的方法，这表明中国哲学已经摆脱了早期的那种因传统失落和外来冲击所造成的

① 金岳霖：《中国哲学》，载《哲学研究》1985年第9期。

迷离、彷徨，开始了真正意义上的自身建设。尤可称道的是，他们三人在借鉴吸纳逻辑分析方法的同时，不但没有囿于新实在论的狭隘圈子，而且能够敏锐地发现这种方法的缺点和不足，这充分显示出新一代知识分子的理性精神和开放心态，这种精神和心态是重建中国哲学的必要前提。

重建形而上学
——《新理学》和《论道》的比较研究

在20世纪重建中国哲学的热潮中，冯友兰和金岳霖是成就比较突出的两位，他们分别在《新理学》和《论道》中建构了一独特的形而上学体系。但是，由于两人共同的思想背景(均接受了20世纪初流行于英美的新实在论)，以及大致相同的思维路向（均服膺逻辑分析法，并用它来重新解释、组织和发挥中国传统哲学的概念和范畴)，这两个系统通常被看作是十分近似甚至相同的。例如，贺麟在四十年代就认为："冯友兰先生的《新理学》与金先生的《论道》，在基本概念上是相同的。冯先生所谓理，相当于金先生所谓式，冯先生所谓气，相当于金先生所谓能。由无极之气到太极之理，所谓'无极而太极'的过程，形成'流行'的实际事物的世界，两人的说法也是相同的。"[①] 再加上写作过程中冯、金二人过从甚密，相互影响，这种说法更显得确凿无疑。如果事实真是如此，那么冯、金二人各自系统的独立性将大为减弱，这关系到他们哲学

① 贺麟：《五十年来的中国哲学》，辽宁教育出版社，1989年，第31页。

地位的评价问题。为了澄清事实，本文希望能够从内容本身出发，对这两个系统进行粗浅的比较。下面将首先分析一下《新理学》的形上系统及其内在难题，然后把它和《论道》进行比较，希望借此能够证明：第一，这种近似或相同只是十分表面的现象，由于所赋予的意义不同，这两个系统从概念的选择到体系的建构均存在着明显的差异；第二，《论道》对问题的解决远较《新理学》深刻，其影响较小的主要原因在于其晦涩和艰深。

一、《新理学》的形上系统及其难题

《新理学》是冯友兰“贞元六书”中最初的一本。作为整个系统的纲要，这本书涉及心性、道德、历史、学问、艺术和修养等许多方面的问题。但最重要的是在自然观方面，它集中地讨论了存在的终极本原问题，并提供了一个系统的宇宙发生模式，其中对共殊关系的处理决定着新理学系统的逻辑发展。

就自然观而言，《新理学》主要做了两方面的工作：首先通过理智的分析，把事物追溯到它最简单的构成成分，即所依照者理和所依据者气；然后又通过理智的总括，得到两个总体观念，即总一切流行的道体和总一切有的大全。理、气、道体和大全是新理学的四个最基本的观念，冯友兰认为：“真正的形上学的任务就在于提出这几个观念，并说明这几个观念。”①

在冯友兰看来，形而上学和其他知识一样，也从感觉经验出发：“哲学始于分析、解释经验，换言之，即分析解释经验

① 冯友兰：《三松堂全集》第5卷，河南人民出版社，1986年，第154页。

中之实际底事物。”[①] 但哲学的分析解释却与普通科学有本质的差别，科学的分析是实质的、有内容的，它提供关于事物的实际知识，而哲学的分析则是形式的、逻辑的，它提供的只是事物形式方面的知识，这种知识对于实际无所肯定或很少肯定，但它对一切事实又无不适用。正因为形而上学有这种特点，所以它和经验之间就只有单向的关联，我们获得形而上学知识要靠经验，从经验出发，但这种知识一旦获得，它就再也无关乎经验了，实际上，经验对于形而上学来说只起一种阶梯作用，一旦越过，阶梯就失去了效用。因此，冯友兰认为，形而上学的功用，本不在于增加人们对于实际的积极的知识，它的命题和观念也就仅在于形式和逻辑方面，其方法仅限于理智的分析和总结，因此它的结论就不受现代科学的发展给形而上学招致的许多批评的影响，而成为一种真正的形而上学。

冯友兰认为，通过这种形式的分析，我们可以发现，任何一件实际的事物都由两方面要素构成：所照者理和所依据者气。所谓理，是指一事物之所以为事物者，如方之所以方，圆之所以圆，理是具体的个别事物所依照的标准和原型，有似于柏拉图的“理念”。所谓气，是指构成事物的终极材料，是任一事物成其为事物的依据。气没有任何性质，不可言说，不可名状，因而不同于原子、电子等实际物，只是一可能的存在，一逻辑的观念。有理，有气，我们通过“形式的总括”，就可以得到形上学的另外两个主要观念：道体和大全。总所有的理，构成理世界，也叫太极；而真元之气因为无名无性，故为无极。由无极而太极的过程，就是我们实际的世界。因为任何一件实际的事物都是其气实现某理的过程，所以实际的存在就

① 冯友兰：《三松堂全集》第5卷，第54页。

是从无极到太极的流行。总一切的流行就叫道体："道体就是无极而太极的程序。"① 无极、太极、无极而太极，总括起来，统而言之，就叫大全，也叫宇宙："大全就是一切的有"②。冯友兰认为，像道体和大全这样用"凡"或"一切"表示的词，才真正是哲学的概念，因为它表明这种普遍性的知识是超越经验的。道体和大全都是不可思议、不可言说的，对于它们，我们只能够用负的方法给以表显，但这种表显毕竟也是讲形而上学的一种方法。这样，冯友兰从经验讲起，通过形式的分析和总括，得到了理、气、道体和大全四个超越的观念。由于其中三个所拟代表的，都是不可思议、不可言说，形而上学被推到了它的逻辑终点，即在最终结果上，形而上学是不能讲的，于是冯友兰总结道："人必须先说很多话，然后保持沉默。"③

《新理学》的形上系统大致如此。它借助于形式化方法，从经验中的一点向两极纵深处扩展，一方面分析剥落，追溯事物构成的终极要求，一方面归类概括，获得关于宇宙大全的整体观念，而许多细节方面的推演均被安排在这双向的程序中，由此描绘出一幅宇宙构成图景。在这幅由概念交织成的画面中，传统哲学中的许多重要范畴如理、气、无极、太极、道体等都被赋予严格的涵义和精确的定位，许多长期争执不休的问题或者得到了重新的解释，如"理一分"、"无极而太极"等，或者被作为无意义的问题而取消，如"理气先后"等，这显示出逻辑分析的巨大威胁，使新理学在形式方面远远优于包括程朱理学在内的所有中国传统哲学。

但是，形而上学问题决不像新理学所认为的那样简单，几

① 冯友兰：《三松堂全集》第5卷，第152页。
② 同上，第153页。
③ 冯友兰：《中国哲简史》，北京大学出版社，1982年，第395页。

个超越的观念不可能把长期争执的问题一下子解决，相反，我们看到，新理学正面临着许多难以克服的困难：如果说气作为构成质料和事物的关系还可以理解，那么事物所依照的理和事物的关系该如何处理呢？既然理气等概念都是静态分析的结果，那么又该如何解释人们如此熟悉的变化呢？特别是，如果形而上学最终结果竟是"必须静默"，那么人们如此津津乐道的形而上学，与人类理智所进行的无聊把戏，又有什么区别呢？

关于理事关系问题，冯友兰用共殊关系来解答。冯友兰认为，理就是共相，事就是殊相，理事关系实际上就是共殊问题，一般和个别关系问题。冯友兰接受了英美新实在论的观点，坚持一种彻底的客观论："我们的纯客观论则主张不独一件一件底实际事物是客观的，即言语中的普遍名词或形容词所代表者，亦是客观底，可离一件一件的实际事物而独有。"① 言语中的普遍名词或形容词所代表者，即理或共相，这些理或共相是个别事物所必须依照的，但它们之有并不需要个别事物的存在作保证，因而可以离开个别事物而独有："所有底理，如其有之，俱是本来即有，而且本来是如此底，实际中有依照某理之事物之存在否，对于某理之有，并无关系。"② 因此冯友兰反对就存在意义上说"理在事中"或"理在事上"，永恒的理本身根本无所谓存在不存在问题。

冯友兰由于取消了理的存在问题，在先后问题上，他也就排除了理事在时间上谁先谁后的考虑，因为理是超时空的，"它之有是不能用关于时间之观念说底"。但他认为，理事先后

① 冯友兰：《三松堂全集》第4卷，第38页。
② 同上，第41页。

还是可以说的，也就是说，它是一种逻辑先后关系。所谓逻辑先后，是指一个命题和它的必要条件之间的关系，它通常用逻辑上蕴涵关系来表达。按照冯友兰的看法，从有事物可以推得有某理，但有某理并不需要个别事物的存在作保证，因此有理就一定在逻辑上先于有事物，推而广之，“理世界在逻辑上先于实际底世界”。这样，冯友兰借助于形式化方法，把理终于提升到具体事物之上，把理世界和现象界彻底分离开来，从而获得了一个冲漠无朕、万象森然的洁净空阔的共相世界。

冯友兰在理事关系上的这种极端立场为他后来“文化类型说”奠定了理论基础，但这种立场本身却带来了许多困难。其中最荒唐的一个就是实体的数目无限膨胀，任何想象的东西只要不违反逻辑都可以获得本体论上的地位。因为既然理之有并不需要任何个别事物的存在作保证，那么像剑仙、超人这样的名词所代表的理当然可以是客观的实在的，其结果是实在的世界会远远超过我们的想象，而扩展到一切可能的领域。另一个困难的问题就是无法解释运动和变化。冯友兰虽然也承认实际的世界“动静无端，阴阳无始”，并企图借助于“十二辟卦圆图”描绘一幅宇宙万物生成衰毁的图景，但在进一步分析这种运动、变化的根源时，他却陷于进退两难之境：到底是什么因素使事物处于不断地变化发展中呢？作为事物构成质料的气完全是被动的，受制于理，气依照理然后才有具体事物的产生，因此气本身不能作为事物运动变化的根源。那么理又怎么样呢？理是永恒的、超时空的，无所谓变不变，如果说理是变之源，那么这种永恒不变的理又如何能够产生万变的事物呢？冯友兰不得不求助于“最初的一动”：“气于依照任何理之先，必须依照动之理，然后方能动而有‘依照’之事。”[①] 但动之理是不动的，不动之理如何产生能动的事物的问题仍然没有解决。而且所谓气在依照其他理之先，必须依照动之理，然后才能动而有依照之事的说法包含着无穷回溯的危险。

二、《论道》和《新理学》的比较

就在《新理学》出版的第二年，金岳霖的《论道》(1940)也问世了。这两本书不但共同使用许多近似或相同的概念如理气、道、无极、太极等，而且就尝试提供一个形而上的玄学系统，并致力于解决传统上一直困扰着哲学家们的共殊关系而言，它们也拥有许多共同之处。

和《新理学》一样，《论道》集中讨论形而上学问题。其中，“道”、“式”、“能”是三个最基本的范畴。围绕这几个范畴，《论道》通过一系列的逻辑推演，最终建构了一个由可能界到现实界再到存在界逐层过渡的宇宙发生模式。

在道、式、能中，式、能是两个最基本的分析范畴。所谓能，是指构成宇宙万物的终极材料。我们分析任何一现存事物，剥落掉它所有“相”的成分，总会发现还剩有某种“东西”，这种没有任何性质、不可言说的成分即能。和能相对应的概念为“可能”，“可能”是一些空的架子或样式，它既可以有能也可以没有能，属于事物构成的形式方面的因素。把所有的可能用“或”字排列起来就叫式，“式是析取地无所不包的可能”[②]。

① 冯友兰：《三松堂全集》第4卷，第61页。
② 金岳霖：《论道》，商务印书馆，1987年，第21页。

式和能构成一对既有区别又有联系的范畴。首先，式为纯形式，能为纯材料，式能不能相混同。其次，式能也无法分开，“无无能的式，无无式的能”①。式能之间是一种相即不离的关系。

式和能的结合即道：“道是式－能。”② 仅有式或仅有能都不足为道，道必须是两者之合。因此从横向看，道就是现实事物存在的方式。换句话说，任何现实事物都是式和能的结合体。从纵向看，道是现实世界变化的历程。它表现为从能之极至（无极）向式之极至（太极）的过渡。但是，无极不等于能，太极也不等于式。无极和太极的“极”都是极限的意思，它们虽然是达不到的，但在理论上可以推到无可再推，因此道虽然没有有量的开始，但无限地推上去的极限就叫无极；道虽然没有有量的终结，但无限地推下去，也有一个极限叫太极。从无极到太极的演变过程就逐渐形成了像我们这样的实际世界。

到此为止，我们可以看出，《论道》的形上系统和《新理学》基本上是相同的，它们不但同样地把事物追溯到其最根本的构成成分，即质料（气、能）和形式（理、式），而且在通过这两种成分之间的动态关系把现实世界描绘成一幅生成衰毁、运动变化的图景上，两者也是相同的。

但这并不影响它们在许多问题上各持一种完全不同的观点。其实，在对那些表面上看来相似或相同概念之涵义的阐释上，就可以明显地看到两者基本观点上的歧异。这些歧异对系统建构的影响是深远的。

① 金岳霖：《论道》，第 24 页。
② 同上，第 19 页。

首先，对事物运动变化原因的解释不同。本来，“气”是中国传统哲学中一个标示本原和流动性的词，经过冯友兰的形式化方法分析后，则变成了一个僵死的抽象的逻辑观念。而金岳霖的“能”则显得生机活泼。因此，无论《新理学》的“气”和《论道》的“能”有多少相同之处，它们在一个根本点上却存在着本质的差别，即气是消极被动的，能则是积极主动的，气只是事物运动变化的载体，能则是事物运动变化的原因。在《新理学》中，理是主动的、决定性的，气完全受制于理，气依照理然后才能形成实际的事物。相反，在《论道》中，能则是积极活泼的，它有出有入，能入于一可能为一事物的生，能出于一可能为一事物的灭。因此，能是事物变化的终极根源。而式由于包容了可能，范围最广而约束力最差，只起消极的限制作用。对于《新理学》来说，由于理是永恒不变的，如何从这种永恒不变的理产生能变的事物是它难以克服的困难，《新理学》根本无法解释运动和变化的原因。而《论道》由于把动力因直接赋予了能，它就自觉地避免了上述矛盾。

其次，对共相和个体关系的处理不同。表面上看，《新理学》的“理”和《论道》的“式”都属于事物构成的形式因素，但两者在所指范围上却有着基本的差别。《新理学》的“理”是具体事物所依照的形式，现实世界任何事物在理世界都有一个相应的原型，因此，一物有一物之理，万物各有其理，众理之全合而为太极。而在《论道》中，“式”是所有可能的总和，单个的“可能”才是具体事物得以构成的架子或样式。因此确切地说，《新理学》的“理”仅相当于《论道》的“可能”，《论道》的“式”则相当于《新理学》的太极。

不仅如此，理和可能的涵义仍有差别。在《新理学》中，理即共相，具体事物为殊相，理事关系实际上是共殊关系。而按《论道》，且不说具体事物（个体）不等于殊相，就是“可能”还应该分为两部分，那些没有具体表现的可能，如人们随意想象的剑仙、金山等只是空的概念，只有那些有具体表现的可能才可以被称为“实的共相”。因此，《新理学》实际上把理或共相扩展到了所有可能的领域，而《论道》则只承认其中的一部分即那些有具体表现的可能为共相。

对共相范围的这种不同界定，导致了两者对共相和个体关系完全相反的处理。对于《新理学》来说，既然任何一种可能都有与之相应的理或共相，那么理或共相完全独立于个体是势所必然的，因为可能之有并不需要具体事物的存在作保证：“实际中有依照之事物的存在与否，对于某理本身之有，并无关系。”[①] 这样“理”就被提升到一个超现实的永恒世界中，共相和个体的关联既被割断，《新理学》也就追随英美新实在论回复到一种柏拉图意义上的两个世界的对立。

相反，《论道》由于限定了共相的范围，在处理共相和个体的关系时，就容易坚持一种温和的立场。既然“凡有具体的表现而又不是各个体之所分别表现的情形”才是所谓实在的共相，那么，一方面共相就必须超时空和它本身范围内的任何个体，任一个体不存在都不影响共相之为共相；另一方面共相又不脱离时空和它范围之内的所有个体，如果所有个体都不存在，那也就无所谓共相了。由前一方面说，共相是超越的；由后一方面说，共相是内在的。由超越性，共相没有个体那样的存在，它不占时空；由内在性，共相不仅是可能而且是实在的。因此共相是内在性和超越性的统一。金岳霖的这种共相观不但消解了冯友兰两个世界的对立，而且为他后来的《知识

① 冯友兰：《三松堂全集》第4卷，第41页。

论》奠定了基础。

最后，系统建构的侧重点不同。《新理学》最重要的范畴是理，它着重的是静态分析及构成模式；而《论道》最重要的范畴是道，它更着重动态的关联和发生程序。《新理学》中的无极（真元之气）、太极（众理之全）和道体都是总括范畴，而《论道》的无极（非能而近于能）、太极（非式而近于式）和道都是综合范畴。总括和综合不同，总括是把事物有同性者作为一类来看待，它着重全体、着重结果，而综合则强调不同东西的相互结合，因而着重关联，着重过程。因此，在《新理学》中，我们可以看到像道体和大全这样整体的观念只具有负面的意义，它们只表示形而上学在最终结果上是不落言诠的，任何表示它的企图难免陷于逻辑的悖论，因此如何从这种不落言诠的道体和大全下一“转语”，落实到人生问题才是关键。而《论道》的最重要目的就是描绘一幅现实世界变化发展、宇宙洪荒无穷演进的图景，像式、能这些范畴的二元立分只不过是为了更好地解释宇宙万化的发展过程及其规律而已。

但是，在从形而上学向人生问题转折和过渡中，冯友兰并不能算是一个成功者。因为在形而上学领域，他所选择的是形式和逻辑的路线，而在人生问题上，他把人精神境界的高低完全系于主观觉解的程度，因此，当他试图为人生提供一个形而上的基础时，就不得不把这两种截然对立的因素拼凑在一起，其结果就是，形式和逻辑的推演只是获得了几个空洞的观念，而人的精神生活也完全变成了主观的玄思和神秘的体悟，我们再也无法找到任何现实的标准来判定一个人精神境界的高低。其实，逻辑是有轨可循的，人生则变幻无常，从逻辑根本推不出人生。

相反，金岳霖则在《论道》中把他所谓“理智的了解”和

“情感的满足”完美地结合了起来。他不但相当正确地解决了共殊关系问题，并依此推得了一系统的宇宙发生模式，而且还把他积极、乐观的人生态度消融在整个宇宙洪荒无穷演进的历程中。因此当我们了解到他和罗素一样震慑于宇宙的完美时，就不会感到有任何的奇怪了。也许正因为如此，当冯友兰热衷于指点和安顿人的精神时，他却埋首于形而上学和知识论的研究。

遗憾的是，《论道》并没有得到像《新理学》那样的重视。后者一问世，立即引起了思想界的广泛注意，各种评论和辩难随之而来，而《论道》的反响却相对沉寂。究其原因，至少有以下几点：第一，《新理学》的概念如理、气、道体、大全等，直接接续传统而来，这满足于当时思想界普遍关注的重建中国哲学的需要，而《论道》的概念如式、能等，包含更多的创造性成分，即使那些与传统比较接近的词，也常常被解释得似乎与过去无关。第二，《新理学》主要从史的角度入手，看上去更明白晓畅，而《论道》更关注问题本身的逻辑发展，繁复的推理使它显得非常艰深和晦涩。第三，《新理学》把问题最终落实到了人生领域，这迎合了当时社会对新人生观的需要，而《论道》的形而上学则形成了一自足的系统，它为知识论的研究奠定了基础，而知识论在当时并不为人们所普遍重视。这种现象甚至到现在也仍然存在，人们津津乐道于《新理学》的创造意义和典范价值，而对比它更成熟、更严密的《论道》却熟视无睹。其实，如果人们早点注意到《论道》的价值的话，后来的许多争论如“抽象继承法”等本来是可以避免的。

从洪冯之争看逻辑经验主义在现代中国的命运

在中国现代哲学史上的众多争论之中，洪谦和冯友兰 1946 年的那场冲突并不算十分典型：它不但规模很小，除了洪、冯二人之外几乎没有其他人参加，而且争论的问题也非常有限，双方的辩难仅仅围绕着哲学和科学的关系、形而上学的地位和作用等几个十分确定的论题进行。但这场论战意义却不能低估，表面上看，这只是两种不同流派之间观点上的对立，但进一步地考察就会发现，这场争论关涉到的问题具有非常普遍的意义：它们不但是现代西方哲学中科学主义和人文主义冲突的根源，而且也是中国 20 世纪 20 年代所发生的那场"科学和人生观"大论战的延续和回应。透过这场论战，我们就可以更清楚地了解玄学派和科学派在 20 世纪 40 年代势力消长的情况。具体点说，就是既可以重新认识一下冯友兰新理学的价值和意义，又能够对以洪谦为代表的逻辑经验主义在现代中国的命运获得一点切实的感受。

一、“形而上学作为一种知识理论是不可能的”

逻辑经验主义，作为一种哲学运动来说，起源于维也纳学派。这是一个由对“科学的哲学”问题感兴趣的科学家和哲学家组成的小团体，石里克是它的领袖，卡尔纳普和纽拉特等则是其主要成员。该学派继承了经验主义传统，并把它和20世纪初高度发展的现代逻辑结合起来，提供了一种新型的哲学观，并以彻底反对形而上学而著称。到30年代初，由该学派所推进的逻辑经验主义运动演变成一种世界性的哲学思潮。

但这种思潮传入中国却是很晚的事儿。张申府早年虽然对此有所介绍，但并没有引起思想界的广泛注意。直到40年代中期，洪谦才开始陆续发表介绍维也纳学派思想和学说的文章，并随后汇编为一册《维也纳学派哲学》出版。洪谦是石里克的学生，曾经参加过维也纳小组的活动并对该学派的主张充满热忱，因此他的介绍既有忠实平正的好处，又能抓住这种学说的精髓。从此中国学术界对逻辑经验主义才有一个比较全面和完整的了解。

（一）

不过，逻辑经验主义并不是单个人的思想，即使在维也纳学派内部也一直存在着各种各样观点的歧异，在当时的情况下，介绍不可能面面俱到，于是洪谦把注意力主要集中在这一学派的理论原则、思想方法以及它相应地给传统的哲学问题所带来的影响上，具体而言，洪谦的介绍大致可概括为以下几点：（1）哲学的概念和方法；（2）意义标准和证实原则；（3）形而上学的地位和作用。

洪谦认为，逻辑经验主义对哲学的一个最重要的贡献可能就在于它提出了一种全新的哲学概念和哲学方法。过去，哲学通常被看作是一种实际的知识体系，因而同科学并列或超过科学。但在逻辑经验主义者看来，哲学根本不是一种理论科学，而只是分析科学命题的一种方法，就本质而言，哲学之所以为哲学并不在于它对实际知识或真理的逻辑意义能有所说明，因此哲学根本不能与科学并列，或超过科学，而应是属于科学范围内活动的一种学问，它所处理的仍然是各门科学所共有的那种课题，换句话说，哲学和科学的对象都是科学理论，只不过科学的目的是解决科学理论，哲学的目的则是说明科学理论而已。

正因为如此，哲学也没有与自然科学的方法根本不同的一些特殊方法："逻辑实证论的哲学方法，是自然科学的方法，尤其是数学与物理学的方法，它完全摒弃一切离奇的思想结构、神秘的直觉作用，以及所有情感上的信念，而代之以严密的逻辑推理，精细的实际观察，以及事实上的证据。"①因此，概念明晰、分析严密、无矛盾性等成了哲学方法的最根本要求，正是在这种意义上，洪谦强调说哲学的方法也就是逻辑的分析方法。许多理论问题的产生，本来没有事实的原则，只是因心理状态、语言应用所引起的概念及文法上的错误而导致的假问题，对这类问题通过逻辑分析法就能够发现症结所在，也就是说，通过逻辑分析就能够排除掉。另外，哲学并不仅限于这种消极的作用，它还可以通过对句子的语言形式的改造，把它所表达的命题之逻辑关系提示出来，从而把一些不明白、容易产生误解的形式翻译或转换成一些清楚明白、不会产生误解的形式，以便为科学奠定基础。这样，哲学就再也不是一种理

① 洪谦：《维也纳学派哲学》，商务印书馆，1989年，第37页。

论、一种学说、一种体系，而仅仅是一种活动、一种确定或说明命题意义的活动。

（二）

既然意义的探究是哲学所特有的任务，那么我们如何判定一个命题有无意义，或者换句话说，判定一个命题有无意义的标准是什么就成了十分关键的问题。逻辑经验主义最著名的证实原则就是针对这一问题提出的，它也是洪谦介绍的重点之一。

就理论渊源来讲，逻辑经验主义是以马赫为代表的老实证主义和以弗雷格、罗素为代表的新逻辑相结合的产物，因而在真理问题上，它既坚持以休谟为代表的经验主义立场，又吸纳了现代逻辑的新成果，从而继休谟和莱布尼茨之后把真理重新划分为事实真理和形式真理两种。相应地命题也被区分为两类：一类为后天综合命题，一类为先天分析命题。经验科学如物理学的命题属于前一种形式，这种命题对于实际有所叙述，因而它的真假需要从观察中去认识，从实证中去考察。逻辑和数学命题则属于后一种形式，这种命题永真，因为逻辑经验主义者相信罗素和怀特海的《数学原理》已经把数学还原为逻辑，而维特根斯坦又成功地表明全部逻辑都只不过是同语反复，也就是说，这种命题对于实际无所叙述，仅仅关涉到同值语句的不同形式而已。逻辑经验主义者认为，真正有意义的命题就只有这两种，任何想构造其他类型命题的企图都必然是没有意义的，它不可避免地将会产生虚假的问题。

既然分析命题的意义在于它的形式本身，那么我们又该如何判定一个综合命题的意义呢？在逻辑经验主义者看来，这就需要借助于证实原则。所谓证实原则就是认为一个命题的意义是由它可能被证实的方式所决定的，而该命题被证实就在于它被经验的观察所检验[①]。经验主义立场使逻辑经验主义者坚持经验真理的唯一标准就在于"命题与实际的比较"，一命题所叙述的事实与实际一致，则是真的，否则便是假的，舍此之外则是没有意义的。值得注意的是逻辑经验主义者的证实原则并未要求每一命题都有事实上的证实方法，因为某些命题如"在月球的反面有一座三千米高的山峰"，在目前的技术下是无法靠经验检验的，但它仍然是一个有很好意义的命题，因为它具有原则上的可证实性，只要方法和技术上突破后，它就可以被经验所证实或证伪。而有些命题，虽然具备了命题的语言形式，但它们之为真为假根本就没有证实的可能性，无论是就经验来讲还是就原则来讲，这些命题既不真也不假，而是无意义的。在逻辑经验主义者看来，传统的形而上学命题都是这样的无意义的命题。

（三）

尽管在逻辑经验主义内部有很多观点的歧异，但在拒斥形而上学这一点上似乎是没有任何异议的。正像洪谦所说的，石里克对于学术文化的最大贡献就在于他"完成了一个'科学的哲学'的理论基础"，追求一种科学的哲学的理想不仅是石里克一人的事，而且也是维也纳学派的共同愿望，这使得他们必然坚持一种彻底的反形而上学立场。在他们看来，传统的形而上学包含着一种哲学的狂妄和傲慢，这就是企图把实在描绘为一个整体，寻求宇宙的目的以及想超越感性经验的界限，正因为如此，两千年来形而上学家们没有取得任何确切的成果，只不过是各种无谓观点的纷争而已，逻辑经验主义正是要彻底改变这种状况，在知识领域清除形而上学以便为科学廓清道路。

---

① 艾耶尔：《哲学中的革命》，商务印书馆，1984年，第58页。

证实原则本身就既是判定一个命题有无意义的标准，也是划分真陈述和伪陈述的手段，在后一种意义上，它主要被用来达到清除形而上学的目的。

过去人们总认为，形而上学问题不能解决乃在于人类知识的界限，乃在于人类不具有解决形而上学问题的理智，但逻辑经验主义者认为，这根本上是一种误解，凡是能够表达的问题，原则上都能有科学解决，反之一个不能表达的问题，并不是因为知识的界限不能解决，而是因为它是无意义的，根本无解决的可能。形而上学作为一种知识理论之所以不可能，乃是因为它的体系内部就包含了逻辑的矛盾和事实的不相容性，乃是因为它根本上认错了知识的概念，混淆了知识和情感的内容。

但是，形而上学毕竟耗费了两千年来最优秀的心灵的无数智慧，它难道一点价值都没有吗？逻辑经验主义者回答说，尽管形而上学之为知识理论是不可能的，但它还能引起我们的信仰，促进我们内心的追求，满足我们情感的热望，从而得到一种精神的安慰，起一种艺术作品才能起的作用。正是在这个意义上，石里克才说“形而上学是概念的诗歌”。而洪谦也赞赏地评论说：“这样的对于形而上学本质的见解，是任何形而上学家所不能想到的。”[1]从知识范围内清除出来的形而上学终于又被逻辑经验主义者安置到了艺术和情感的领域。

不过，逻辑经验主义对形而上学的这种处理并没有得到形而上学家们的认可，下面我们就会看到，早在这一学派在中国广泛传播之前，冯友兰就站在他新理学的立场上对维也纳学派提出了批评。

---

① 洪谦：《维也纳学派哲学》，第7页。

二、“经过维也纳学派的经验主义重建形而上学”

维也纳学派在中国获得知识界的广泛注意是 20 世纪 40 年代中后期的事，而早在 40 年代初，冯友兰的新理学体系就已大体完成。到 1942 年，他“贞元之际所著书”中最重要的三本《新理学》、《新事论》和《新原人》均已出版，这三本书分别探讨自然、社会和人生问题，并在思想界引起了强烈的反响。于是，在这种情况下，冯友兰开始尝试着评定他自己的系统在哲学中的地位，并反思和介绍其独特的方法论原则，这就是他 1943 年在《哲学评论》上所发表的《新理学在哲学中之地位及其方法》一文的主旨所在。在这篇文章中，冯友兰特别地提到了维也纳学派的哲学观并对之表达了不同的意见。随后该文被扩充修正为两书，一为《新原道》，一为《新知言》，后一本书从方法论的角度进一步系统地批评了维也纳学派的哲学观。

（一）

本来，把哲学当作“科学的逻辑”来处理是维也纳学派自认为对哲学的最重要的贡献之一，石里克甚至把它称之为一种“哲学的伟大转变”，它标志着哲学最终摆脱了各种各样的歧途，但在冯友兰看来，维也纳学派对哲学的这种界定本身就早已误入了歧途，因为把哲学狭隘地限定为一种语言意义的澄清活动，至多只能算是注意到了哲学的批评性一面，而更重要的，哲学还有其建设性的功能，即提高人的精神境界，这却是维也纳学派所忽视的，其结果是科学和哲学的关系不但不能得到恰当的处理，哲学在解决人安身立命的大问题上的作用也被维也纳学派彻底取消了。

在冯友兰看来，哲学和科学是两门根本不同的学问。科学的目的是求真，哲学的目的是求好。科学面对的是自然领域，它通过对经验作积极的释义，增进人们关于实际的知识；而哲学面对的则是人生，它通过经验作形式的释义，从而提高人的精神境界。科学不能求好，不能提高人的精神境界；哲学也不能求真，不能增加人对于实际的知识和才能。因此，从根本上讲，哲学与科学无关，它不必根据科学，但亦不必违反科学，更不反对科学："哲学并不依科学为依据，所以亦不随科学中理论之改变而失其存在的价值。"①

但是，为什么历史上哲学或形而上学会遭到如此多的批评呢？冯友兰认为，这是由于那些形而上学都基于同一种错误的假定上，即哲学和科学属于同一类的学问。因此无论把哲学看成是"前科学的"，还是"后科学的"，都避免不了与科学相冲突，因为形而上学既以积极地解释事实为目的，又不借助于实验而单凭思考去进行，它的结论就难免会错误百出。对于这些形而上学来说，维也纳学派的批判是致命的有效的。但冯友兰认为，这些形而上学都是坏的形而上学，它并不足以说明维也纳学派的批判对一切形而上学都有效，事实上，这种批判对真正的形而上学可谓是无关的，因为真正的形而上学既然知道哲学和科学性质不同，所以也就不会受逻辑经验主义立场上所进行的批判的影响。从这个意义上说，维也纳学派不但不是形而上学的罪人，反而是真正的形而上学的功臣。

那么真正的形而上学到底是一种什么样的形态呢？冯友兰认为，真正的形而上学同科学一样，也从日常经验出发，只不过它对经验只作一种逻辑的释义，换句话说，它从极少的肯定

① 冯友兰：《三松堂全集》第4卷，河南人民出版社，1986年，第15页。

前提进行演绎推导，因而它的结论既不提供任何关于实际的知识，又对一切事实无不适用。从前者看，它是空的；从后者看，它是灵的。由此而反观人类的知识领域，就可以发现，逻辑和数学的命题是空的但不灵，科学的命题是灵的但不空；历史的命题则既不空又不灵。于是按空灵程度，人类的知识就可以大致分为四科，第一种是逻辑数学，第二种是形而上学，第三、四种分别为科学和历史。这样，被维也纳学派从知识领域中清除掉了的形而上学又被冯友兰重新纳入了知识家族，得以与逻辑、科学和历史并列。

（二）

既然形而上学是一门独立于科学和逻辑之外的知识，那么它也必有属于它自己的方法。在冯友兰看来，形而上学可以分为两种：一种为正的方法或形式主义的方法即逻辑分析法，一种为负的方法即直觉的方法。这两种方法相互补，就可以构成一完整的形而上学系统。但我们前面曾经提到，维也纳学派同样把逻辑分析法看作它唯一的哲学方法，而且强调从根本上说哲学的方法就是自然科学的方法，因此，如何解释这两种方法的同异就成了冯友兰的一项十分重要的任务。

从理论来源上讲，冯友兰深受英美新实在论的影响，他所谓逻辑分析法就主要是从那里借鉴来的，但正像他没有简单地接受新实在论者把哲学和科学相等同的说法一样，他也不同意新实在论者把哲学方法混同于自然科学的方法。在他看来，分析有两种，一为物质的，一为理智的；物质的分析所获得的观念是科学的，理智的分析所获得的观念则属于哲学，后者即所谓的逻辑分析法；因此，科学的命题是不能用逻辑分析得到的，形式的分析同样也不能用经验证实。而在新实在论者那里，分析是各种精密科学所共有的，形式分析的结果有些可用进一步的试验性观察和测量去证实。就此而言，维也纳学派的立场是和新实在论相当接近的，只不过他们更强调哲学方法和自然科学方法共同的精神实质以便对形而上学进行更彻底的批判而已。其结果是维也纳学派能够果断地宣布他们“完全摒弃一切离奇的思想结构、神秘的直觉作用，以及所有感情上的信念”，而冯友兰则通过严格划界机智地为直觉主义的方法保留了余地。

不惟如此，冯友兰强调他的逻辑分析法和维也纳学派还有一个根本的不同：“照我们的看法，逻辑分析法，就是辨名析理的方法。这一句话，就表示我们与维也纳学派的不同。我们以为析理必表示于辨名，而辨名必归极于析理。维也纳学派则以为只有名可辨，无理可析。”[①] 冯友兰也并不一味地反对维也纳学派，他只是认为维也纳学派把逻辑分析完全等同于对逻辑形式的转换或释义太片面，实则分析不但是对语言的澄清即辨名，而更重要的是处理句子所表达的客观的理。承认有理可析是他和维也纳学派的根本不同处。

但是冯友兰借助于逻辑分析法推导的结果却是形而上学不能讲，他所获得的理、气、道体和大全等四个超越的观念中有三个所拟代表的都是不可思议、不可言说的，形而上学用“正的方法”被推到了它的逻辑终点，于是冯友兰不得不求助于被维也纳学派彻底否定的直觉方法。所谓直觉的方法，就是从负面讲形而上学不能讲，也就是说，对其对象并不直说什么，只是有所表显，但这种表显也毕竟是一种讲形而上学的方法。冯友兰并且认为这种方法体现了中国哲学的精髓，先秦道家、魏晋玄学和唐代禅宗恰好构成这一用负的方法讲形而上学的传

① 冯友兰：《三松堂全集》第5卷，第233页。

统。冯友兰虽然没有直接反驳维也纳学派对这种方法的批评，但他提醒说，维也纳学派的宗师维特根斯坦实际上也是用负的方法讲形而上学的，这就间接地反驳了维也纳学派对直觉方法的批评。

（三）

由于在哲学的对象和方法上冯友兰均提出了与维也纳学派不同的意见，所以必然地他也不能赞同后者对形而上学之目的和意义的处理。按维也纳学派，既然哲学的主要功用就在于为科学奠定基础，那么由一些似是而非的命题所组成的形而上学也就无缘跻身于知识的行列，只好退居到艺术的情感领域，从而给人提供一种精神的安慰和艺术的享受。但冯友兰认为，形而上学的唯一目的根本不在于提供关于实际的知识，而在于提高人的精神境界，因此维也纳学派对于真正的形而上学可谓无的放矢。把形而上学说成是“概念的诗歌”，这对于传统的形而上学可能是有效的，因为说上帝存在、灵魂不灭等是没有意义的。但真正的形而上学根本不包含没有意义的命题：从正的方面讲起，它只说些形式的命题，这些命题对实际一无所说，所以都必然是真的；从负的方面讲起，它本来也只讲形而上学不能讲，所以它对于实际仍是一无所说，它的目的是通过可感觉者来表显不可感觉不可思议者，因而也并不是说些自欺欺人的无意义的话①。因此，维也纳学派把所有的形而上学都看成是无意义的，这根本上是对形而上学的一种误解。不过，反过来说，维也纳学派对形而上学也确实有贡献，那就是它取消坏的形而上学后，使真正的形而上学的本质更容易显露出来，结果“维也纳学派对于形而上学底批评，不但与真正底形而上学

① 冯友兰：《三松堂学术文集》，北京大学出版社，1985年，第561页。

无干，而且对于真正底形而上学，有‘显正摧邪’的作用”①。冯友兰认为，他的新理学正是这种经过维也纳学派有经验主义而重建的真正的形而上学。

三、分析的玄学

正当洪谦满腔热情地致力于向国人介绍维也纳学派的思想和学说的同时，就像我们已经看到的，冯友兰却宣称维也纳学派不但不足以取消真正的形而上学，反而通过取消坏的形而上学使真正的形而上学本质更加显露，这对于一贯持反形而上学立场的逻辑经验主义者来说无疑是一个绝妙的讽刺和极大的挑战，于是洪谦在1946年中国哲学会昆明分会第二次讨论会上率先向冯友兰发难，从维也纳学派的立场上对新理学进行了猛烈的批判，冯友兰本人也当场作了答辩。洪谦的发言稿发表在当年的《哲学评论》第10卷第1期上，这就是那篇有名的《论〈新理学〉的哲学方法》。

在这篇文章中，洪谦开宗明义地指出，冯友兰完全误解了维也纳学派“反形而上学”立场的根本所在，这主要表现有两点：(1) 维也纳学派并不如冯友兰所说要把形而上学从哲学中加以“取消”，只想将形而上学在哲学中的活动范围加以指示，在哲学中的地位加以确定，换句话说，维也纳学派虽然否定形而上学为一种关于实际的知识理论体系，但并不否定它在人生哲学方面的重要意义。(2) 一种形而上学能否被“取消”并不像冯友兰所认为的那样以某种命题为根据，而是按这种形而上

① 冯友兰：《三松堂全集》第5卷，第221页。

学是否被视为一种关于实际的知识理论体系①。在洪谦看来，尽管冯友兰反复解释，说他新理学的命题不是综合命题，但究竟以什么命题为根据是无关紧要的，重要的是冯友兰仍然把他的形而上学视为一种关于实际的知识理论系统，因而它就不可能逃避维也纳学派的批判。

洪谦发现，从哲学史上看，无论古今中外，形而上学家们总是同样地轻视科学，因而无不假定一个特殊的知识对象和实际范围，以与科学的知识对象和实际范围相对立；冯友兰的新理学尽管没有像传统的形而上学那样假定在实际的"这一边"之外还有实际的"那一边"，但他却在实际的"这一边"之内区分了两方面的实际知识：一种为"积极的实际知识"，即科学，一种为"形式的实际知识"，即所谓形而上学。因此冯友兰的新理学实际上也没有避免要成为一门关于实际的知识的企图。

按照维也纳学派，一个关于实际的命题要有意义，就必须对于事实有所叙述，有所传达；同时它对于事实所叙述所传达的对象，就是这个命题有实际意义的唯一根据。所以判定一个关于实际的命题有无意义的标准就在于它有无证实方法。而证实方法就是命题与实际的比较。如果一个命题通过与实际的比较是真的或假的，那么它就是有意义的；但如果一个命题无论在什么实际条件下都不能证明其真假，那么这就等于说该命题是无意义的。洪谦指出，维也纳学派之所以能"取消"传统的形而上学，就在于其命题如"上帝存在"等都是些不具有原则上证实方法的命题，我们既不知道它们与实际的比较手续，也不知道它们在实际上的事实根据，因此它们也就不能对于实际

---

① 洪谦：《维也纳学派哲学》，第183页。

有任何意义，都只不过是一些“似是而非”的命题罢了。自然，传统的形而上学也就不能成为一种关于实际的知识体系。

不但如此，洪谦强调即使冯友兰的“对事实作形式解释”的分析的形而上学也同样不能成为一种关于实际的知识体系。这是因为其命题也无法对事实有所叙述有所传达，一如传统的形而上学命题一样，是一些空洞的无实际意义的命题。冯友兰虽然一再强调他新理学的命题都是重复叙述命题，但重复叙述命题之真伪或有无意义根本毋须从事实方面来决定，而且它也无法借助于证实方法来说明，因为它另有其独立性，在任何条件下都不失其为真，所以这类命题对于实际来说更是空洞的无意义的。

于是洪谦总结道：“冯先生的形而上学虽然不包含任何‘胡说’成分，但是冯先生的形而上学命题根本就对于事实一无所叙述一无所传达，而冯先生这位形而上学家也认不对于事实已有所叙述已有所传达，于是乎冯先生的形而上学命题都成了与实际毫不相关的一种‘空话’了，冯先生的形而上学也成了一种‘空话’的理论系统了。”① 他甚至尖刻地说，站在维也纳学派的立场上，传统的形而上学尚富于诗意，还有保留的价值，而冯友兰的新理学倒有被“取消”之虑了。

四、结语

上面我们简单介绍了逻辑经验主义在近代中国传播的状况以及洪谦和冯友兰论战的经过，从中可以看出，如何解决科学和哲学的关系、如何判定形而上学的地位和作用，始终是该学

① 洪谦：《维也纳学派哲学》，第190页。

派最为人所重视的问题，同时也是争论双方关注的焦点。

表面上看，洪谦和冯友兰对这些问题各持一种截然相反的立场：一个认为哲学和科学无关，另一个却认为哲学的根本任务就在于解释科学理论；一个认为形而上学是一种独立的知识体系，它虽不能增加我们关于实际的知识，却能提高我们的精神境界，另一个却认为形而上学只是概念的诗歌，它所提供的仅仅是一些似是而非的命题罢了。但是，如果我们进一步分析下去，就会发现，在这种表面的对立背后，争论双方实际上采纳了一个共同的前提，那就是科学和形而上学无关。只不过洪谦划界的目的是为科学奠定基础，冯友兰划界的目的则是为形而上学张目。这点却与二十年前的那场著名的科玄论战不同，尽管玄学派和冯友兰一样，认为科学无论如何发达，都不能解决人生问题，但科学派的那种以为科学能够解决包括人生在内的一切问题的武断结论却没有为洪谦所继承，无论如何，洪谦仍然承认形而上学对人生有指导意义。

那么，为什么逻辑经验主义在中国得不到广泛的传播呢？看来，洪谦对形而上学的那点让步并不能满足人们失落了的精神要求，毕竟他把哲学的任务规定为替科学寻求基础，而这点在 20 世纪 30 年代的中国却未免太过艰深太过专门化了。且不说中国科学研究本身的状况是多么可怜，现实生活中的内忧外患根本不容许人们躲进任何一种象牙塔内，如何解决中国的前途和命运、如何安置人们漂泊无根的生命才是萦绕人心、亟须回答的问题，这也就难怪逻辑经验主义不为大多数人所注意了。

和其他一些西方思潮相比，将是有启发的：且不和影响极大的唯意志主义、无政府主义等相比，因为这些思潮本身就非常关注个人精神和社会生活，仅和同样集中讨论科学问题的马赫主义、实用主义相比，我们就会发现，后两者或被转化成了人生观，或被化约为一种方法，因而都或多或少地失去了其原来的意义，成为说明或解决中国现实问题的工具，而逻辑经验主义却没有能够和中国的实际建立起有效的联系，这也许和洪谦本人反对生搬硬套、力求客观平允地介绍西方学术的态度有关，但如果一种学说在某地缺乏深厚的现实土壤，它又怎么能够生根发展下去呢？其实，我们反观一下那场论战，就会发现，争论的焦点也并不在于那些精细的专门化的技术性问题，而在于那些更普遍更现实的问题，如科学和哲学的关系问题，但该问题早在 20 世纪初就被一些敏感的思想家们所提出了。这再一次证明，思想如果脱离了实际，就必然无法生存和发展。

道家思想对冯友兰“新理学”的影响

冯友兰是中国现代最富独创性的思想家之一，他在抗战时期完成的新理学体系是 20 世纪中国人自己创制的为数不多的哲学系统中的一个。由于冯氏本人一再声称他是接着宋明道学中的理学一派讲的，所以这个系统通常都被划归到现代新儒家的行列之中。其结果，人们多着眼于新理学与程朱理学的承续关系以及对儒家传统的创造性诠释方面，但却有意无意地忽略了它的广泛思想来源。其实，仔细地分析就会发现，在冯氏的思想形成过程中，西方的新实在论和中国古典哲学中的道家、玄学和禅宗均扮演了极为重要的角色。在本文中，我将把论题限定在新理学与道家的关系上，希望通过对新理学系统的分析，能够证明，从方法的应用、概论的设定到最高精神境界的描述，这个系统都深受道家哲学的影响。同时也希望借此表明道家依然是现代哲学的一个活水源头。

一、“负的方法”与新理学体系的建构

新理学体系一共由《新理学》(1938)、《新事论》(1939)、

《新世训》(1940)、《新原人》(1942)、《新原道》(1944)和《新知言》(1946)六部著作构成。其中,《新理学》讲本体,《新原人》说境界,《新原道》和《新知言》述继开,这四者构成了新理学的"纯哲学系统"①。

重视方法是新理学体系同中国传统哲学的显著不同,也是该体系深受西方哲学影响的标志所在。

构成新理学之基本的方法论原则有两条,一是逻辑分析,一是直觉体悟。冯友兰分别称之为"正的方法"与"负的方法"。逻辑分析是西方哲学的产物,主要为逻辑经验主义和新实在论者所提倡。直觉体悟是中国哲学的传统,特别为道家、玄学和禅宗所擅长。把逻辑分析和直觉体悟结合起来构造系统使新理学带有明显的中西结合的特征。

就思想倾向来说,冯友兰显然更偏爱逻辑分析法。在创作《新理学》时,他甚至还没有发现直觉体悟在建构一完整的形而上学体系中的功能,他的本意只是借用西方高度发展的分析技巧,把中国哲学中的形上学观念演绎成一个清楚而系统的整体。这从他本人的一项声明中可以看出:"就我所能看出的而论,西方哲学对中国哲学的永久性贡献,是逻辑分析法。"② 他后来之所以提倡"负的方法",恰恰在于他用逻辑分析法把形上学推到了终点,走到了绝路,因而不得不诉诸直觉体悟,来一个思想上的转折。用冯氏本人的话说,这就叫做"下一句转语"。所以,正负方法并用实际上是新理学体系不继扩充、展开和完善的产物。涂又光指出:"《新理学》成书之后,冯氏悟到负的方法也重要。……自《新原人》开始,冯氏兼用正负两

① 冯友兰:《新知言·自序》,《三松堂全集》第6册,河南人民出版社,1986年,第163页。

② 冯友兰:《中国哲学简史》,北京大学出版社,1982年,第378页。

种方法。”[①] 这种分析是准确的。

所谓逻辑分析法，按照冯友兰的解释，就是对于经验作逻辑释义的方法。这种方法的特点有两条：一是纯形式。也就是说，它主要借助于概念的内涵和外延进行逻辑推演，因此所获得的命题几乎都是重复叙述命题，其真假不受经验的检验。二是只在观念中进行。如将“这”分析而知其有“方”性，并不需要将方性从“这”中拆开，也不可能拆开，只在思维中知道“这有方性”就可以了。冯友兰称这种分析为“理智的分析”，认为它和“物质的分析”有本质的不同，后者如科学家在实验室中对物的分析，却是需要将物实际拆开的。

不过，冯氏对逻辑分析法的这种理解和他的西方老师们并不一致。这一点对双方致思路向的影响极为深远。按照新实在论者的意见，分析是一切严密科学共同的方法，哲学和科学的方法并没有实质的区别[②]。逻辑经验主义者则更多地把逻辑分析看成是一种语言意义的澄清活动[③]。两者对传统的形而上学都充满厌恶之情，因此都倾向于把哲学的任务规定为替科学奠定基础。而冯友兰由于明确区分理智的分析和物质的分析，所以他也就把科学和哲学截然对立起来。加之冯氏相信经验的对象中确实有共相或理存在，分析的目的是事中求理，结果逻辑分析竟成了建构形而上学的工具。后来新理学体系之所以陷入困境，很大程度上得归因于逻辑分析法的这种应用。

按照冯友兰的说法，真正的形上学的观念一共有四个，即理、气、道体和大全，它们都是通过逻辑分析法从经验中推导

---

① 涂又光：《新理学的“理”论与方法》，《冯友兰学记》，北京三联书店，1995年，第138页。

② 霍尔特等：《新实在论》，商务印书馆，1980年，第158—165页。

③ 洪谦主编：《逻辑经验主义》，商务印书馆，1989年，第13页。

出来的：首先，通过对经验进行形式的分析，我们就可以发现，任何一种实际的事物都由两方面的要素构成：所依照者理和所依据者气。所谓理，是指一事物之所以为事物者，如方之所以为方，圆之所以为圆。理是具体的个别的事物所依照的标准和原型。所谓气，是指构成事物的终极材料，是任一事物成其为事物的依据。譬如，我们选择任一事物如房屋，把它所有的性如房屋性、砖性、瓦性、泥土性等全部去掉，最后剩下的绝对的料就是该事物所依据的气。因此，气没有任何性质，不可言说，不可名状。它不同于原子电子等实际的物，只是一可能的存在，或一逻辑的观念。有理有气，我们再通过“形式的总括”，就可以得到形而上学的另外两个主要观念道体和大全：由所有的理构成理世界，即所谓太极；而气因为无名无性，又叫无极；由无极而太极的过程，就是我们的实际世界。因为任何一件实际的事物都是其气实现某理的过程，所以实际的存在就是从无极到太极的流行。总一切的流行就叫道体。无极、太极、无极而太极，总括起来，统而言之，就叫大全。

这样，通过形式的分析和总括，新理学就得到了四个形式的观念：理、气、道体和大全。冯友兰认为：“真正底形上学的任务，就在于提出这几个观念并说明这几个观念。”[1]

但是，这四个观念，除了理之外，其余三个所拟代表的都是无法言说、不可思议的。气所拟代表的那种绝对的料无一切性，是无可名状的，同样，道体是一切的流行，大全是一切的有，思议言说中的道体和大全就不再是道体和大全了，一用语言表达，就失去了其原来的完整性。用逻辑分析进行推演的结果竟是形上学的最重要观念几乎都是不能讲的，形上学被推到

① 冯友兰：《新原道》，《三松堂全集》第6册，第154页。

了它的逻辑终点。新理学系统要想得到进一步的发展，就必须设法从这种困境中摆脱出来。

正是在这种情况下，冯友兰想起了中国古典哲学，想起了古典哲学中儒家之外的传统，那就是道家、玄学和禅宗所代表的精神。比较而言，这一传统不但较儒家更重视形上学问题，而且同样相信本体不可言说、不可思议。道家哲学说不可说者的方式启发了冯友兰，使他发现逻辑分析之外，还有另一种讲形上学的方法，那就是“负的方法”，这种方法为新理学的发展找到了出路。

冯友兰解释“负的方法”说：

> 负底方法是讲形上学不能讲，讲形上学不能讲，亦是一种讲形上学的方法。……讲形上学不能讲，即对形上学的对象，有所表显。既有所表显，即是讲形上学。此种讲形上学的方法，可以说是“烘云托月”的方法。画家画月的一种方法，是只在纸上烘云，于所烘云中留下一圆底或半圆底空白，其空白即月。画家的意思，本在画月。便其所画之月，正在他所未画底地方[①]。

冯氏对“负的方法”的这种描述很容易让人联想到道家哲学，他所举的例子“烘云托月”甚至也是道家哲学所包含的艺术精神在绘画技法中的体现。我们随便翻开一本道家的典籍，都可以找到这种用否定的方法、用旁敲侧击的语言对本体、大全进行表显的例子。譬如《道德经》，一开始就提出：“道可道，非常道。名可名，非常名。”也就是说，言说思议中的道

---

① 冯友兰：《新知言》，《三松堂全集》第6册，第173页。

已不是真常的道，言说思议中的名也已不是常名。真常的道和名是不可言说、不可思议的。《道德经》第25章又说："有物混成，先天地生，寂兮寥兮，独立而不改，周行而不殆，可以为天下母。吾不知其名，字之曰道。"尽管道不可言说、不可思议，但要把这一点传达给别人，还必须借助于语言。"字之"二字，正好表明"道"字也只是不得已而起的私名或拟议之辞。《庄子·齐物论》亦云："既已为一矣，且得有言乎？既已为一矣，且得无言乎？一与言为二，二与一为三，自此以往，巧历不能得，而况其凡乎？"作为总体的"一"，正因为是总体，所以不可言说、不可思议。如果勉强用语言去表达它，那么语言和它的对象就变成了二，这已经不能叫做"一"了。也许庄子正是有鉴于此，才坚决主张打破语言的限制，泯灭物我的界限，从而与道体合一。禅宗同样如此。禅宗有所谓越佛超祖之谈，即"第一义不可说"，如果说出来，就不再是第一义，但总要有办法表显出来，于是禅师们利用各种方法，行使不言之教，以便使人在顿悟中当下觉醒。由于禅宗深受道家的影响，所以把这种"负的方法"直接看成道家的创造亦不为过。

对"负的方法"与道家的关系，冯友兰有过一个清楚的说明：

谁若对道家有正确的理解，谁就会看出，到了最后就无可言说，只有静默。在静默中也就越过界限，达到彼岸。这就是我所谓的形上学的负的方法，道家使用的最多。禅宗也使用它。禅宗是在道家影响之下在中国发展起来的佛教的一个宗派[①]。

---

① 《冯友兰论著自选集》，北京师范学院出版社，1992年，第554页。

他还坦率地承认，新理学正是继承了道家的这种方法才构成了一完整的形而上学：

新底形上学，须是对于实际无所肯定底，须是对于实际，虽说了些话，而实是没有积极地说什么底。不过在西洋哲学史里，没有这种底形上学的传统。西洋哲学家，不容易了解，虽说而没有积极地说什么底“废话”，怎样构成形上学。在中国哲学史中，先秦的道家，魏晋的玄学，唐代的禅宗，恰好造成了这一传统。新理学就是受这种传统的启示，利用现代逻辑学对于形上学底批评，以成立一个完全“不著实际”底形上学①。

这一点甚至还影响到他对儒道两家哲学价值的评价。在《新原道》中，冯友兰全面分析中国哲学主流之得失，并尝试评定自己的哲学在中国哲学史中的地位。他的评判标准为“极高明而道中庸”。“极高明”是讲一种真正的形而上学必须经虚涉旷，超乎形象，也就是说必须超出经验世界之上，对真际有所了解。“道中庸”则是讲必须把高明所得最后落实到人伦日用之中，因而不离世间。在“极高明”和“道中庸”之间，冯友兰显然更重视前者，他认为一种形而上学只是做到了“极高明”而没有能做到“道中庸”，那么这种形而上学只能说不是最好的哲学；但是，如果一种形而上学做到了“道中庸”而没有做到“极高明”，那么这种形而上学能否被称为哲学就是很可疑问的了。因为哲学之所以为哲学，首要的前提就在于它的超经验性。如果一种学说只有政治伦理方面的内容，那它就根

① 冯友兰：《新原道》，《三松堂全集》第6册，第147页。

本没有资格被称为哲学。依照这种标准，冯友兰分析道，孔孟《易》《庸》、汉儒甚至宋明道学虽合乎“道中庸”，但在高明方面都没有达到最高的地步，相反，名家特别是道家、玄学和禅宗在“极高明”方面做得非常成功，可惜偏离了“道中庸”的方向。两相比较，道家和玄禅对形而上学的贡献似乎比儒家为多。

在冯友兰看来，他既然已经认识到了儒道两家的优点和不足，在新理学中就有可能把“极高明”和“道中庸”结合起来，建立一种最哲学的哲学或真正的形而上学。这种形而上学既是对中国传统哲学的超越，又是对中国传统哲学最好成果的吸收：

> 它说理有同于名家所谓“指”。它为中国哲学中所谓有名，找到了适当底地位。它说气有似于道家所谓道。它为中国哲学中所谓无名，找到了适当底地位。它说了些虽说而没有积极地说什么底“废话”，有似于道家、玄学以及禅宗。所以它于“极高明”方面，超过先秦儒家及宋明道学。它是接着中国哲学的各方面的最好底传统，而又经过现代的新逻辑学对于形上学的批评，以成立底形上学①。

在《新理学》的绪论中，冯友兰曾开门见山地说：“我们现在所讲之系统，大体上是接着宋明道学中之理学一派。”时隔六年之后，冯氏又把新理学的思想背景扩展到“中国哲学的各方面的最好底传统”。这似乎表明冯友兰越来越清楚地意识到道家传统特别是道家直觉的、否定的思维方式对新理学体系

① 冯友兰：《新原道》，《三松堂全集》第6册，第148页。

的建构具有不可或缺的作用。也许正因为如此，冯友兰后来才把道家的这种思维方式看作是中国思想对未来世界哲学可以有所贡献的两点之一。

二、“境界说”的倾向和难题

如果说在体系的建构上冯友兰直接继承了道家直觉体悟的方法，那么，在对最高精神境界的描述上，他则选择了另外一条道路，那就是打通儒道释。在晚年，冯氏自称，儒家也好，道家也好，这个界限对我来说已经打通了。这种修为也未尝不可以看作新理学体系合乎逻辑地发展的结果。

从上面的分析我们知道，新理学通过形式的分析，最终获得了几个超越的观念。由于这些观念中的大部分都不可思议、不可言说，形上学被推到了它的逻辑终点，那就是在最终结果上是不能说的。换句话说，真正的形而上学到头来所讲的竟是一堆废话。这样，人们便不免产生如下的疑问：形而上学如果不是人类理智的无聊把戏，那么它的价值究竟何在？

对此，冯友兰回答说：“形上学的功用，本不在于增加人的对于实际底知识。形上学的功用，本只在于提高人的境界。它不能使人有更多底积极底知识，它只可以使人有最高底境界”、“哲学本来是空虚之学。哲学是可以使人得到最高境界的学问，不是使人增加对于实际底知识及才能底学问”[①]。这正是《老子》所谓“为道”与“为学”的分别。“为道”是体会道并照着道的样子去生活，“为学”则是寻求关于外物的知识。哲学从事的是“为道”工作，因而不能以获取多少实际的知识或

① 冯友兰：《三松堂全集》第6册，第167、157页。

才能来要求它。这种巧妙的“转语”又一次使新理学从绝境中摆脱出来，冯友兰也就轻而易举地从本体论的探讨转到了人生哲学领域中来。

人生哲学是中国哲学的核心。儒家也好、道家也好、佛教也好，从根本精神上讲，都是一种生命的学问，一种安身立命之学。它们关心的核心问题是个人精神生命的成长和完善，如德性的培养、精神境界的提高等。经验知识的多寡并不重要，重要的是人生活的意义、人和人的关系以及人在宇宙中的地位。因此，对于新理学来说，不管逻辑分析是如何地细密，不管“负的方法”是如何地微妙，如果不能落实到生命、实践和境界上，那么从中国哲学的立场看，它们都是不值得珍视的。冯友兰把哲学的功用规定为提高人的精神境界，才使他的系统从相当西化的形式回归到中国哲学的传统，真正“接”上了中国哲学的精神。也只有到这个地步，他的正负方法的真实意义才算真正体现出来。

但是，新理学中的那些形式命题或超越观念又如何能够提高人的精神境界呢？冯友兰认为，这主要是通过改变人生活的意义来实现的。

在冯氏看来，人之所以为人，其最显著的特征是有觉解。觉即自觉，解即了解。人对宇宙人生觉解越多，宇宙人生对于人也就越有意义。宇宙人生对于人所有的意义，即构成人的境界。由于每个人的觉解程度可有不同，因而构成每个人的精神境界也有高低之别。而新理学中的那些形式命题或超越观念的作用就在于增进人的觉解程度，丰富人的生活意义，进而使人达到最高的精神境界。

依据人觉解程度的高低，冯氏把精神境界分为四种：第一为自然境界。在这种境界的人，其行为是“顺才”的。也就是说，他对于自身行为的性质并无清楚的了解，只是按照本能或习惯行事。第二为功利境界。在这种境界的人，其行为是“为利”的。这种人对于“自己”和“利”已有清楚的了解，也自觉他有这种行为。只是没有认识到人和社会的一体关系，所以处处为自己考虑。第三为道德境界。在这种境界的人，其行为是“为义”的。这种人已经认识到人是社会的成员，人必须在社会中才能得到全面的发展，所以他的一切行为均是求社会的利，为社会作贡献。第四为天地境界。在这种境界的人，其行为是“事天”的。这种人不仅认识到了人是社会的一分子，而且还是宇宙的一分子，因此人不但对于社会应有贡献，而且对于宇宙亦应有所贡献。这种境界是人所可能有的最高境界。

“四境界说”是整个新理学体系的核心，也是该体系对中国哲学的一大贡献。尽管“境界”问题历来都备受重视，但由于它所涉及的是一个私人领域，所以极难用规范的语言进行表达。哲学史上使用最多的方法大都是一些隐喻，只能让人获得某些模糊的联想。新理学能够用极为平实的语言把各种境界的区别表述得如此明确、如此有条理，实在是极为难得的。哲学史上一些令人困惑的问题如“义利之辨”等也因之变得简单明白起来。

四种境界之中，又以“天地境界”为最重要。这不仅是因为“天地境界”是所有境界中最高的一种，而且更重要的是，它同时也是整个新理学系统所追求的目标。冯友兰说：

新理学中底几个主要观念，不能使人有积极底知识，亦不能使人有驾驭实际底能力。但理与气的观念，可使人游心于“物之初”。道体及大全的观念，可使人游心于“有之全”。这些观念，可使人知天、事天、乐天，以至于同天。这些观念，可以使人的境界不同于自然，功利，及道德诸境界[①]。

"知天"、"事天"、"乐天"和"同天"又分别代表天地境界中的不同程度，"知天"的意思是对宇宙大全的充分觉解，"事天"是尽伦尽职、充分实现自己作为宇宙一分子的责任或义务，"乐天"代表充分觉解时的一种心境，"同天"则意味着与宇宙大全合一。到了"同天"阶段，才算达到了顶峰，真正得到了天地境界[②]。

对于冯友兰"天地境界"的思想来源，学术界有不同的看法。多数学者都认为它继承了儒家特别是宋代理学的"希圣希贤"传统，这从冯氏本人的一些话可以找到根据。但也有人不同意这种说法，认为冯氏对"境界"的看法与程朱陆王根本不类，公孙龙、郭象和《齐物论》才是其真正的思想源头[③]。

后一种说法值得重视。"天地境界"是否如冯友兰自己所说是完全"接着"程朱讲的，的确是有疑问的。首先，两者的方法不同。新理学的路子是形式的、知解的，这从冯友兰对"觉解"所下的定义即可看出。而程朱理学的路子却是道德的、实践的，最高境界的获得决不是靠空洞的觉解就可以实现的，它必须经过长期坚持不懈的修养践履功夫。其次，两者的出发点不一样。新理学的"天地境界"是从宇宙看人生，从而使人生中的一切活动均获得一种超越的意义，因此重点在宇宙、在大全。程朱理学所追求的最高境界却是把道德无限扩展，从而使宇宙变成一个道德的宇宙，因此重点在道德。新理学讲"知

---

① 冯友兰：《新原道》，《三松堂全集》第6册，第159页。

② 冯友兰：《新原人》，《三松堂全集》第5册，第632页。

③ 金春峰：《冯友兰"境界说"的精神与倾向》，《道家文化研究》第10辑，第417、433页。

天”、“事天”、“乐天”和“同天”的目的不仅仅是要超越自然境界和功利境界，而且还要超越道德境界。但宋儒即使讲到“民胞物与”，也仍然不容忽视等级和差别的存在。张载的《西铭》因为明“理一分殊”，在程朱看来已说到极高的境界，是孟子之后的第一人。但冯友兰从新理学的立场却认为它所说的“理一”仍是形下的[①]，这已经足以说明问题。

事实上，冯友兰对儒家在“境界说”方面的贫乏一直抱有微词。他批评孔子说：“孔子所说的天是主宰底天，他似乎未能完全脱离宗教底色彩。他的意思，似乎还有点图画式底”，因此只能是“有似于事天乐天的境界”[②]。早期儒家中，只有孟子一人讲“浩然之气”，才算说到了天地境界。而“孟子以后，汉唐儒家底人，未有讲到天地境界底”[③]。直到宋儒，还是在道家和佛教的影响之下，才开始重视境界之学的：“道学家受佛道二家的影响，接孟子之续，说一最高境界。”[④] 冯友兰认为儒家“境界说”的最大缺点就在于，分不清道德境界和天地境界，所以也就很难达到“极高明”的境地。

不过，如果因此而把“天地境界”说得与儒家无干，那又似乎走向了另一个极端。毕竟冯友兰和宋儒一样强调最高境界仍需不离世间、仍需承担道德义务，这却是佛、道二家所不能完全接受的。另外，把新理学的思想源头追溯到公孙龙、《齐物论》和郭象并没有错，公孙龙对“指”概念的讨论、《齐物论》对道家理想境界的讨论、郭象对方内方外之别的消解都曾给冯友兰以启发。只是，如果把“境界说”的根源也说成是这

① 冯友兰：《新理学》，《三松堂全集》第6册，第45页。
② 冯友兰：《新原道》，《三松堂全集》第6册，第27页。
③ 冯友兰：《新原人》，《三松堂全集》第5册，第628页。
④ 同上，第646页。

三者，那就会遇到一些问题，如名家就根本不讨论什么境界之学。

本文认为，冯友兰的“天地境界”实际上是儒道结合的产物。就强调“天地境界”有似于“自然境界”来说，它接近道家的说法；就反对方内方外之分来说，它又非常认同儒家的传统。就强调“同天”境界必须超越道德阶段来说，它是属于道家的；就坚持“同天”境界不必一定和道德行为不相容来说，它又是属于儒家的。就主张最高境界是一种神秘主义来说，它无疑继承了儒道两家的传统。实际上，“境界说”早已为冯友兰晚年的那种感悟——“儒家也好，道家也好，这个界限对我来说已经打通了”——埋下了伏笔。

但是，我们这里必须指出的是，冯友兰的“境界说”并没有实现儒、道两家智慧的完善融摄，它的结合只是停留在极为表面的语词或形式上。读道家的著作，我们往往体会到一种博大的胸怀、自由的心境，甚至有批判的冲动。读宋儒的语录，我们也能够感受到那份敬慎、和乐以及非常执著的道德情怀。但是，读冯氏的著作，却很难获得上述的那种体验，至多只能感受到某种清明的智慧而已。之所以会产生这种现象，很可能与下述原因有关，那就是，精神境界是一门实践之学、一种修养的工夫，单靠知识的进路是根本无法获得的。

杜国庠对现代新儒家的批判

现代新儒家是20世纪前期出现的一批思想家。这些人在反传统的声浪中，选择了通过重新阐释儒学来构建自己的思想系统。他们或接续朱子，或继承阳明，或归本大易，或直承孔孟。有的影响很小，如熊十力；有的则反响很大，如冯友兰。他们虽然不是什么严格意义上的学派，但在批评“五四”以来激烈的反传统主义这一点上，却有着共同的立场。

现代新儒家的这种做法除了招致自由主义者的不满外，也引来了马克思主义者的怒火。杜国庠就是最早举起批判大旗的学者之一，他对熊十力和冯友兰著作给予了严厉的批评。尽管这些批评并未得到熊、冯二人的正面回应，但却迎来了同道们的热烈赞许。数十年后，重读这些批判的文章，也许有助于我们对20世纪40年代的思想界状况有些别样的了解。

一、政治化的解读

熊十力是老资格的革命家，参加过辛亥革命、护法运动等。后来痛感“党人竞权争利，革命终无善果”，乃脱离政界，专心向学。先入南京支那内学院习佛，后任北京大学讲师。1932年著《新唯识论》（文言文本）一书，开始自创新说。1944年又把该书扩充修订，完成《新唯识论》的语体文版。

据熊十力自述，他研究佛学本是"为穷竟真理，以作安身立命之地的一大愿望所驱使"，开始也曾服膺唯识宗的无著世亲之学，但到后来"渐渐离开百家之说，佛家和其他的一概不管，只一意反己自求"，久之，"我所证会者，忽然觉得与孔门传授的大易的意思，若甚相密契"。就这样，熊十力从佛学重新回到了儒家的传统。不过，由于熊十力的著作太过艰深玄奥，除了专业哲学家的圈子之外，知道熊十力的人并不多。

冯友兰的情况刚好相反。虽然专业哲学家对他的"新理学"系统存在不少质疑，但在社会上，他的著作却有大量的读者。贺麟是冯友兰的批评者之一，就连他也不得不承认冯友兰是抗战时期影响最大的哲学家。

冯友兰曾到美国哥伦比亚大学留学，受20世纪初流行于欧美的哲学思潮新实在论影响很大。回国后，冯友兰先是致力于哲学史的研究，他20世纪30年代所写的两卷本《中国哲学史》，是这个领域中第一部真正意义上的通史，曾经产生过广泛而深远的影响。但是，冯友兰本人并不甘心只作一名哲学史家。他从1939年开始构造自己的思想体系，数年间连续出版了六部著作：《新理学》(1939)、《新事论》(1940)、《新世训》(1940)《新原人》(1943)、《新原道》(1944)、《新知言》(1946)。其中，《新理学》讲本体，《新原人》说境界，《新原道》和《新知言》则分别说明新理学在中国哲学和世界哲学中的地位，这四者构成了新理学的"纯哲学系统"。《新世训》讲处世态度，《新事论》则讲社会问题，算是新理学系统的应用。

冯友兰自称，他是"接着"宋明道学中朱熹一派的理学讲的，故称自己的系统为“新理学”。他的方法和问题许多来自西方哲学，他的答案或归宿最终又落到儒家传统，这使他的系统呈现出中西结合的特色。再加上流畅的文笔以及对现实问题的独特解读，很容易就吸引到了言论界和知识界的注意。

有点讽刺意味的是，此时的国民党为了在意识形态上对抗马克思主义，同时出于抗战的目的，也正极力地提倡传统的伦理道德。1934 年 10 月，教育部长陈立夫曾发表名为《中国文化建设》的文章，提出了“中国本位文化建设”的口号，第二年报刊上就登载了十教授联名的《中国本位文化建设宣言》。从当政者的角度看，任何鼓吹传统伦理道德的言论当然都是值得欢迎的做法。冯友兰的《新理学》也因此被官方评为“抗战以来最佳学术著作”一等奖，发给奖金一万元，蒋介石也请冯友兰到他的“中央训练团”讲授“中国固有道德”课程。就冯友兰的本意来说，他是否有“帝王师”的想法，是否有为现政权服务的企图，都是非常难以判断的事儿，但客观上倒的确有助于国民党的宣传活动。

新儒家的这些学术活动，当然逃不过共产党或左翼学者的目光。由于熊十力“新唯识论”晦涩艰深，再加上影响相对较小，所以对他的批评并不多。冯友兰就不同了。他的每一部书出来，都会遭到马克思主义者的批判。侯外庐曾经回忆过“文化工作委员会”的活动，其中有一项是“读书会”，在小组讨论中，很多人都把冯友兰和贺麟这些“唯心主义哲学家”当作对立面。他所在的小组成员有杜国庠、许涤新、胡绳、翦伯赞等，他们每次碰头时都会分析冯友兰和贺麟的文章和动向。有一次，周恩来也来参加小组讨论，听完大家的议论后，周恩来说：“民族大敌当前，在千千万万种矛盾中间，学术理论也面临着错综复杂的矛盾。我们和冯友兰、贺麟在阶级立场上，矛盾固然是尖锐的，但毕竟不是主要矛盾。当前，学术理论上最危险的敌人，是国民党右派的妥协投降理论，我们斗争的锋芒应该对准陈立夫的《唯生论》。”周恩来的话，说得读书会的成员们心服口服。

侯外庐的回忆是要说明周恩来看问题更远更深，但从一个侧面也让我们知道，在当时的马克思主义者心目中，冯友兰和贺麟不仅属于唯心主义的阵营，而且也代表着不同的阶级立场。之所以也包括贺麟，是因为贺麟此时正在提倡王阳明的学说。另外，贺麟与国民党高层的关系要比冯友兰密切得多，他那本《五十年来的中国哲学》，最后一章讨论的就是蒋介石的“力行哲学”。在马克思主义者看来，批判冯友兰和贺麟，其实也就等于批判国民党。周恩来的提醒，只是要大家注意重点，而不意味着放弃批判。它的唯一好处是，使批评的语气变得比较和缓，学术的味道超过了宣传的口号。

也只有在这种情况下，才有如下的可能：“杜国庠同志写的几篇批判文章，当时曾经设法转给冯友兰先生，带有商量的意思。”（侯外庐语）

冯友兰的反应是：“在四十年代，我的每一部书一出来都受到当时的进步人士的批判。我当时对于这些批判，一概不理，也不答辩。我当时想，他们不懂，我同他们之间没有共同的语言。确实是没有共同的语言。这个道理我在解放后才搞清楚。”（冯友兰《三松堂自序》第6章）

就当时的情形来看，马克思主义者显然是从政治、从意识形态的角度解读冯友兰的著作。而在冯友兰看来，这明显是对自己思想的误判。双方一开始就注定找不到共同的语言。

二、“接着讲”与“照着讲”

参与“文化工作委员会”讨论的成员中，胡绳也曾写过批判冯友兰的文章，因为与本文内容关系不大，暂且不去管它。我们下面就来看一看杜国庠是如何展开他对新儒家的批判的。

杜国庠批评新儒家的文章总共有两组，一组是四篇专题论文，包括《论“理学”的终结》、《玄虚不是中国哲学的精神》、《玄虚不是人生的道路》和《评冯友兰的新形上学》。正如题目所示，这几篇都是批评冯友兰的。另一组是几篇读书札记，如《六经注我》、《不可破句读书》、《断章取义》、《譬喻》等，讨论的对象则是熊十力的著作。

由于只是札记，杜国庠对熊十力的批评并不成系统，着眼点主要集中在熊十力的思想方法和表达形式上。考虑到几篇短文讨论的都是属于同一类型问题，下面我们就以《六经注我》为例，作一简略的说明。

在《六经注我》一文中，杜国庠开篇就说：“主观主义者，蔑视客观，脱离客观，不以客观为标准。故其所谓理者，常是高下在心，恣意说话；其引用和解释前人的言论也往往断章取义，任意附会，不惜强使古人以就自己。”

他举了两个例子，一是宋代的陆象山，另外一位就是熊十力。陆象山明确说过：“六经注我，我注六经”、“学苟知本，六经皆我注脚”。这很容易被解释为“主观主义”。但是，熊十力的著作为什么也属于主观主义一类呢？

杜国庠在《新唯识论》（语体文本）的第5章找出了下面这段话作为例证：

《春秋》正人心之隐慝（原注：慝，谓邪恶或迷妄。隐，恶习潜存也），顺群化以推移，其义据则一本于元。自注云：由元言之，则万物一体。故世界终归大同。元者，万物之本真，所谓纯粹至善者也。其在于人，则为本心。而抉择是非或善恶者，即此本心为内在的权度。

熊十力这段话的大意是说，《春秋》这本书之所能够端正人心、顺应变化，其义理上的根据全在于“元”。他自己又作了一个小注说，从“元”来看，万物都是一体的，所以世界最终能够归于大同。“元”是万物最根本最真实的东西，它正是通常所说的“纯粹至善者”。元在人身上，则体现为人的“本心”。凡是是非或善恶的判断，都要靠这个本心作为内在的标准。

很显然，熊十力讲这段话是为了强调“元”在《春秋》一书中的重要性。为什么要特别提出“元”呢？因为，《春秋》的第一句话就是：“元年，春，王正月。”熊十力觉得，这个“元”字有着特殊的意义，它指的就是人的本心，也是万物的本体，一切善恶是非的最后标准。为了准确表达这个意思，熊十力借用了一个词“纯粹至善”，这就一下子把《周易》给拉了进来。《易·文言》说：“元者，善之长也”。“善之长”也就是“纯粹至善”的意思。

问题是，把《春秋》中的“元”解释成《周易》中的“元”，是否能够成立呢？

杜国庠认为，这两个“元”完全是两码事儿，根本不容混同。《春秋》中的“元”字，就是“始”的意思，《公羊传》已经说得很明白：“元年者何？君之始年也。”根本和《周易》中的“乾元”没有一点关系。宋代学者胡安国著《春秋传》，称“元，即仁也。仁，人心也。”当时就遭到了杨时的批评，认为其说太支离。熊十力现在还这样做，显然是想“把‘元’说成一切物的本体，硬把玄而又玄的意思加诸孔子，然后把《春秋》来做自己玄学的注脚”而已。

杜国庠最后总结说：“在《新唯识论》中引用《易经》和《中庸》，都充满着这样的作风，从学术上说来，终是不妥。至于以‘本心’为‘抉择是非或善恶’的‘内在的权度’，势必至‘其所谓理无非意见也，未有任其意见而不祸斯民者’。可见主观主义必然又是独断论的。”

“未有任其意见而不祸斯民者”是清代思想家戴震批评宋儒的话，杜国庠以此来批评初衷本是为了救正世道人心的熊十力，可见双方思想上的距离有多么远。

熊十力《新唯识论》“明宗”章称，他写此书的目的是“令知一切物的本体，非是离心外在境界，及非知识所行境界，唯是反求实证相应故”。因为不是“离心外在境界”，所以本体就是本心。因为“非知识所行境界”，通过科学方法没有办法接近本心。因为“反求实证”才能相应，所以，本体或本心只能通过自己的内在体证。这种本心，说得具体点，也就是儒家所说的生生之仁、道德良知。

熊十力在自己的著作中，曾花费大量篇幅解释科学和哲学的不同、量智和性智的不同，所以他对杜国庠所说的“脱离客观，不以客观为标准”根本就不会在意，因为这种科学的客观的方法，没有办法应用到他所谓的“为己之学”上。“反求实证相应”的要求本来就是“六经注我”，他的著作中引证经典从来都是随意的，因为他的目的并不是要论证经典的本义是什么，而是要说明经典的意义应该是什么。用“学术”来要求他，其实并不十分恰当，因为他根本就不打算提供知识。

杜国庠是马克思主义者，他接受的是唯物史观，他认为只有物质的原因才能解释社会的变动，道德是历史发展的产物，他是“五四”以来科学主义的忠实继承者。所以，他根本不承认有什么本心仁体，他也不相信在哲学和科学之间有什么本质的差别：“能够指导科学的哲学，必定是概括了以前科学的成果，而且不断地吸收着它们的新成果的哲学。这样，哲学就不能不管事实，不能不着实际，要管事实，要管实际，它的方法就得从实际概括得来，才能与实际的规律和谐一致，经得起实际的考验，这样的哲学方法，同时也就是科学的方法。”

套用冯友兰的话来说，熊十力的做法，属于“接着讲”的类型；杜国庠的批评标准，则基本属于“照着讲”。

“接着讲”是哲学的做法，重在说明自己对于某个问题是怎么想的。正如冯友兰所说：“自己怎么想，总要以前人怎么说为思想资料，但也总要有所不同。”为了这种不同，熊十力大胆地强古人以就我，冯友兰采取的也大体上是同样的路数。

“照着讲”是史学的做法，重在说明前人对某个问题是怎样说的。这也正是杜国庠下面这段话所强调的做法：“我们并不反对吸收各派的见解，消化它，综合它，用来构成自己的哲学体系；我们反对的是破句读书，歪曲附会，强使古人就己的接受遗产的方法。因为这样做，不但重诬古人，而且徒使思想系统混乱起来，反而成为学术进步的障碍。”

当然，主观意愿是一回事，实际后果又是一回事。那些自觉“接着讲”的，很少会变成“照着讲”。但本想“照着讲”的，却常常变成了“接着讲”。从下面的内容就可以看出，杜国庠的批评有时候也不免成了“接着讲”。

三、理学的终结

杜国庠批判冯友兰的四篇文章中，《玄虚不是中国哲学的精神》、《玄虚不是人生的道路》作于1945年12月，《评冯友兰的新形上学》作于1946年5月。《论“理学”的终结》写作日期不详，从内容上看，它似乎最早，因为后几篇中有引用其结论的地方。

我们先来看一下《论“理学”的终结》。

这篇文章有一个副标题叫“由明清之交黄顾王颜的哲学看‘理学’的终结”。其中，“明清之交”指的是17世纪，“黄”指的是黄宗羲，“顾”指的是顾炎武，“王”指的是王夫之，“颜”指的是颜元。前三位也就是通常所说的明末清初“三大儒”，他们都曾经参加过抗清斗争，明亡后一直保持民族气节，不与新朝合作。他们的著作从多方面反省明亡的教训，对清初学风的转变有很大的影响。颜元的年龄比前三位都小，明亡那一年才刚刚九岁。之所以提到他，是因为在清初的学者中，对理学的批评要数他最为激烈。

单从这篇文章的标题来看，根本不知道它是批判冯友兰的。它更像是一篇史学论文，主要讨论明清之际的思想转型问题。但是，一旦进入正文，我们马上就可以发现它的矛头所在：

在中国学术史上，明清之交，是一个很值得注意的重要时代。这个时代之所以重要，是它总结了宋明五百余年的所谓“理学”，而完成了这一学术任务的，则为黄顾王颜诸人。经过了他们的批判，理学是决定地终结了，绝没有死灰复燃的可能；虽然还有人企图把它再“新”一下，究竟是过时的果实，变了味道了。

冯友兰“贞元六书”的第一部，名字就叫《新理学》。他的思想系统也被称作“新理学”，因为冯友兰自己说过：“我们是‘接着’宋明以来底理学讲底，而不是‘照着’宋明以来底理学讲底。因此我们自号我们的系统为新理学。”现在，杜国庠宣称，理学“是决定地终结了，绝没有死灰复燃的可能”，那等于说宣判了理学的死刑，就更不用提什么“新理学”了。

这样，剩下来的任务只有两条：要么，证明“新”的“理学”只是借尸还魂，有名无实；要么，举出证据，确定“理学”是真的已经终结。

《论“理学”的终结》显然选择的是后者，所以在下文中，杜国庠再也没有提到冯友兰的新理学。

问题是，要确定一种学说彻底终结，“绝没有死灰复燃的可能”，并不容易。杜国庠在《先秦诸子思想概要》中曾说：“一切异端思想遇到环境对它不利的时候，它就会披着正教的外衣而出现，或者暂时进入伏流的状态，等待着可以让它奔腾澎湃的时机的到来。近五六十年来墨学研究的勃兴，就是一个好例子。”既然中断了两千年的墨学都可以重新“勃兴”，有什么理由断定“理学”就注定要死亡呢？

杜国庠的答案是：“时代的要求，社会发展的结果。”他分析黄、顾、王、颜四人之共性说：

有的，原在撑持理学，但因挽救王学的流弊而侧重“工夫”，结果走到理学的否定（如黄梨洲）；有的，开始就提出经学以与理学对立，有意识地去反对理学（如顾亭林）；有的，原先站在六经的立场去发展它的理论，而发展的结果，终于超越它的范围，自然也就和理学相反（如王船山）；有的曾经笃信理学，一一尝试了程朱陆王的方法，由于理学经不起现实的考验，因而彻底地反对理学而提出“习行”的主张（如颜习斋）。总而言之，他们这些学者，虽然出身不同，性格不同，造诣不同，但其间却在反理学上表现出共同的特点，这不能不说是时代的要求，社会发展的结果。由此可见，理学再也没有复活的可能了。

这段话与史实略有出入。黄宗羲是否已经走到“理学的否定”尚可讨论。近来的研究发现，顾炎武对王阳明和朱熹的态度有明显的不同。王夫之自题墓石曰：“抱刘越石之孤愤，希张横渠之正学”，若把他也算在“反理学”之列，除非把张载排除到理学之外。若说“反理学”的话，四人中惟有颜元当之无愧。不过颜元走得如此之远，以至于说“读书人便愚”，那就不仅仅是反理学的问题了。退一步说，就算他们四个都是“反理学”的代表，但也恐怕很难断定“理学”已死。清代两百多年的统治，代表官学的仍然是程朱的东西。在朴学最盛时，主张汉宋兼采的也大有人在。如果“理学”已死的话，新文化运动也就不必去“打倒孔家店”了。

当然，杜国庠的意思可能是说，理学因为不合时代的要求，违背社会发展的方向，正在淡出学术的主流。下面这段话就可以从这方面来理解：“当南宋理学正盛的时候，已有和它对立的学说存在，不过没有取得支配学术界的地位而已。明朝中叶以后，反理学的思想又见抬头，几乎和王学的发展取着平行的步调；及至明清之交，受了‘天崩地解’（黄梨洲语）的刺激，遂汇为巨流，成为一种风气，终于表现于黄顾王颜的学术，而把理学结束了。”黄、顾、王、颜“重致用”的一面虽然后继乏人，但“反玄虚”的一面倒真的被乾嘉学者所继承。明清之际学术大势由“虚”向“实”，由“心性”向“考据”转变，也的确是事实。

不过，从主次地位、学术转型的角度来理解杜国庠的理学“终结”说，将会减弱他对冯友兰“新理学”的批判力度。一种学说不占支配学术界的地位，并不能说它已经彻底终结。这显然不是杜国庠想要的结果。

从下面的话，可以知道，杜国庠所谓“理学是决定地终结了”，隐含的其实还有另一层意思，那就是这种学说再也不可能为帝王所利用：

> 所谓“理学”者，除了空谈“道德性命”，用以号召学子之外，还有所谓“道统”的说法，以巩固其壁垒，仿佛继继绳绳像真正的王麻子、陆稿荐似的，只此一家，并无分店。历代帝王既利用它去巩固政权，于是他们也就利用帝王这种心理去扩张势力；而道统益见必要。

抗战时期，马克思主义史学家们一直都觉得冯友兰构建新系统是为了替蒋介石政权辩护，沿袭的正是宋儒“道统说”的老路。杜国庠也是那些史学家中的一员，他认为只要证明了理学和帝王的互相利用已经走到了末路，那么就等于是抽掉了冯友兰新理学的釜底之薪。这大概就是《论理学的终结》一文所要表达的真实意思。

作为“五四”传统的继承者，马克思主义史学家对宋明理学一直持有负面的看法。再加上按照唯物史观的历史发展阶段论，宋代以后已经进入到封建社会的后期，阻碍历史发展的因素已经远远超过了它的积极因素。这时候，凡是能够促进封建社会转型或灭亡的，都是代表进步的力量；凡是捍卫这种制度并延缓其灭亡的，都是代表落后的力量。宋代理学特别是朱熹的学说，在很长时间内，都是代表着官方的意识形态，它在历史上所起的不好的作用当然也就大大地超过了它的贡献。

对理学的这种定位，自民国时期开始，一直延续到 20 世纪 70 年代。直到改革开放以后，学界才开始对宋明理学进行重新的评价，现代新儒家的著作也重新引起人们的兴趣，人们开始关注他们作品在政治之外的意义。一个典型的例子是，杜国庠的挚友和合作者侯外庐 1984 年主编出版了大部头的《宋明理学史》，尽管书中仍然说“从政治作用来说，理学是思想史上的浊流”，但也不得不承认：“宋明理学达到了思想发展史上的新的水平。它提出的范畴、命题，所讨论的问题，是新的，它探究的学术理论的广度和深度，是前所未有的。这种成就，应该得到思想史、哲学史研究工作者的重视。”这与杜国庠《论理学的终结》一文中的用语，如“空谈道德性命”、“恣意地造成自家的宗派”、“褊狭浅陋”、“玄幻”等等，语气已经明显不同。另外，晚近的研究也已经证明，理学的道统和政统并不天然就是一个东西，把理学的政治作用判定为“思想史上的浊流”，仍然是一个有欠公允的说法。

当然，这里也并不是说杜国庠对“理学”的前途出现了误判。事实上，如果“理学是决定地终结了”指的是理学将来再也不可能承担起官方意识形态的功能，那么杜国庠的判断基本上是正确的。这一点从民国以来多次尊孔复古皆以失败告终即可得到证明。

但是，承认这一点并不意味着“理学”必定会从现实中消失。它在人伦道德等领域的思考，至少可以作为一种精神资源，供未来的人们思考和选择。冯友兰所说的这段话，“我所能做的事，就是把中国古典哲学中的有永久价值的东西，阐发出来，以作为中国哲学发展的养料，看它是否可以作为中国哲学发展的一个来源。我认为中国古典哲学中有些部分，对于人类精神境界的提高，对于人生中的普遍问题的解决，是有所贡献的。这就有永久的价值”，表达的正是同样的意思。

冯友兰是一位纯粹的学者，杜国庠则首先是革命家。当冯友兰在书斋中构造他的学说系统时，从事地下斗争的杜国庠却十分担心这种学说的实际后果。这就是他们之间的最大差别。

四、“新理学”的内在矛盾

相对于前一篇来说，《评冯友兰的新形上学》一文批评的效果要强得多。这篇文章通过对冯友兰新理学系统本身进行分析，揭示该系统存在着许多自相矛盾之处。假若这种判断是正确的话，那么新理学体系就会因为无法自洽而倒塌。

在叙述杜国庠的批评之前，我们也许应该先来介绍一下冯友兰新理学系统的主要内容。否则，很难弄清楚杜文的所指。

冯友兰新理学系统一共由六部书构成。其中第一部《新理学》最重要，它是后面所有讨论的基础。在《新理学》中，冯友兰一开始就给哲学下了一个定义：“哲学乃自纯思之观点，对于经验作理智底分析、总括及解释，而又以名言说出之者。”

“思”即思维，与感觉相对。具体的事物可以通过感官感觉得到，但抽象的概念就必须借助于思维才能获得。哲学讨论的都是抽象的东西，所以必须借助于思维进行。

“经验”即我们日常感觉的对象。人的知识都是从经验中得来。经验中所有的东西，就是那些实际的事物。哲学也开始于分析、解释经验中的事物，这一点它和科学并无不同。

但是，哲学的“分析”和科学的“分析”却不一样。哲学的分析即“理智底分析”，它只在观念中进行。如将“这”分析而知其有“方”性，并不需要将“方性”从“这”中拆开，也不可能拆开，只在思维中知道“这有方性”就可以了。科学的“分析”是“物质的分析”，比如科学家在实验室中对物的分析，是要将物实际拆开的。冯友兰称“哲学的分析”或“理智的分析”叫逻辑分析法。他认为这种来自于西方哲学的方法，是对中国哲学的永久性贡献。

“总括”与“分析”相对。“分析”的结果是得到很多“性”，“性”是一种“类”概念。从“类”的角度看，可以把许多具体的事物包括进来，这就是“总括”。理智的总括，就是只在观念中进行的意思。

为什么还要加上“解释”呢？冯友兰说：“因我们的思对于经验作理智底分析及总括，我们因之对于真际有一番理智底了解，此即所谓作理智底解释。”“真际”大概就那由“类”所构成的世界。

“名言说出”就不用解释了，因为不用概念叙述出来，那还叫哲学吗？

按照这个定义，冯友兰于是进行了哲学的推导。首先，通过对经验进行理智的分析，我们就可以发现，任何一种实际的事物都是由两方面的要素构成：所依照者“理”和所依据者“气”。所谓“理”，是指一事物之所以为事物者，如方之所以为方，圆之所以为圆。理是具体的个别的事物所依照的标准和原型。所谓“气”，是指构成事物的终极材料，是任一事物成其为事物的依据。譬如，我们选择任一事物如房屋，把它所有的性如房屋性、砖性、瓦性、泥土性等全部去掉，最后剩下的绝对的质料就是该事物所依据的气。因此，气没有任何性质，不可言说，不可名状。它不同于原子、电子等实际的物，只是一种可能的存在，或逻辑的观念。

有了理和气，我们再通过“形式的总括”，就可以得到形而上学的另外两个主要观念——“道体”和“大全”。所有的理合起来就构成了理世界，冯友兰称之为“太极”。而气因为无名无性，冯友兰称之为“无极”。“无极而太极”的过程，就是我们的实际世界。因为任何一件实际的事物都是其气实现某理的过程，所以实际的存在就是从无极到太极的流行。总一切的流行就叫“道体”。无极、太极、无极而太极，总括起来，统而言之，就叫“大全”。

这样，通过理智的分析和总括，冯友兰就得到了四个形式的观念：理、气、道体和大全。他认为，“真正底形上学的任务，就在于提出这几个观念并说明这几个观念”。

理、气、道体和大全，都是宋代理学的核心范畴。这是冯友兰自称新理学的原因。但是，他的解释方法是从西方哲学借来的，解释之后的理、气、道体和大全，与理学家的本义相差很远，所以冯友兰又说，他是“接着”理学讲，而不是“照着”理学讲。

问题是，这四个观念，除了理之外，其余三个所拟代表的都是无法言说、不可思议的。气所拟代表的那种绝对的质料无一切性，是无可名状的，同样，道体是一切的流行，大全是一切的有，思议言说中的道体和大全就不再是道体和大全了，一用语言表达，就失去了其原来的完整性。用逻辑分析进行推演的结果竟是，哲学最重要的观念几乎都是不能讲的。新理学系统走到这一步，它又如何往下发展呢？

这时候，冯友兰想起了道家、玄学和禅宗。这几派与冯友兰一样，都认为本体不可言说、不可思议，但他们也都说出了一整套的义理系统。三家说不可说者的方式启发了冯友兰，使他发现逻辑分析之外，还有另一种讲形上学的方法，那就是“负的方法”，冯友兰解释说：“负底方法是讲形上学不能讲，讲形上学不能讲，亦是一种讲形上学的方法。……讲形上学不能讲，即对形上学的对象，有所表显。既有所表显，即是讲形上学。此种讲形上学的方法，可以说是‘烘云托月’的方法。画家画月的一种方法，是只在纸上烘云，于所烘云中留下一圆底或半圆底空白，其空白即月。画家的意思，本在画月。便其所画之月，正在他所未画底地方。”

比较讽刺的是，冯友兰自己也承认，用负的方法讲到最后，只是“说了些虽说而没有积极地说什么底‘废话’”。如果哲学探究的结果竟是这样，那么它又有什么价值呢？

对此，冯友兰回答说：“形上学的功用，本不在于增加人的对于实际底知识。形上学的功用，本只在于提高人的境界。它不能使人有更多底积极底知识，它只可以使人有最高底境界”、“哲学本来是空虚之学。哲学是可以使人得到最高境界的学问，不是使人增加对于实际底知识及才能底学问”。

这种巧妙的“转语”一下子使新理学起死回生，原来的所有“废话”都重新获得了意义，那就是它们可以提高人的精神境界。冯友兰这样说：“新理学中底几个主要观念，不能使人有积极底知识，亦不能使人有驾驭实际底能力。但理与气的观念，可使人游心于‘物之初’。道体及大全的观念，可使人游心于‘有之全’。”这些观念，可使人知天、事天、乐天，以至于同天。这些观念，可以使人达到最高的天地境界。在接下来的著作中，冯友兰专门写了一本书《新原人》，对境界的类型、高低及如何提升等问题展开分析，他的新理学也就很容易地转向了人生哲学领域。

冯友兰的新理学系统大体如此。这个系统借鉴了许多西方的资源，如新实在论的逻辑分析方法、柏拉图的共相理论等，同时也使用了许多理学的范畴、道家和玄学的直觉方法等，呈现出明显的中西结合的特征。但是，东西方哲学毕竟是两种不同的思想传统，把它们“结合”起来免不了会出现许多漏洞。冯友兰不得不面临着来自两方面的批评。研究西方哲学的学者认为新理学的方法只不过是对分析技巧的“误用”，维也纳学派的代表洪谦就撰文说，新理学比传统的形而上学更空洞，从逻辑经验主义的立场看，更应该被“取消”。讲中国哲学的学者则觉得新理学的概念多属“曲解”，朱光潜所说的，与传统理学相比，新理学总是有点“不太像”，讲的就是这个意思。

杜国庠的批评和上述两派都不同。作为马克思主义者，他当然没有忘记给“新理学”进行定性。下面的一段话，就是最好的证明：“为了‘持标新统’，不异抹杀史实，厚诬古人，为了鼓吹‘玄风’，不惜提倡‘风流’，是认‘任诞’，则不免有损学人的风格。而且这种形上学，崇尚‘玄虚’，足以阻碍科学的发展，标榜道统，也复违背民主的精神，对于今后和平建国的大业，实不相宜。”

但是，杜文最有力的批评并不是这种“定性”，而是在新理学系统中，至少找出两个冯友兰无法自圆其说的“漏洞”。

第一，对“气”的规定陷入了自相矛盾。按照冯友兰的解释，理是事物所依照的形式，形式是不会变化的。气是事物所依据的材料，但又没有任何性质。如果有性质的话，那些性质就变成“理”了。所以气只是一种逻辑的观念，可能的存在。那么具体的事物是如何出现的呢？冯友兰引入了“动”的概念：“于实现其余底理之先，气必实现动之理。气必先实现动之理，然后方能有流行。”问题是，动之理也是形式，同样是不动的，动之理如何动起来仍然是个问题。杜国庠分析说：

“实现”是一事，也是一“动”。所以，“实现动之理”的气，必先已是能“动”的气，不可能“只是一可能底存在”的气。这样地推下去，“气”至少必有“动”之性。这就和冯氏的所谓“气”者矛盾了。这个矛盾的弱点，也许是冯氏所感到头痛的。他在《新理学》中，就说过如次的话：“气至少必有存在之性……他至少须依照存在之理。”到了《新原道》，他虽以“实现”代替“依照”，但是这个问题还是没有办法解决。

对于新理学系统来说，这的确是一个无法解决的矛盾。冯友兰弟子金春峰教授说：“冯先生关于气的种种说法，理论上既要继承程朱理学，又欲与之划清界限，实际上却陷入了思想混乱与矛盾而难于自圆其说。”这也间接证明了杜国庠的判断是准确的。

第二，形上系统与人生观产生了脱节。新理学的形上系统是由四个观念组成，但是，这些观念或是“纯形式”的，或是“不可思议、不可言说”的，它们如何能够提高人的精神境界，仍然是个问题。杜国庠说：

张横渠所谓“民吾同胞，物吾与也”，还有孔孟的余风。其所谓“乾称父，坤称母”，“尊高年所以长其长，慈孤弱所以幼其幼”之类，犹是利用这种家人长幼的观念，去引起其人的“痛痒相关的情感”。至于程明道所谓“仁者浑然与物一体”的说法，早已深受二氏本体论的影响，而把“仁”看成仿佛二氏所谓“道”或“真如”的东西，不是孔孟所谓“仁”。这样地了解“仁”，尚可勉强地说“仁者浑然与物一体”。但在冯氏，其所谓“理智底总括”所得来的“大全”这一观念，则只是一个“空底观念”。既无内容，也“并不肯定，一切事物之间，有内部底联系或内在底关系”，又怎能使人“思”它一下，便发生趋赴实践的“情感”呢？所以，附会也无用处，形式的观念，究竟不能引起热烈的情感。

张载和程颢都是冯友兰描述“天地境界”时最喜欢引证的理学家，但在杜国庠看来，新理学系统和张、程的学说完全是两种类型：一种是有内容的，一种纯形式。有内容的东西才可能激起人的道德情感，纯形式的东西只不过是玩弄一些概念或逻辑的游戏而已。是否属于玩弄概念游戏，可以暂时放在一边，但杜国庠所指出的由形式之路无法导出实践之学，的确是冯友兰新理学的最大问题。读道家的著作，我们往往体会到一种博大的胸怀、自由的心境，甚至批判的冲动。读宋儒的语录，我们也能够感受到那份敬慎、和乐以及非常执著的道德情怀。但是，读冯氏的“贞元六书”，很难获得上述的那种体验，至多只能感受到某种清明的智慧而已，原因就在于此。

杜国庠对新理学系统“过河拆桥”式的思想方法，对冯友兰在科学和哲学之间的划界等，也都进行了有针对性的批判。由于那些主要属于学术传统和知识背景的不同，这里就不去管它了。

五、道统之争

在完成《新理学》和《新原人》之后，冯友兰又写了两部书，尝试评定他自己的哲学系统在历史上的地位。一部叫《新知言》，主要谈新理学在世界哲学上的位置。一部叫《新原道》，主要讲新理学在中国哲学上的地位。

《新知言》的主要说法是：新理学是利用逻辑分析方法重建的形而上学，它因为奠基在纯形式之上，所以可以免除掉维也纳学派的批判。

《新原道》则称："它说理有同于名家所谓'指'。它为中国哲学中所谓有名，找到了适当底地位。它说气有似于道家所谓道。它为中国哲学中所谓无名，找到了适当底地位。它说了些虽说而没有积极地说什么底'废话'，有似于道家，玄学以及禅宗。所以它于'极高明'方面，超过先秦儒家及宋明道学。它是接着中国哲学的各方面的最好底传统，而又经过现代的新逻辑学对于形上学的批评，以成立底形上学。"

《新知言》由于涉及维也纳学派，该派在中国的代表洪谦从逻辑经验主义的立场给予了反驳。《新原道》因为自称是接着中国哲学的最好传统，并代表"中国哲学的精神的最近底进展"，而引起了马克思主义者的愤怒。杜国庠连续写的两篇批判文章，都是针对《新原道》这本书的。

第一篇叫《玄虚不是中国哲学的精神》，第二篇是《玄虚不是人生的道路》。两篇都是反"玄虚"的，但前一篇多从历史着眼，后一篇则更关注现实。

在第一篇中，杜国庠说：

他的新理学，本是一种玄而又玄的空虚之学，但他又未能忘情于"无用之用"的"大用"。不如是就不能"接着"他所见的"各重要学派"的"传统"。故虽偏爱玄虚，也得略谈世务。……当他在"叙述中国哲学史中各重要学派"的时候，"接"不拢的，就得歪曲附会，使它符合自己既定的标准；实在无可附会的，便行舍弃，甚至抹煞了整个历史时代的哲学，以保持其所谓“主流”。其所谓主流，明明是玄学的，却偏偏要冒称“中国哲学”。

杜国庠举了很多例子来说明。歪曲的，如孔子的“天”，明明是主宰的意思，冯友兰偏把它解释成“有似于天地境界”；又如孟子的“浩然之气”，明明来源于宋尹学派的“灵气”，冯友兰却把它解释为“同天”的意思。抹煞的就更多了。荀子的自然天道观因为不合乎“经虚涉旷”，干脆就没有提。后期墨家因为带有唯物论倾向，只用二十几个字就打发了。明清之交以来的思想家，因为“不喜作抽象底思想”，整个时代都成了空白，结果“把近代学术史最有价值的二三百年的哲学一笔勾销”。

冯友兰为什么要这样做？杜国庠结论是：“新理学可以说是属于玄学一类的，而玄学何得僭称中国哲学之精神？然而，它竟被贴上了中国哲学之精神这一商标，那就是冯氏的建立新道统的企图在作怪。”

在第二篇中，杜国庠说：

冯氏这种宇宙人生观，教人安分守己，勿以贫贱得失介意，“即其所居之位，乐其日用之常”，一样地也可做到圣人。便是在精神上麻醉被压迫者，而松懈其斗志，直接地替压迫者维持其腐败残酷的统治，间接地阻碍了社会的革新。在这一点，正与“圣人专凭其是圣人，最宜于作王”的说法，一抑一扬，赴弦应拍。在统治者固然会觉其悦耳动听。但试问一般正在争民主谋翻身的老百姓，到今天，还需要这种帮闲哲学吗？

这就是杜国庠对新理学系统之实际作用的判定。试想在这样的一种认识下，马克思主义者怎么会不把冯友兰作为攻击的对象呢?

就《新原道》而言，冯友兰建立“新道统”的意图确实非常明显。他声称要接着中国哲学最好的传统，这“最好的传统”当然是自己选择的结果。所以，书中没有提到荀子或清儒，也并不算是失误，因为这部书本来就不是一部哲学史。冯友兰树道统的动机，最明显的一个理由就是为了给自己的系统找到一个传承的脉络，他是否有借机上位、与政统勾连的目的，实难判断。杜国庠也只是说统治者会觉得“悦耳动听”而已。

从学术的角度看，争论的关键在于，谁才最有资格代表“中国哲学的最好传统”?

《玄虚不是中国哲学的精神》一文，有这样一段话：

> 我们认为中国哲学的精神，不是经虚涉旷，而是实事求是；认为我们为学做人的需要，也是实事求是的精神。玄学是反科学的，歪曲事实，有损学者的风度，贻误青年的学业，尤应纠正。

这就是杜国庠的答案。在接下来的几年中，杜国庠和侯外庐等人一起致力于发掘中国哲学史上的唯物主义传统，大概就是建立在这种理解的基础之上。

不过，同样是上面的这篇文章，杜国庠还说了下面的这段话：

> 客观的史实所示：思潮的发展，确如社会阶级的代兴一

样，唯物论与观念论也迭为盛衰，时有偏倚，或继承或批判，交织而成一条总流。其间实有一脉之潜通，但无道统的独霸。

如果“实事求是”才是中国哲学的精神，“观念论”是否也包括在“实事求是”之内？在那个特别的年代，杜国庠和他的同志们也免不了有争道统的企图。

后记

这本集子，是我历年发表论文的选编。说来惭愧，从事中国哲学这个行当的工作，已经满二十年，能够拿出来的“成果”却少得可怜。从年龄来说，早就属于孔夫子所谓“斯亦不足畏也已”的阶段，个人之“惑”却一点儿也没有减少。虽说“四十”大限是夫子自道，作为凡夫俗子的我等，后推十数年或数十年亦不为过，但在“毒”物泛滥的今天，这个借口也只可偶一用之而已。

经过百年的清算，传统的根基早已扫荡殆尽。陌生和疏离的感觉如鲠在喉，尚论古人又怎能做到心安理得？每每震惊于文化激进主义者的大胆，也常常佩服保守主义者的勇敢，数千年的历史，一份巨大的遗产，打包处理竟然一点儿也不感觉到困难。

年轻时也曾有过写作的冲动，到如今只剩下提笔时的战战兢兢。私心里说服自己的理由是，丰厚的家底既然因为封存的缘故，早已成了未知的府库，后生小子就不妨多点耐心，慢慢清理。如盗墓者般的直指“要害”，带来的破坏恐怕远大于建设。每个人选择一隅不停地敲敲打打，宝山终有挖空的一天。明眼人却早已看出，这种老生常谈，无非是给自己的懒惰找个遁词，替自己的一事无成找个台阶。

在中山大学学习和工作的时间已经不短，很庆幸遇到了一帮充满友善和包容的师友。李锦全老师的督促，冯达文老师的关怀，陈少明老师的提携，刘小枫老师的帮忙，还有立胜、焕珍、贤勇、海文、阿海、春健诸兄茶余酒后的交流、邮件往还的商讨，都使自己受益匪浅。感激之情并不一定要诉诸语言，“唯酒无量”本就是圣人树立的榜样。

抄在下面的是文章的最初发表处，此次只对个别文字做了调整。这得归功于责编的细致和耐心，剩下的所有错误都仍然属于我本人。

穿衣之道：诸子争鸣的一个话题，《现代哲学》2007 年第 2 期。

周敦颐思想在儒家道德形上学中的地位，《思想文化的传承与开拓》，巴蜀书社，2000 年。

朱子“中和说”略论，《岭表哲思：中山大学哲学系复办 50 周年学术论文集》，中山大学出版社，2010 年。

《药地炮庄》成书考，《学术研究》，2012 年第 2 期。

儒宗别传：方以智的庄学史观，《情理之间：冯达文教授七秩寿庆文集》，巴蜀书社，2011 年。

由《药地炮庄》看方以智的惠施论，《中国哲学史》季刊，2011 年第 4 期《青原志略》成书考，《中山大学学报》（社科版），2011 年第 6 期。

《方以智晚节考·仁树楼别录》标点正误——兼谈方密之与左藏一的关系，《华东师范大学学报》（社科版），2012 年第 1 期。

以庄继易：钱澄之的庄学观，《世明文丛》第四辑，巴蜀书社，2009年。

从《东塾读书记》看陈澧的汉宋调和说，《经典与解释》第14辑，华夏出版社，2006年。

近代墨学的复兴及其原因，《学人》第13辑，江苏文艺出版社，1998年。

经、子之别与国故问题——章太炎、胡适关于治学方法的论争，《现代性与传统学术》，广东人民出版社，2003年。

逻辑分析及其限制——略论张申府、冯友兰和金岳霖思想方法的异同，《论衡》丛刊第1辑，中山大学出版社，1999年。

重建形而上学：《新理学》和《论道》的比较研究，《中州学刊》，1993年第5期。

从洪冯之争看逻辑经验主义在现代中国的命运，《中山大学哲学文库》第1卷，中山大学出版社，1999年。

道家思想对冯友兰“新理学”的影响，《中国哲学史》季刊，1999年第4期。

杜国庠对现代新儒家的批判，《墨者·学者·革命者》，广东人民出版社，2009年。

张永义

2011. 9. 18